Edith Gutsche
GLAUBEN ODER WISSEN?

EDITH GUTSCHE

G!auben
oder
Wissen?

ZUM VERHÄLTNIS VON NATURWISSENSCHAFT UND GLAUBE

Über die Autorin:
Edith Gutsche hat bereits in vielen verschiedenen Kontexten (Akademiker, Gemeinden, Schüler, Studierende) Vorträge und Seminare zum Verhältnis von christlichem Glauben und Naturwissenschaft gehalten. Sie ist Physikerin, lebt mit ihrem Mann Fiedhardt in Minden und hat einen erwachsenen Sohn. Viele Jahre unterrichtete sie Physik und Mathematik an Gymnasien. Heute ist sie Dozentin an einer Fachschule für Sozialwesen.

Bibliografische Information Der Deutschen Nationalbibliothek
Die Deutsche Nationalbibliothek verzeichnet diese Publikation in
der Deutschen Nationalbibliografie; detaillierte bibliografische
Daten sind im Internet über https://dnb.dnb.de abrufbar.

ISBN 978-3-96362-098-0
Alle Rechte vorbehalten
© 2019 by Verlag der Francke-Buchhandlung GmbH
35037 Marburg an der Lahn
Umschlagbild: © iStockphoto.com / francescoch
Umschlaggestaltung: Verlag der Francke-Buchhandlung GmbH
Satz: Verlag der Francke-Buchhandlung GmbH
Printed in Czech Republic

www.francke-buch.de

INHALT

ERGÄNZENDE INFORMATIONEN UND BEISPIELE

VORWORT

Naturwissenschaft – schon das Wort bringt etwas in uns zum Klingen: sei es die Ehrfurcht vor komplexen Formeln oder die Faszination, dass man Beobachtungen in Zusammenhänge bringen kann, die nicht offensichtlich auf der Hand liegen. Wer hätte z.B. gedacht, dass dieses Buch zum größten Teil aus leerem Raum besteht? Ja, tatsächlich! Denn die Masse des Buches ist zu über 99% in den winzig kleinen Atomkernen verdichtet und zwischen den Atomkernen befindet sich fast nur leerer Raum. Aber warum können wir dann nicht durch das Buch hindurchgreifen, warum fallen wir dann nicht durch den Boden unter unseren Füßen, wenn fast alles leerer Raum sein soll? Das wiederum liegt an der Art, wie stark die atomaren Bestandteile miteinander wechselwirken. Mit derartigen Fragen beschäftigt sich die Naturwissenschaft.

Vom kleinsten Bestandteil der Materie bis zu den fernen Galaxien mit Hunderten Milliarden von Sternen, vom Studium „einfacher" Objekte wie einer fallenden Kugel bis zur Untersuchung, wie das komplexe menschliche Gehirn mit seinen hundert Milliarden Nervenzellen und Billionen von Vernetzungen funktioniert. Faszinierend!

Glauben – bei diesem Wort kommen andere Assoziationen auf. Ist Glauben nicht ein Für-wahr-halten von Dingen, die man nicht wahrnehmen oder beweisen kann? Ist Glaube das Gegenteil von Wissen? „Ich habe dort oben keinen Gott gesehen", soll Juri Gagarin gesagt haben, als er 1962 als erster Mensch die Erde umkreist hatte. Ist Gott ein überflüssiges Konzept, eine Wahnvorstellung? Wenn wir an einen Gott wie Zeus oder Thor glauben würden, der oben im Himmel seinen Hammer schwingt und so Donner und Blitze verursacht, hätten wir schlechte Karten. Aber nehmen wir mal an, Juri Gagarin hätte „Gott" bei seiner Erdumrundung getroffen, sitzend auf mysteriösen Himmelskörpern, wäre das nicht viel schockierender gewesen? Dann hätten wir entdeckt, dass Gott ein Teil der Natur ist, gebunden an die Gegebenheiten der Natur wie wir Menschen, vielleicht nur etwas komplexer und mächtiger. Aber das wäre sicher nicht der biblische Gott gewesen, der für die Existenz aller Materie und alles Seienden verantwortlich ist. Ja, der biblische Gott wäre so wohl widerlegt worden! Den Schöpfergott selbst werden wir in seiner Schöpfung kaum finden – aber hat er Spuren hinterlassen, die auf ihn hindeuten?

Wir sehen, die Frage nach dem Wesen der Wirklichkeit, nach dem Grund alles Seienden ist für die Naturwissenschaft offenbar nicht so einfach greifbar, so wenig wie für uns Leser die Atomkerne dieses Buches ...

Wie aber können dann der Glaube an einen persönlichen Gott und die messbaren Ergebnisse der Naturwissenschaft zusammengebracht werden? Müssen wir uns entscheiden zwischen Glauben und Wissen? Fragen, die einer differenzierten Herangehensweise bedürfen und auf die verschiedene Experten unterschiedliche Antworten geben. Wie unterscheiden sich diese Lösungsansätze?

Diese Fragen sind nicht nur für die Glaubwürdigkeit und das ganzheitliche Leben eines Christen wichtig, sondern auch für einen Skeptiker. Denn die Existenz eines persönlichen Gottes, der mich liebt und mit mir in eine persönliche Beziehung treten möchte, ändert alles: mein ganzes Selbstverständnis, meinen Blick auf die Mitmenschen, die Weltgeschichte und die Natur, die dann kein blindes Spiel von Zufall und Notwendigkeit ist, sondern das Werk eines genialen Schöpfers, der einen Zweck mit seinem Werk verfolgt.

Edith Gutsche hat jahrzehntelange Erfahrung aus dem Unterricht in der gymnasialen Oberstufe und aus Gemeindevorträgen. Sie war in den 70er-Jahren Gründungsmitglied der Fachgruppe für Naturwissenschaften der SMD (Studentenmission in Deutschland). Sie führt regelmäßig Studientage mit Studierenden für die christliche Jugendarbeit durch. Das Buch fasst die Früchte dieser langen Arbeit zusammen. Es legt nicht nur die Spannungsfelder dar, sondern gibt auch zahlreiche praktische Anregungen, wie man als überzeugter Christ auch begeistert Naturwissenschaft unterrichten und Jugendlichen hilfreiche Denkansätze vermitteln kann.

Das Buch gibt im ersten Teil eine kompakte Einführung in naturwissenschaftliche Methodik, ihre Voraussetzungen und Grenzen sowie weltanschaulichen Einflüsse. Als Höhepunkt des ersten Teils stellt Edith Gutsche vier verschiedene Modelle zur Diskussion, wie man Gottesglauben und Wissenschaft in Beziehung zueinander setzen kann. Sie plädiert dabei für einen toleranten und interessierten Dialog zwischen unterschiedlichen Positionen, die von Theologen und Naturwissenschaftlern vertreten werden. Im zweiten Teil finden sich illustrierende und vertiefende Beispiele, die in Unterricht, Seminaren oder Fachgesprächen Verwendung finden können.

Das Buch bietet jedem, der sich mit der Thematik „Glaube und Wissen" beschäftigen will, einen übersichtlichen Einstieg sowie methodisches und argumentatives Rüstzeug zum Weiterdenken und zur Vermittlung an. Und ganz nebenbei bringt es zum Staunen!

Dr. Alexander Fink
Leiter des Instituts für Glaube und Wissenschaft
www.iguw.de[1]

---

1 Das Institut für Glaube und Wissenschaft hat zwei DVDs herausgegeben: „Faszination Universum" und „Mehr als mein Gehirn". Beide sind von einzelnen Landeskirchen und Bistümern für den Schulunterricht lizensiert. Zu beziehen bei www.iguw.de > Veröffentlichungen > DVDs oder für aktive Lehrer, deren Landeskirchen bzw. Bistümer die DVD lizensiert haben über „www.medienzentralen.de".

EINFÜHRUNG

Die Frage nach dem Verhältnis von Naturwissenschaft und Glaube scheint für viele beantwortet zu sein. Das zumindest suggeriert der Zeitgeist: Tragfähige Antworten werden allein von der Wissenschaft erwartet. Nur sie ist objektiv, nur sie liefert klare, messbare und nachprüfbare Befunde. Alles, was nicht wissenschaftlich beschrieben werden kann, gehört in den Bereich der Illusion, des rein Subjektiven. Vor einigen Jahren schon stellte Georg Picht (Theologe, Philosoph und Pädagoge, 1913 – 1982) fest: „Die Welt, in der wir leben, wird von einem Aberglauben beherrscht, dem sich die Politiker ebenso unterworfen haben wie die Wissenschaftler: dem Aberglauben, dass nur real sei, was quantifiziert werden kann."

Der langjährige Umgang mit jungen Menschen im Gymnasium und in der Ausbildung für christliche Jugendarbeit zeigt mir, dass die Frage, wie Naturwissenschaft und Glaube zusammen zu denken sind, nach wie vor aktuell ist. Für manche Menschen stellen wissenschaftliche Theorien wie z.B. die Evolutionstheorie in der Biologie eine Bedrohung für ihren Glauben dar. Dann ist es erst recht wichtig, sich den zugehörigen Fragen zu stellen. Es fehlt allerdings häufig an erforderlichen Kenntnissen, ein eventuell vorhandenes „Halbwissen" führt leicht zu Fehlschlüssen. Hilfreiche Antworten kann nur geben, wer neben eigenen Überzeugungen und Erfahrungen einen gewissen Einblick in Grundlagen der zugehörigen Sachgebiete besitzt. Das vorliegende Buch versucht dafür Hilfen bereitzustellen – auch in der Hoffnung, dass die Beschäftigung mit den zugehörigen Themen zunehmend Interesse weckt und zur Weiterarbeit anregt. Es geht darum, Stolpersteine wegzuräumen, die denkenden Menschen im Weg stehen könnten.

Der Text wendet sich an alle, die mehr über die Denkvoraussetzungen der Naturwissenschaft aber auch ihre Grenzen erfahren möchten, über das, was die Naturwissenschaften leisten können und was nicht. Wissenschaftliche Theorien sind *Modelle* der Wirklichkeit. Dies ist ein wesentlicher Aspekt im Verhältnis von Naturwissenschaft und Glaube. Deshalb wird der Modellbegriff ausführlicher erläutert und in die Darlegungen einbezogen. Die Naturwissenschaften sind auf Voraussetzungen angewiesen, die sie selbst nicht bereitstellen können, die naturwissenschaftlich nicht begründet sind. Forscher brauchen am Anfang Vorstellungen (Vortheorien), die von ihren Vorlieben und von der Kultur, in der sie leben, geprägt sind. Natur- und Weltbilder beeinflussen sich gegenseitig und beide kommen nicht ohne einander aus.

Das Verhältnis von Naturwissenschaft und Glaube ist der rote Faden in diesem Buch. Argumente und Sachverhalte werden möglichst einfach, knapp und verständlich dargestellt, ohne Wesentliches „glatt zu bügeln". Das meiste kann nur exemplarisch angesprochen werden, eine Vollständigkeit ist nicht angestrebt. Zusätzliche Informationen im zweiten Teil des Buches ergänzen bzw. vertiefen die behandelten Themen und entlasten den fortlaufenden Text. Hier findet man auch Informationen zu den im letzten Jahrhundert neu hinzugekommenen physikalischen Theorien. Sie haben den Denkrahmen der Naturwissenschaft erheblich erweitert und für eine neue Offenheit im Gespräch mit der Theologie gesorgt.

Im Weiteren geht es um Quellen des Glaubens und um Versuche, zu einem stimmigen Weltbild zu kommen. Wie verschieden Menschen mit den entsprechenden Fragestellungen umgehen, verdeutlichen Beispiele aus Vergangenheit und Gegenwart.

Die Fußnoten enthalten neben den Quellenangaben und Hinweisen auf weiterführende Literatur auch Erläuterungen zu Begriffen, die für die Leserin/den Leser vielleicht nicht oder nicht mehr geläufig sind, und zusätzliche Informationen.

Zu meiner Person: Ich bin Diplomphysikerin, habe viele Jahre an Gymnasien Mathematik und Physik unterrichtet und beschäftige mich seit Langem mit Grenzfragen zwischen Naturwissenschaft und Theologie.[2]

In den vorliegenden Text sind Anregungen und hilfreiche Kritik von Alexander Fink, Peter C. Hägele, Hermann Hafner und Friedhardt Gutsche eingeflossen. Allen meinen herzlichen Dank.

---

2 Ich gehöre seit vielen Jahren zum Leitungskreis der Naturwissenschaftlerarbeit in der Akademiker-SMD. (www.smd.org/akademiker-smd) Wir bieten jedes Jahr eine Fachtagung zu Grenzfragen an wie z.B. „Schöpfung und Evolution", „Wissen und Gewissheit in Naturwissenschaft und Glaube" oder „Geist – nichts als Materie? Der Streit um Gehirn und Geist".

1. DENKVORAUSSETZUNGEN IN DEN NATURWISSENSCHAFTEN

Der große Erfolg der Naturwissenschaften hängt mit ihren Denkvoraussetzungen zusammen. Dazu zählen der methodische Atheismus und die Beschränkung auf wiederholbare und objektivierbare Phänomene. Mit der Mathematik wurde eine Sprache gefunden, die Beobachtungen so beschreibt, dass man sie verallgemeinern kann. Mess- und überprüfbare Vorhersagen werden möglich.

Bei den Denkvoraussetzungen handelt es nicht um Tatsachenbehauptungen, sondern um Vermutungen, um eine „Richtschnur"[3], die allerdings einen recht erfolgreichen Weg auf der Suche nach Erklärungen eröffnet.

1.1 Methodischer Atheismus

Der *methodische Atheismus* gehört spätestens seit Newton[4] (1643 – 1727) zu den Leitideen der Naturwissenschaft.

Methodischer Atheismus bedeutet: Fragen nach der Existenz eines Gottes werden offengelassen, Gott darf als Größe in keiner wissenschaftlichen Theorie vorkommen, übernatürliche Ursachen sind keine zugelassenen Erklärungselemente. Damit ist die Frage

---

3 Brigitte Falkenburg: Mythos Determinismus. Wie viel erklärt uns die Hirnforschung? Berlin, Heidelberg: Springer Spektrum 2012, S. 371.
4 Isaak Newton war einer der letzten Universalgelehrten. Vom ihm stammt die sog. Newtonsche Mechanik. Newton fand nicht nur die richtigen physikalischen Formeln, sondern auch die Mathematik dazu, die Infinitesimalrechnung (in etwa zeitgleich mit Leibniz, aber unabhängig von ihm).

nach Gott nicht entschieden, sie wird aber in den Naturwissenschaften bewusst ausgeklammert.[5]

Im Alltag kommt der methodische Atheismus immer dann zum Tragen, wenn von einer Regelmäßigkeit Gebrauch gemacht wird, wie beim Backen eines Kuchens nach einem Rezept oder dem Bedienen einer Maschine nach Anweisung.

In den Naturwissenschaften kann in Übereinstimmung mit ihren Voraussetzungen die Frage nach der Existenz eines Gottes weder gestellt noch beantwortet werden. Insofern spielt hier die Gottesfrage keine Rolle.[6] Man kann Christ, Jude, Moslem oder Atheist sein und gleichzeitig erfolgreich in den Naturwissenschaften arbeiten. Newton war tiefgläubig, aber in seinen Theorien kommt Gott als Erklärungsfaktor nicht vor.[7] Wissenschaftliche Ergebnisse werden weltweit veröffentlicht und von Fachleuten unabhängig von ihrer Religion oder ihrer weltanschaulichen Ausrichtung gelesen und verstanden.

Gott darf als Größe in keiner wissenschaftlichen Theorie vorkommen.

---

5 Das hat sich z.B. in den Religionskriegen bewährt, denn dadurch wurde ein Forschen über die Grenzen von Religionszugehörigkeit hinweg möglich.

6 Einige aus den Naturwissenschaften sind Vertreter des sogenannten *dogmatischen Atheismus*. Darin wird die Existenz eines Gottes grundsätzlich bestritten. Für das Vorgehen in der Forschung ändert sich durch diese Position nichts.

7 Jedoch haben die Vorstellungen, die Newtons Begriffsbildungen zugrunde liegen, durchaus auch ihre Wurzeln in seiner Gottesvorstellung. So korrespondiert Newtons „absoluter Raum" mit seiner Überzeugung, dass der Raum das „Sensorium Gottes" ist. Mehr dazu in Kap. 4.1.

In der breiten Öffentlichkeit, in populärwissenschaftlichen Büchern und in Äußerungen von Fachleuten werden diese weltanschaulichen Beschränkungen oft nicht ernst genommen. Der große Erfolg der Naturwissenschaften verführt offensichtlich dazu, Grenzen zu überschreiten. Manche meinen, aus dem Beobachteten die Nichtexistenz Gottes ableiten zu können. Das ist ein Zirkelschluss. d.h. ein schwerer logischer Fehler! Und so wird aus der methodischen Voraussetzung des Atheismus scheinbar ein durch die Naturwissenschaften „bewiesener", ein logisch folgender Atheismus.

Ein Beispiel: Juri Alexejewitsch Gagarin (1934 – 1968) – dem ersten Menschen im Weltraum[8] – wird der Ausspruch in den Mund gelegt, er habe Gott im Weltraum nicht gesehen. Gemeint ist, damit sei die Nichtexistenz Gottes nachgewiesen – und zwar auch außerhalb der Erde. Dies zeigt besonders platt, wie die Wissenschaft nur allzu gern zur Begründung eines weltanschaulichen Atheismus herangezogen wird. Der Biologe Jacques Monod[9] (1910 – 1976) fordert, der Mensch müsse lernen, sich so zu sehen, wie die Wissenschaft ihn beschreibt, als einen blinden Zufallstreffer, der zwar naturgesetzlich möglich, aber auf keinen Fall notwendig war, als „Zigeuner am Rande des Universums, das für seine Musik taub ist und gleichgültig gegen seine Hoffnungen, Leiden oder Verbrechen" (vgl. Info 19).

Soll geklärt werden, warum ein bestimmtes Experiment einen

---

8 Der sowjetische Astronaut Juri Gagarin flog am 12. April 1961 als erster Mensch in der Wostok-Rakete in den Weltraum. Es wurde behauptet, er habe gesagt: „Ich habe gesucht und gesucht, aber Gott habe ich nicht gesehen." Allerdings muss man davon ausgehen, dass Gagarin selbst dieses nicht gesagt hat.

9 Jacques Monod ist ein sehr erfolgreicher Biologe aus dem letzten Jahrhundert. Er betrieb molekularbiologische Forschungen und erhielt 1965 den Nobelpreis für Medizin (zusammen mit André Lwoff und François Jacob).

anderen Ausgang als erwartet genommen hat, so sucht man nach natürlichen Gründen. Die Naturwissenschaften suchen immer nur nach „natürlichen Erklärungen" (methodischer Naturalismus). Mess- und Beobachtbares wird mit anderem Beobachteten in Beziehung gesetzt und als Folge nachweisbarer Ursachen dargestellt. Die benutzten Größen müssen also – wenn möglich – messbar, auf jeden Fall aber beobachtbar sein. Gott kann in ihnen nicht als relevanter Faktor vorkommen, denn sonst wäre er eine beobachtbare und manipulierbare Größe der Natur. Wollte man ihn dennoch als eine naturwissenschaftliche Größe einführen und zwar als eine nicht beobachtbare, dann hätte man Gott zu einer Hypothese gemacht, die naturwissenschaftlich nichts austrägt und deshalb fallen gelassen werden muss. Überflüssige Begriffe sollen in naturwissenschaftlichen Theorien entfernt werden. Das entspricht der Forderung, naturwissenschaftliche Theorien so einfach wie möglich zu formulieren.[10]

Auch wenn Gott in keiner naturwissenschaftlichen Theorie als Größe vorkommen darf, spielen Gottesvorstellungen durchaus eine Rolle. Das wird z.B. bei Newton in seinen Vorstellungen über Raum und Zeit deutlich (vgl. Kap. 4.1 und Info 13) oder auch bei Kepler, für den Forschung bedeutet, Gottes Gedanken in der Schöpfung zu erkennen (vgl. Kap. 1.5).

1.2 Wie-Fragen

Die Naturwissenschaften können nur Antworten auf *Wie-Fragen*, auf Fragen nach einer Struktur finden. *Wie* fällt ein Apfel zu

---

10 Man nennt dieses Sparsamkeitsprinzip das „Ockham'sche Rasiermesser". Es wurde im 19. Jahrhundert nach Wilhelm von Ockham (1285 – 1347) benannt. Ockham hat das Prinzip selbst zwar nicht formuliert, aber implizit in seinen Schriften benutzt.

Boden? *Wie* verhält sich ein Wassertropfen auf einer heißen Herdplatte? Sprachlich lax wird in der Physik durchaus gefragt: Warum hüpft ein Wassertropfen auf der heißen Herdplatte? Erwartet wird als Antwort allerdings ein Funktionszusammenhang. Kann dieser hergestellt werden, ist das Phänomen „verstanden".

Ein von einem Baum fallender Apfel soll dies verdeutlichen: Er fällt am Anfang langsam und dann immer schneller. Sieht man von der Luftreibung ab, so wächst seine Geschwindigkeit proportional zur Zeit, nach zwei Sekunden ist seine Geschwindigkeit doppelt so groß wie nach einer Sekunde, usw. Der Zusammenhang lässt sich durch eine Formel beschreiben und damit ist die Wie-Frage beantwortet (vgl. Info 1).

Die Frage nach dem *Warum* – sieht man vom laxen Sprachgebrauch ab – ist mit solchen Formeln nicht beantwortet. Dazu müsste man z.B. wissen, *warum* sich Massen gegenseitig anziehen – im Apfelbeispiel warum die Erde den Apfel anzieht –, warum das zugehörige Kraftgesetz gilt und *warum* es überhaupt Massen gibt. Fragen wie „Warum gibt es Gesetzmäßigkeiten und warum gerade die vorgefundenen?" oder „Warum existieren wir?" können von den Naturwissenschaften weder beantwortet noch gestellt werden. Ebenfalls außen vor bleiben Fragen nach Absichten, Zwecken und Motiven.[11] Solche Fragen gehören nicht in den Bereich der Naturwissenschaften.

In den Naturwissenschaften können nur Wie-Fragen und keine Warum-Fragen gestellt werden.

---

11 Der Fachbegriff heißt „teleologische" Fragen.

Dies stellt vereinbarungsgemäß neben dem methodischen Atheismus eine weitere äußerst erfolgreiche Beschränkung dar. Galilei[12] (1564 – 1642) gehört zu den ersten Wissenschaftlern, die die aristotelische Frage nach dem Warum[13] in den Naturwissenschaften aufgaben und stattdessen erfolgreich Wie-Fragen stellten.

Die Biologie kommt allein mit der Wie-Frage nicht aus. Sie braucht noch die Frage nach dem „Wozu", allerdings in einem funktionalen Sinn. Organismen besitzen Strukturen, die Funktionen ausüben. Erinnert sei an das Raubtiergebiss bei Löwen und die Flügel bei Vögeln. Diese Körperteile erfüllen zwar eine Aufgabe, sind aber nicht – so die Vorstellung in den Naturwissenschaften – von irgendwem für die entsprechende Aufgabe entworfen worden.[14] In gewisser Weise geht es auch um die Frage nach dem „Woher". Lebewesen haben Vorfahren, hier kommt ein historischer Aspekt ins Spiel.

Offen bleiben in allen Naturwissenschaften Fragen nach der Herkunft von Naturgesetzen, nach Zweck und Ziel, nach Sinn, Plan und Grund, nach dem Wesen der Dinge, nach dem Warum. Offen bleiben auch Fragen nach Werten und nach Qualitäten. Die Fragen „Wie erkenne ich eine Kraft?" oder „Wie erkenne ich ein elektrisches Feld?" können innerhalb der Physik beantwortet wer-

---

12 Galileo Galilei ist einer der ersten Wissenschaftler, die aus Experimenten und Beobachtungen Einsichten über Himmelskörper und Zusammenhänge auf der Erde herleiten. Das stand für ihn nicht im Widerspruch zu seinem Glauben. Mehr dazu in Info 20.

13 Aristoteles nennt vier Ursachentypen: Materialursache (z.B. woraus ein bestimmter Tisch besteht), Formursache (z.B. der Bauplan des Tisches), Wirk- oder Bewegungsursache (z.B. der Architekt des Bauplans) und Ziel- oder Zweckursache (z.B. wofür der bestimmte Tisch eingesetzt werden soll).

14 In der Biologie spricht man von Teleonomie (scheinbare Zweckmäßigkeit, „als ob" es zielgerichtete Gründe gäbe). Sie ist von der Teleologie zu unterscheiden, in der es um eine beabsichtigte oder von außen gesetzte Zweckmäßigkeit geht.

den, die Fragen „Was ist eine Kraft?" oder „Was ist ein elektrisches Feld?" nicht. Angeben kann die Physik Formeln und Messverfahren. Damit ist aber das Wesen einer Kraft, einer Geschwindigkeit nicht erfasst. Besonders deutlich wird die Kluft bei Fragen nach Zweck und Ziel. Ein Tisch mag naturwissenschaftlich vollständig beschrieben sein, wenn man die Art des benutzten Holzes, des Lacks und seine Form angibt. Nur hat man damit noch nicht erfasst, dass der Tisch in der Lebenswelt einen Zweck hat, z.B. dass er hergestellt wurde, um an ihm essen zu können.

Lebenswichtige Fragen wie z. B. die nach Sinn, Zweck und Ziel oder Werten können innerhalb der Naturwissenschaften nicht gestellt werden.

Menschenrechte und die Würde des Menschen sind keine naturwissenschaftlichen Begriffe. Sie sind aber grundlegend für unsere Welt und das Zusammenleben von Menschen. Zur Wirklichkeit gehört mehr als von den Naturwissenschaften erfasst werden kann. Offen bleiben auch große Fragen menschlicher Existenz wie: „Woher komme ich?", „Wohin gehe ich?" „Was ist der Sinn meines Lebens?", „Wie gehe ich mit Hass um?".

Die Biologie beschäftigt sich zwar mit lebenden Wesen, der Begriff Leben selbst ist jedoch kein biologischer Begriff. Und doch versuchen auch Biologen dem Geheimnis des Lebens auf die Spur zu kommen. Der ungarische Mediziner, Biochemiker und Nobelpreisträger Albert von Szent-Györgyi Nagyrápolt (1893 – 1986) schreibt in seinen „Lebenserinnerungen"[15]: „Bei der Jagd nach dem Geheimnis des Lebens begann ich meine Forschungen in der Histologie. Da ich mit der Information unzufrieden war, die mir die Gestalt der Zelle über das Leben geben konnte, wandte ich mich der Physiologie zu. Da ich die Physiologie zu kompliziert fand, beschäftigte ich mich mit Pharmakologie. Doch die Situation war immer noch zu kompliziert, sodass ich Bakteriologie studierte. Aber selbst Bakterien waren zu komplex, und so tauchte ich in die molekulare Ebene hinab und studierte Chemie. Nach zwanzig Jahren Arbeit kam ich zu dem Schluss, dass wir bis in die Ebene der Elektronen und in die Welt der Wellenmechanik hinuntergehen müssen, um Leben zu verstehen. Aber Elektronen sind nur Elektronen und überhaupt nicht lebendig. Offensichtlich hatte ich unterwegs das Leben verloren; es ist mir zwischen den Fingern hindurchgeronnen."

Vermutlich bekommt man eine Ahnung vom Leben nur durch die Teilhabe am Leben. Viktor von Weizsäcker formuliert: „Um Lebendes zu erforschen, muss man sich am Leben beteiligen."[16] Das ist dann aber außerhalb des Bereichs der Biologie. Sie klammert diese Art Fragestellung aus.

1.3 Wiederholbarkeit

Nur wiederholbare Vorgänge, „reproduzierbare" Ergebnisse gelten als wissenschaftlich belegt. Macht ein Forscher, eine Forscherin

---

15 GEO-Wissen Nr. 2, 7. 5. 1990, S. 108. Szent-Györgyi Nagyrápolt wurde 1937 der Nobelpreis für Medizin u.a. für seine Arbeiten zum Vitamin C verliehen.
16 Viktor von Weizsäcker: Gestaltkreis. Zitiert in Andreas Losch: Jenseits der Konflikte. Eine konstruktiv-kritische Auseinandersetzung von Naturwissenschaft und Theologie. Göttingen: Vandenhoeck & Ruprecht 2011, S. 227.

oder ein Forschungsinstitut eine Entdeckung, so gilt das zugehörige Ergebnis erst dann als gesichert, wenn es auch an anderen möglichst unabhängigen Instituten durch Kontrollmessungen bestätigt werden konnte. Voraussetzung ist, dass die Versuchsbedingungen ausreichend protokolliert und die Messfehler angegeben wurden. Wiederholbarkeit kann aber nur unter Laborbedingungen hinreichend gut erreicht werden. Dort versucht man alle „Störfaktoren" soweit irgend möglich auszuschalten.

Genau genommen ist jeder Vorgang einmalig. Die Bedingungen, unter denen zwei ähnlich Vorgänge ablaufen, sind nie völlig identisch. Häufig kann man davon ausgehen, dass ähnliche Ausgangsbedingungen zu ähnlichen Ergebnissen führen. Dann kann Reproduzierbarkeit von Versuchsergebnissen – innerhalb der Messgenauigkeit – gelingen. Dass dies nicht immer der Fall ist, wird z.B. bei langfristigen Wettervorhersagen deutlich.

Die Naturwissenschaften können nur wiederholbare Vorgänge beschreiben.

Experimente werden in der Forschung unter künstlichen Bedingungen durchgeführt. Dabei ist man bestrebt, Eigenschaften eines zu untersuchenden Objekts, die Einfluss auf das Messergebnis haben könnten, zu minimieren. So nahm Galilei für seine Fallversuche schwere Kugeln, um vom Luftwiderstand weitgehend absehen zu können. Ein luftleer gemachter Fallturm, wie er in Bremen realisiert ist, stand ihm nicht zur Verfügung.

Kein System lässt sich vollständig von der Umgebung isolieren. Das ist in vielen Fällen unproblematisch. Es gibt aber auch etliche

Systeme, bei denen sich Umwelteinflüsse gravierend auswirken. So könnte eventuell der Flügelschlag eines Schmetterlings in Brasilien einen Tornado in Texas auslösen (Schmetterlingseffekt). Je nach Wetterlage sind verlässliche Wetterprognosen für wenige Wochen oder auch nur einige Stunden möglich.

Es gibt viele Systeme, bei denen ähnliche Ursachen ähnliche Wirkungen haben, aber auch viele, bei denen nur gleiche Ursachen gleiche Wirkungen haben, ähnliche Ursachen können dort zu sehr unterschiedlichen Wirkungen führen.

Ein anderes Beispiel: Ein Bleistift, der auf der Spitze balanciert wird, kippt bald und zwar in eine nicht vorausberechenbare Richtung. Jeder Balancierversuch hat ein anderes Ergebnis. Analog ist das Verhalten bei einem Würfel. Hier haben ganz kleine Unterschiede in den Ausgangssituationen enorme Auswirkungen auf das Ergebnis.

Es gibt demnach Systeme, bei denen ähnliche Ursachen ähnliche Wirkungen haben und andere, bei denen *nur* gleiche Ursachen gleiche Wirkungen haben und ähnliche Ursachen zu sehr unterschiedlichen Wirkungen führen (vgl. Info 8 – Chaostheorie).

Eine besondere Situation liegt in der Geologie vor. Hier schließt man z.B. aus Bohrproben auf die Beschaffenheit der Umgebung. Die „Kunst" besteht darin, Proben zu nehmen, die typisch („repräsentativ") für das Ganze sind. Dies macht deutlich, dass die Deutung von Ergebnissen von Vorerfahrungen und Vortheorien abhängt.

In der Astronomie gibt es noch ein anderes Ausgangsproblem: Mit Himmelsobjekten lassen sich keine Experimente machen. Am Himmel findet man jedoch genug analoge Vorgänge, durch die eine Theorie bestätigt werden kann. Schwieriger wird es, will man dem Anfang des Universums auf die Spur kommen. Dieser war – wenn es überhaupt einen Anfang gegeben hat – ein einmaliger Vorgang. Hier steht die Kosmologie vor einer Aufgabe, wie sie die Geschichtswissenschaften kennen.[17]

Bei ganz kleinen Teilchen wie Elektronen lassen sich nur Wahrscheinlichkeiten für erwartete experimentelle Ergebnisse angeben.

Noch anders ist die Situation bei Quantenobjekten wie Photonen ("Lichtteilchen") oder Elektronen. Bei einzelnen Quantenobjekten sind genaue Vorhersagen über ihr Verhalten nicht möglich, man kann nur Wahrscheinlichkeiten angeben. Möglich sind genaue Vorhersagen aber dann, wenn man über eine große Anzahl von Quantenobjekten redet. Ein Beispiel: Wann ein einzelnes Atom eines radioaktiven Stoffs zerfällt, lässt sich nicht vorhersagen, es kann sofort zerfallen oder erst in dreißig Jahren. Für eine große Anzahl von Atomen dieses Stoffs dagegen gibt es ein zuverlässiges Wissen darüber, wann die Hälfte davon zerfallen ist.

Die Forderung nach wiederholbaren Vorgängen in der Natur

---

17 Am LHC (Large Hadron Collider in Genf) versucht man dem Urknall, einem – wie man heute annimmt – einmaligen Ereignis auf die Spur zu kommen, indem man Quark-Gluonen-Plasmen und damit Materiezustände nahe dem Urknall herstellt und untersucht.

setzt voraus, dass es in der Natur unveränderliche Gesetzmäßigkeiten gibt. Im Bereich der Naturwissenschaften ist dies ein er-
folgreiches Konzept. Es klammert allerdings nicht Wiederholbares
und damit einen Teil der Realität aus. Dazu gehören individuelle
Erfahrungen und Beobachtungen.

1.4 Objektivierbarkeit

Wissenschaftliche Theorien werden von Menschen entwickelt.
Das Auffinden großer neuer Theorien hängt mit Forscherpersön-
lichkeiten und deren Vorlieben zusammen (vgl. Kap. 4.1). Eine
formulierte Theorie kann jedoch von jedem, der die wissenschaftliche Sprache versteht, benutzt und nachvollzogen werden. Da
spielen weder das Geschlecht noch die Herkunft oder der Kultur-
raum eine Rolle. Was objektivierbar ist, kann – wenn die Theorie
weit genug entwickelt ist – auf eine Formelsprache abgebildet und
berechnet werden. Beim Gebrauch der Mathematik sind dann die
subjektiven Elemente weitgehend abgestreift.

In der klassischen Physik (Teilgebiete der Physik, die bis etwa
zum Ende des 19. Jh. formuliert wurden) können wir zumindest
über Ausschnitte der Welt reden, ohne auf uns selbst Bezug zu
nehmen. Anerkannte Methoden und Standards sichern die Ver-
lässlichkeit ab. Dazu zählt, dass die untersuchten Phänomene
konstant sind und regelmäßig bei analogen Versuchsanordnun-
gen auftreten. Bei genauem Hinsehen ist es allerdings fraglich,
ob im strengen Sinn von objektiven Ergebnissen gesprochen werden kann. Es handelt sich vielmehr um Intersubjektivität, d.h.
die überwiegende Mehrheit der Subjekte (Forscher) ist sich einig
geworden. Aber es sind immer noch Subjekte, die experimentie-
ren, Ergebnisse zur Kenntnis nehmen und interpretieren sowie

Begriffe definieren. Der Quantenphysiker Werner Heisenberg[18] (1901 – 1976) weist darauf hin, dass der Gebrauch der Begriffe in der klassischen Physik „letzten Endes eine Folge der allgemeinen geistigen Entwicklung der Menschheit" ist. Er folgert: „Aber in dieser Weise nehmen wir doch schon auf uns selbst Bezug, und insofern kann man unsere Beschreibung nicht vollständig objektiv nennen."[19]

Die Naturwissenschaften streben objektivierbare Beschreibungen der Natur an. Sie stoßen dabei auf Grenzen.

Ein weitverbreiteter Irrtum ist, dass sich Begriffe in den Naturwissenschaften an beobachteten Phänomenen einfach ablesen lassen. Es hat Jahrhunderte gebraucht, um Begriffe wie Kraft und Energie physikalisch so bestimmen zu können, dass sie zu präzisen und messbaren Größen wurden. Kraft z.B. wird heute nicht mehr erklärt, sondern durch ihre Wirkungen (Verformung und/ oder Änderung eines Bewegungszustands) erkennbar und messbar gemacht. Schon die Assyrer benutzten Seile und Rollen, um schwere Lasten zu bewegen. Aber sie hatten noch nicht den heute

---

18 Werner Heisenberg gehört zu den bedeutenden Physikern des 20. Jh., die die mathematische Formulierung der Quantentheorie entwickelten. Er bekam 1932 dafür den Nobelpreis. Auch zu Grenzfragen hat er Grundlegendes aufgeschrieben, z.B. in „Der Teil und das Ganze".
19 Walter Blum, Hans-Peter Dürr und Helmut Rechenberg (Hrsg.): Werner Heisenberg, Gesammelte Werke. Abteilung C, Allgemeinverständliche Schriften, Bd. II. Physik und Erkenntnis 1956 - 1968. München Zürich: Piper 1984, S. 39.

eingeführten Kraftbegriff, der klar vom Begriff der Energie unterschieden ist. Naturwissenschaftliche Begriffe sind abstrakt und unanschaulich. Das bedeutet, der Zugang muss erlernt und eingeübt werden. Die zunächst von Menschen frei gewählten Begriffe sind nicht beliebig. Sie müssen sich bei der Zuordnung zu Phänomenen bewähren, von der Mehrheit der Wissenschaftlerinnen/ Wissenschaftler akzeptiert werden und einen mathematischen Formalismus ermöglichen.

Schwieriger ist die Lage bei der Quantentheorie. Diese Theorie ist für Mikroobjekte zuständig und gehört zu den grundlegenden Theorien in der Physik. Die Experimente müssen mit den Begriffen der klassischen Physik beschrieben werden, aber diese Begriffe passen nicht genau auf die Natur.[20] Ein Beispiel: Man kann zwar den Ort eines Elektrons in einer Anordnung zu zwei unterschiedlichen Zeitpunkten messen, aber nicht mehr von einer Bahn reden, auf dem der Elektron sich in der Zwischenzeit bewegt haben könnte. Eine objektive Kenntnis der Zustände in der Zwischenzeit ist nicht möglich und es ist fraglich, ob es überhaupt sinnvoll ist, solche Zwischenzustände zu unterstellen. Nach der Kopenhagener Deutung der Quantentheorie[21] muss man davon ausgehen, dass Quantenobjekten wie z.B. Elementarteilchen keine Eigenschaften – beispielsweise Ort oder Geschwindigkeit – unabhängig von einer Messung zukommen. Vor einer Messung hat man nur Wahrscheinlichkeiten für mögliche Eigenschaften. In der Messung wird eine dieser Möglichkeiten angenommen. Mehr dazu in den Kapiteln 3.1 und 3.2 sowie in Info 7.

Die Kopenhagener Deutung der Quantentheorie verdeutlicht, dass die Naturwissenschaften die Welt nicht als in einer bestimm-

---

20 Heisenberg in W. Blum a.a.O. S. 39.
21 Diese Deutung geht auf den Physiker Niels Bohr (1885 – 1962, lehrte an der Universität von Kopenhagen) zurück. Sie wird bis heute von der überwiegenden Mehrzahl der Physiker akzeptiert.

ten Weise vorliegende beschreiben können. „Die Welt hat keine Eigenschaften unabhängig davon, ob diese erkannt werden."[22]

1.5 Mathematik

Um Sachverhalte beschreiben und sich darüber mit anderen Menschen austauschen zu können, wird eine Sprache benötigt. Die menschlichen Gemeinschaften haben eine Vielzahl von Sprachen entwickelt. Dazu gehört auch der Zahlbegriff. In den Naturwissenschaften ist Mathematik die bewährte Sprache.

Ob der Mensch die Zahlen erdacht oder sie gefunden hat, darüber kann man streiten. Auf jeden Fall sind Zahlen ein äußerst nützliches Werkzeug im Alltag, im Handel und in den Wissenschaften. Mathematik ist mehr als Zahlen. In ihr geht es insbesondere auch um Strukturen und Muster. Ein Beispiel für mögliche *mathematische Strukturen* ist das Vertauschungsgesetz bei den natürlichen Zahlen, dass also 2 + 3 dasselbe Ergebnis hat wie 3 + 2. Den meisten sind *Muster* aus der Geometrie bekannt. Symmetrie gehört dazu. Etliche Figuren sind achsensymmetrisch wie z.B. Rechtecke. Bei solchen Figuren gibt es eine Linie, an der man diese spiegeln kann, ohne dass sich ihre Form ändert.

Die Sprache der Naturwissenschaften ist die Mathematik.

22 Stefan Bauberger: Was ist die Welt? Zur philosophischen Interpretation der Physik. Stuttgart: W. Kohlhammer 2009 (3. Aufl.), S. 236.

Auch wenn Mathematik vielfach angewendet werden kann, ist sie mehr als „angewandte Mathematik". Mathematische Aussagen folgen aus reinen Gedankenoperationen, sie müssen nicht empirisch begründet sein. Folgerungen werden in der Mathematik streng logisch bewiesen. Ein mathematisches Theoriengebäude soll widerspruchsfrei sein.[23] Erstaunlicherweise ergibt sich im Nachhinein häufig für mathematische Theorien, die zunächst als reine Gedankenspiele entstanden sind, eine naturwissenschaftliche Anwendung. Ein Beispiel ist die nichteuklidische Geometrie, in der das Gesetz,[24] dass zwei parallele Geraden sich nicht im Endlichen schneiden können, aufgegeben wird. Sie findet Anwendung in der sog. Allgemeinen Relativitätstheorie (vgl. Info 6) und dort benötigt man sie, um ganz große Räume physikalisch angemessen zu beschreiben.

Der Glaube daran, dass die Wirklichkeit von mathematisch formulierbaren Gesetzmäßigkeiten bestimmt ist, hat eine lange Tradition. So glaubte Galilei an die mathematischen Symbole,[25] in

---

23 Kurt Gödel (1906 – 1978) hat allerdings gezeigt, dass in einer mathematischen Theorie die Widerspruchsfreiheit mit ihren eigenen Mitteln nicht nachgewiesen werden kann. Man muss vielmehr eine begriffsreichere mathematische Theorie suchen, von der aus dann die Widerspruchsfreiheit der begriffsärmeren nachgewiesen werden kann. Man muss quasi auf eine höhere Ebene, eine Metaebene gehen und von dort aus die Theorie auf ihre Widerspruchsfreiheit hin untersuchen.

24 In der Mathematik spricht man von Axiom. Dies ist eine Setzung, ein in der Regel unmittelbar einleuchtendes Prinzip, das nicht weiter begründet bzw. abgeleitet wird. In der modernen Mathematik kann ein Axiom auch eine *willkürliche* Setzung sein.

25 Aus Galileis „Saggiatore" von 1623. Galilei schreibt auch: „Die Philosophie steht in diesem großen Buch geschrieben, dem Universum, das sich unserem Blick ständig darbietet. Doch das Buch ist nicht zu verstehen, sofern man nicht zuerst lernt, seine Sprache zu verstehen und das Alphabet zu lesen, aus dem sie sich zusammensetzt. Es ist in der Sprache der Mathematik geschrieben, und die Buchstaben sind Dreiecke, Kreise und andere geometrische Figuren, ohne die es dem Menschen unmöglich ist, ein einziges Wort davon zu

denen das Buch der Natur geschrieben ist, und Kepler[26] (1571 – 1630) an die mathematischen Schöpfungsgedanken Gottes (vgl. Info 20).

Neben den fünf genannten Denkvoraussetzungen – methodischer Atheismus, Beschränkung auf Wie-Fragen, Wiederholbarkeit, Objektivierbarkeit und Mathematisierbarkeit – gibt es einige nützliche „Werkzeuge" in den Naturwissenschaften: Denken in Systemen und Reduktion.

1.6 Systeme

Ein Lebewesen ist mehr als eine Ansammlung von unterschiedlichen Molekülen. Organismen sind naturwissenschaftlich betrachtet Systeme, deren Eigenschaften sich nicht hinreichend aus den Eigenschaften der sie aufbauenden Moleküle ableiten lassen. Das Rätsel des Lebens bleibt ohnehin. Auf der naturwissenschaftlich beschreibbaren Ebene kann man feststellen, dass Organe zwar aus verschiedenen Stoffen bestehen, aber erst durch die Wechselwirkung der zugehörigen Moleküle ihre spezielle Funktion ausüben können. Der Zusammenschluss unterschiedlicher Organe wird nur dann zu einem funktionierenden Ganzen, wenn die erforderlichen Wechselwirkungen hinzukommen.

Die Gemeinsamkeit aller Systeme ist also, dass zu den Komponenten noch Wechselwirkungen hinzukommen. Insofern ist ein

---

verstehen; ohne sie irren wir durch ein finsteres Labyrinth." Zitiert in: Dava Sobel: Galileos Tochter. Eine Geschichte von der Wissenschaft, den Sternen und der Liebe. Berlin: Berlin Verlag 1999, S. 24.
26 Johannes Kepler war Mathematiker, Astronom, Optiker, evangelischer Theologe und Astrologe. Er erkannte als Erster, dass die Planeten sich nicht auf Kreis- sondern Ellipsenbahnen bewegen.

System mehr als die Summe seiner Teile. Durch diese Wechselwirkungen entstehen neue Eigenschaften, die nicht aus den Eigenschaften ihrer Bestandteile folgen.

Ein System ist mehr als die Summe seiner Teile.

Einige Beispiele: Einzelnen Atomen/Molekülen kann keine Temperatur zugeschrieben werden. Das geht erst bei einer Gesamtheit aus vielen Atomen/Molekülen. Sozialverhalten bei Wölfen kann man nur in einem Rudel beobachten, nicht aber bei einem allein herumlaufenden Wolf. Wasser besteht aus einzelnen Wassermolekülen, deren chemische und physikalische Eigenschaften bekannt sind. Aber erst die vielfältigen Wechselwirkungen der Moleküle untereinander ermöglichen die erstaunlichen Eigenschaften von Wasser, so dehnt sich Wasser z.B. im Gegensatz zu anderen Stoffen beim Erstarren aus.

Zu möglichen Wechselwirkungen gehören auch Rückkopplungsmechanismen. In der Natur vorkommende rückgekoppelte Systeme sind in der Regel sehr komplex. Zuweilen trifft man jedoch auf einfacher zu beschreibende Systeme. Dafür ist die zyklische Veränderung in der Population des Amerikanischen Schneeschuhhasen und des Kanadischen Luchses ein Beispiel: Beide Tierarten haben eine Räuber-Beute-Beziehung. Der Kanadische Luchs ist der Räuber und der Amerikanische Schneeschuhhase seine Beute. Vereinfacht kann dies wie folgt dargestellt werden: Sind viele Schneeschuhhasen (Beutetiere) vorhanden, so haben die Luchse (Räuber) viel Nahrung und können sich vermehren. Dann nimmt aber bei steigender Anzahl der Luchse (Räuber) die

Anzahl der Schneeschuhhasen (Beutetiere) ab. Als Folge davon reduziert sich zeitversetzt auch die der Luchse (Räuber), denn sie haben jetzt weniger Nahrung. Dadurch kann sich der Bestand der Schneeschuhhasen (Beutetiere) erholen. Der etwa zehn Jahre dauernde Zyklus beginnt von Neuem. Würde man nur die periodische Schwankung in der Population der Luchse beobachten, so wäre diese nicht zu verstehen.

Aus den Bestandteilen eines Systems nicht ableitbare Eigenschaften nennt man emergent (deutsch: auftauchen, entstehen).[27]

1.7 Reduktionismus

Reduktionismus ist eine bewährte Methode in den Naturwissenschaften. Man versucht ein möglichst knappes Begriffs- und Funktionssystem zu finden, aus dem sich viele Eigenschaften ableiten lassen.

Reduktion bedeutet, dass man bewusst oder aus Unwissenheit nicht alle Eigenschaften eines Systems erfasst. Erst wenn vieles weggelassen wird, gelingt in der Regel eine wissenschaftliche Beschreibung. Soll ein von einem Baum fallender Apfel in der Mechanik beschrieben werden, so sind seine Farbe und sein Geschmack belanglos. Für sie gibt es in dieser Theorie auch keine Begriffe.

---

27 Manche Eigenschaften eines Systems lassen sich – wie im Beispiel – erklären, wenn mehr Informationen hinzugezogen werden oder man das betrachtete System erweitert (schwache Emergenz). Es könnte aber auch prinzipiell nicht Ableitbares geben. Manche vermuten, dass Bewusstsein und Geist dazu gehören. Statt Emergenz wird auch der Begriff Fulguration (von lat. fulgur „Blitz") benutzt.

Die Wirklichkeit ist viel zu komplex, um sie als Ganzes beschreiben zu können. Erst wenn man von vielen Aspekten absieht, kann eine wissenschaftliche Beschreibung gelingen.

Bei manchen komplexen Systemen hat sich das folgende Vorgehen bewährt: Ein Ganzes wird in Teilsysteme unterteilt, deren Eigenschaften sich leichter untersuchen lassen. Man hofft, daraus die Eigenschaften des Ganzen verstehen zu können, indem quasi wie in einem Baukasten alles anschließend zusammengesetzt wird. So berechnet man zum Beispiel die Planetenbahnen in unserem Sonnensystem in erster Näherung recht gut unter der Annahme, es gäbe nur die Sonne und den jeweils betrachteten Planeten. Das Ergebnis ist in diesem Fall allerdings noch nicht befriedigend. Erst wenn man nachträglich den Einfluss der übrigen Planeten auf den betrachteten Planeten als Störung berücksichtigt, werden die Ergebnisse zutreffender. Diese Methode führt jedoch nicht immer zum Erfolg. Häufig können Eigenschaften eines komplexen Systems nicht aus den Eigenschaften der Einzelkomponenten abgeleitet werden. Darauf wurde schon im letzten Kapitel hingewiesen.

Auch die Beschreibung von Systemen stellt in der Regel eine Reduktion dar. So z.B. in der Medizin, wenn komplexe Systeme wie Organe nur unter eingeschränkten Gesichtspunkten wie eventuellen Fehlfunktionen beschrieben werden.

Begriffe, die in den Naturwissenschaften Verwendung finden, stammen zwar in der Regel aus der Alltagssprache, erfahren jedoch im neuen Kontext eine Veränderung. Sie werden präzisiert

und blenden dabei Aspekte des umgangssprachlichen Bedeu-
tungsspektrums aus. Ein Beispiel: In der Physik ist Zeit – salopp
gesagt – das, was eine Uhr misst. Umgangssprachlich kann Zeit
schnell oder langsam verlaufen, man kann Zeit haben oder ver-
lieren, Zeit kann verfliegen oder sich dehnen, sie kann sogar still-
stehen. Im Leben wissen wir, was damit gemeint ist, physikalisch
macht dies keinen Sinn.

Zum Reduktionismus gehören natürlich auch die oben erläuterten Denkvoraussetzungen wie z.B. der methodische Atheismus.
Einige Naturwissenschaftler, die den Vorteil des Reduktionismus
in den Naturwissenschaften durchaus zu schätzen wissen, benen-
nen gleichzeitig dessen Grenzen sehr deutlich und schmerzlich.
Der Physiker Erwin Schrödinger[28] (1887 – 1961) schreibt: „[...]
und dann bin ich sehr erstaunt, dass mein Bild der realen Außenwelt sehr mangelhaft ist. Es liefert eine Menge faktischer Information, bringt all unsere Erfahrung in eine wundervoll systematische
Ordnung, aber es hüllt sich in tödliches Schweigen über alles und
jedes, was unserm Herzen wirklich nahesteht, was uns wirklich etwas bedeutet. Es sagt uns kein Wort über rot und blau, bitter und
süß, körperlichen Schmerz oder körperliche Lust; es weiß nichts
von schön und hässlich, gut oder schlecht, nichts von Gott und
der Ewigkeit. Die Naturwissenschaft gibt gelegentlich vor, auf Fragen aus diesen Bereichen zu antworten, aber die Antworten sind
oft so albern, dass wir sie nicht ernst nehmen mögen."[29]

---

28 Erwin Schrödinger war theoretischer Physiker und an der Formulierung
der Quantenmechanik maßgeblich beteiligt, insbesondere ihrer Mathemati-
sierung. 1933 erhielt er dafür zusammen mit Paul Dirac (1902 – 1984) den
Nobelpreis für Physik. Er thematisierte auch philosophische Aspekte der
Quantentheorie.
29 Erwin Schrödinger: Die Natur und die Griechen. Hamburg: Rowohlt,
1956, S. 123. Zitiert in: John Lennox: Hat die Wissenschaft Gott begraben?
Witten: SCM R. Brockhaus 2009, S. 291.

Schrödinger macht in diesem Zitat sehr deutlich, welcher Preis mit dem Reduktionismus bezahlt werden muss. Der Versuch, mit dieser Methode die gesamte Welt in den Blick zu bekommen, ist zum Scheitern verurteilt. Das Feld für relevante Erkenntnisquellen muss ausgeweitet werden und auch dann bleibt, dass alles menschliche Verstehen begrenzt ist.

2. MODELLCHARAKTER NATURWIS-SENSCHAFTLICHER THEORIEN

Naturwissenschaftliche Theorien sind Modelle der Wirklichkeit. Dies soll im Folgenden genauer erläutert werden. Weit verbreitet ist die Ansicht, man könne naturwissenschaftliche Gesetze in der Natur ablesen. Ein fallender Apfel, Blitz und Donner bei einem Gewitter liefern allerdings nicht die eventuell dahintersteckenden Naturgesetze mit. Um solche Vorgänge beschreiben zu können, bedarf es abstrahierender Begriffsbildungen wie Strecke, Zeit, Geschwindigkeit oder elektrische Ladung. Angemessen sind vorgeschlagene Begriffe, wenn sie sich bewähren, d.h. wenn sich aus diesen Begriffen ein Theoriengebäude errichten lässt, das zutreffende Beschreibungen und Vorhersagen ermöglicht. Es geht dabei nicht darum, ob die Beschreibung richtig oder falsch ist, sondern darum, ob sie sich innerhalb der Naturwissenschaften bewährt. Ein Beispiel: Der Ätherbegriff[30] wurde nicht aufgegeben, weil er eventuell falsch, sondern weil er überflüssig ist, sich also nicht bewährt hat.

Naturwissenschaftliche Theorien sind Modelle der Wirklichkeit.

---

30 Man konnte sich zunächst nicht vorstellen, dass Wellen – in welcher Form auch immer – keinen Träger brauchen. Schall breitet sich z.B. in Luft aus, eine Wasserwelle in Wasser. Wenn also Licht Wellencharakter hat, muss es – so meinte man – auch einen Träger geben. Das sollte der Äther sein.

Insbesondere große Theorien wie die Newtonsche Mechanik oder die Spezielle Relativitätstheorie sind „freie Erfindungen des menschlichen Geistes",[31] wie Albert Einstein[32] (1879 – 1955) formuliert. Sie haben sich bewährt und werden deshalb verwendet. Dazu an späterer Stelle mehr (vgl. Kap. 3.1 und Info 14).

Was Modellbildung bedeutet, soll zunächst an einem fallenden Apfel erläutert werden.[33] Aus dem Apfel wird in der Newtonschen Mechanik ein Massenpunkt, aus der Fallbahn eine Strecke und aus dem Nacheinander der Lage des fallenden Apfels eine Zeitspanne (vgl. Info 1). Diese Größen (Massenpunkt, Strecke und Zeitspanne) sind Abstraktionen, Gedankengebilde. Man ordnet ihnen Symbole (Formelzeichen) zu und verknüpft diese Symbole mathematisch. Es entstehen Formeln, in denen ein realer Vorgang auf ein Gedankengebäude abgebildet wird. Zwischen dem Fallen des Apfels und den Formeln ist eine Analogie (Ähnlichkeit) hergestellt worden. So kann mithilfe der Formeln z.B. vorhergesagt werden, wie groß die Fallstrecke nach einer bestimmten Zeitspanne ist. Die Größen Masse, Strecke und Zeit sind messbar. Die Funktionstüchtigkeit der gefundenen Formel lässt sich anhand von Experimenten überprüfen.

Es folgt Genaueres zum Modellbegriff.

---

31 Albert Einstein: Mein Weltbild. Frankfurt: Ullstein 1957, S. 115.

32 Albert Einstein war einer der bedeutendsten theoretischen Physiker. Es ist fraglich, ob die Allgemeine Relativitätstheorie ohne ihn gefunden worden wäre. Den Nobelpreis bekam er 1921 für seine Arbeiten zum photoelektrischen Effekt.

33 Hartnäckig hält sich eine u.a. von Voltaire (1694 – 1778) verbreitete Legende, Newton habe in seinem Heimatort Woolsthorpe mit 24 Jahren angesichts eines vom Baum fallenden Apfels plötzlich das Prinzip der Gravitation verstanden.

2.1 Modellbegriff

In den Naturwissenschaften ist der Modellbegriff[34] von zentraler
Bedeutung. Der Begriff Modell wird in der Alltagssprache unterschiedlich gebraucht. In den Naturwissenschaften muss er präzisiert werden.

Zum hier gemeinten Modellbegriff gehören vier „Mitspieler":
Modelloriginal, Modell, Modellsubjekt und Modelladressat. Zwischen den genannten Elementen bestehen Beziehungen, Relatio-
nen. Um dies zu erläutern, soll zunächst von nur zwei Elementen
ausgegangen werden, dem Modelloriginal (O) und dem Modell (M).

**Zwischen einem Modell und seinem Original
besteht eine hergestellte oder festgestellte
Analogie.**

Im Apfelbeispiel (vgl. Info 1) ist der fallende Apfel das Modelloriginal (O), die mathematischen Formeln und die Begriffe Masse,
Massenpunkt, Strecke und Zeit gehören zum Modell (M). Zusätzlich braucht man in diesem Modell noch den Kraftbegriff, sowie
Geometrie, Algebra und streng genommen die Infinitesimalrechnung.[35] Zwischen den beiden Elementen M und O besteht eine

---

34 Ausführlicher dargestellt wird der Modellbegriff von Peter C. Hägele: „Ich
mache mir ein Modell" – Tragweite des Modellbegriffs in der Physik. In: Glauben und Denken. Jahrbuch der Karl-Heim-Gesellschaft. 10. Jg. 1997. Frankfurt: Peter Lang, S. 143 - 174.
35 Soll z.B. eine Geschwindigkeit zu einem bestimmten Zeitpunkt korrekt
beschrieben werden, so muss man sie als Grenzwert des zugehörigen Bruchs
auffassen: Dazu sollte im Bruch „Streckenabschnitt : zugehörige Zeitspanne"

Ähnlichkeit (Analogierelation – vgl. Info 2). Das Modell ersetzt zwar in vieler Hinsicht den fallenden Apfel, es ist aber klar von diesem unterschieden. Das Modellmaterial besteht aus mathematischen Symbolen und Strukturen. Der Apfel (O) gehörte bis zu seiner Ablösung zu einem lebenden Baum und besitzt viele vom Modell nicht beschriebene Eigenschaften wie Form, Farbe oder Geschmack. So haben sowohl das Original als auch das Modell Eigenschaften, die analogielos sind, also keine Entsprechung im jeweils anderen Partner besitzen.

Bei naturwissenschaftlichen Modellen, insbesondere der modernen Physik, findet in der Regel eine strukturelle und keine qualitative Angleichung statt. Die Mathematik besitzt einen enormen Strukturreichtum und eignet sich deshalb insbesondere in der Physik in ausgezeichneter Weise als Modellmaterial. Die Abstraktheit mathematischer Strukturen erschwert leider vielen Menschen den Zugang zu den Naturwissenschaften. Wer jedoch gelernt hat, mit der mathematischen Formelsprache umzugehen, kann sich mit den so formulierten naturwissenschaftlichen Modellen ähnlich gut in der Natur orientieren wie ein Wanderer mit einer Landkarte.

Wie oben erwähnt, gehören zum Modellbegriff noch zwei weitere Elemente, ein Modellsubjekt (S) und ein Modelladressat (A). Physikalische Formeln sind nicht die einzige Möglichkeit, ein Modell von einem fallenden Apfel zu machen. Eine Zeichnung, ein Foto, ein Film oder ein Gedicht stellen ebenfalls mögliche Modelle dar. Jedes Modell hat einen Autor, ein Modellsubjekt (S), durch den eine Analogie hergestellt wird.

Modelle werden für jemanden gemacht. Je nach Modelladressat bzw. Adressatengruppe (A) ist eine andere Modellbildung er-

---

die Zeitspanne unendlich klein gemacht werden. Auch wenn man nicht durch null teilen kann, lässt sich der Bruch als Grenzwert berechnen. Wie das machbar ist, erklärt die Infinitesimalrechnung.

forderlich oder erwünscht. Ein physikalisches Modell richtet sich an Menschen, die gelernt haben, mit physikalischen Strukturen umzugehen. Ein Foto oder Bild ist für erblindete Menschen nutzlos. Eine Landkarte sollte je nach Zielgruppe anders gezeichnet sein. Nicht nur der Maßstab, sondern auch die Entscheidung, ob es sich um eine Wanderkarte, eine Autokarte oder einen Stadtplan handeln soll, spielt bei der Erstellung eine Rolle. Der Kartograf (Modellsubjekt) muss vorab eine Reihe von Fragen klären, z.B.: Was wird eingezeichnet, was weggelassen? Welche Zeichen werden für Autobahnen, welche für Bundesstraßen, welche für gute Wanderrouten benutzt? Welchen Maßstab soll die Karte haben?

Ein Modell lebt immer von Vereinfachungen. Die Reduktion in naturwissenschaftlichen Modellen hat grundsätzlich aber auch damit zu tun, dass unser Wissen in mehrfacher Hinsicht begrenzt ist. „Was wir wissen, ist ein Tropfen; was wir nicht wissen ein Ozean", sagte schon Newton.[36] Das hat sich trotz der großen Wissenszuwächse nicht geändert. Die Reduktion in naturwissenschaftlichen Modellen hat natürlich auch mit den oben erläuterten Bedingungen (methodischer Atheismus, Wiederhol- und Objektivierbarkeit ...) zu tun, die an naturwissenschaftliche Theorien gestellt werden. Einmalige Ereignisse, Sinnfragen usw. kommen nicht vor.

Ergänzungen

Zuweilen wird in der *Physik* zwischen Theorie und Modell unterschieden. Der abstrakten, formalisierten Theorie wird das anschauliche, gröbere Modell gegenübergestellt. Ein Beispiel: Im

---

36 Isaak Newton in Georg Süßmann: Glaube und Naturwissenschaft. Quellenstücke. Göttingen: Vandenhoeck & Ruprecht 1981[5], S. 56.

Bohr'schen Atommodell wird ein Atom mit einem Kern und Elektronen so beschrieben, dass sich die Elektronen auf bestimmten Kreis- bzw. Ellipsenbahnen um den punktförmigen Kern bewegen. Dieses Modell enthält gravierende Widersprüche und wurde deshalb von der Quantentheorie abgelöst. Trotzdem liefert es in einigen Anwendungen bis heute brauchbare Ergebnisse. Nach Meinung bedeutender Wissenschaftler kann jedoch jede physikalische Theorie – wie der Physiker Wolfgang Pauli[37] (1900 – 1958) formuliert – „innerhalb der Begrenzung ihres Anwendungsbereichs" als „Modell der Wirklichkeit" aufgefasst werden.[38]

Die *Mathematik* hat einen anderen Modellbegriff. Dort ist jede mathematische Theorie (abstraktes formales System) ein Modelloriginal und das Modell besteht in einer möglichen Interpretation der betrachteten Theorie. So werden z.B. natürliche Zahlen durch ein System von Axiomen[39] definiert. Die Stellen x = 1, 2, 3, ... auf einem Zahlenstrahl sind dann ein Modell dieses Systems. Entsprechend sind alle Stellen auf einer Achse eines Koordinatensystems Modell des abstrakten Systems der reellen Zahlen. Die Stellen können auch als Orte oder Zeitpunkte aufgefasst werden. Dann liegt eine physikalische Interpretation vor.

---

37 Wolfgang Pauli war theoretischer Physiker. Er fand bedeutende Eigenschaften von Quantenobjekten und bekam 1945 den Nobelpreis für Physik. Pauli war mit dem Tiefenpsychologen Carl Gustav Jung befreundet. Beide untersuchten insbesondere Paulis Traum-Erfahrungen. Daraus entwickelten sich wichtige Impulse für Jungs Theorien zum Unbewussten.
38 Wolfgang Pauli: Aufsätze und Vorträge über Physik und Erkenntnistheorie. In: Die Wissenschaft, Bd. 115, Braunschweig 1961. Zitiert in Peter C. Hägele, a.a.O. S. 167.
39 Sie heißen „Peanoaxiome". Genaueres in Mathematikbüchern.

2.2 Folgerungen aus dem Modellcharakter wissenschaftlicher Theorien

Aus dem Modellcharakter wissenschaftlicher Theorien folgen wesentliche Einsichten.

Man darf das Modell nicht mit der Wirklichkeit verwechseln. Insbesondere Bilder haben eine große suggestive Kraft. Mit einem Raster-Tunnel-Mikroskop hergestellte Bilder von Atomen erzeugen den Eindruck, man sähe Atome direkt. Es steckt jedoch ein Deutungsprozess hinter den mit den Messergebnissen erstellten Bildern. Aus dem Alltag gut bekannt ist die Differenz zwischen Bildern in einer Betriebsanleitung und dem zugehörigen Gerät oder Bildern aus der Werbung – mit einem attraktiven Modell – und den zugehörigen Produkten.

Man darf ein Modell nicht mit der Wirklichkeit verwechseln.

In weit entwickelten naturwissenschaftlichen Theorien (Modellen) hat eine strukturelle Abbildung stattgefunden, d.h. das Modellmaterial ist die Mathematik. Mathematische Strukturen setzen eine Typisierung voraus. Ein Beispiel: Addiert werden können nur gleichartige Dinge. Die Anzahl von Äpfeln in einer Schale kann nur ermittelt werden, wenn man von den individuellen Unterschieden der Äpfel absieht. Formeln funktionieren nur, wenn die enthaltenen Größen ihren Charakter nicht ändern, die angesprochenen Eigenschaften also z.B. nicht von ihrem Träger abhängen. Für den Begriff Geschwindigkeit spielt es keine Rolle, ob ein Adler oder ein Auto sich mit der Geschwindigkeit 50 km/h bewegt. In diesem Sinn hat in naturwissenschaftlichen Modellen Individualität keinen Raum.

Modelliert werden kann in den Naturwissenschaften nur das, was mit klar definierten Begriffen eingegrenzt und festgelegt ist, was sich auf mess- und beobachtbare Fakten bezieht. Es gibt aber in der Welt auch Schwebendes, nicht mit Begriffen vollständig Fassbares. Dazu gehören weite Bereiche unserer Gefühle und Empfindungen.

Wie oben schon dargelegt, sind in naturwissenschaftlichen Modellen Zusammenhänge, in denen es um Fragen nach dem Wesen oder nach Qualitäten geht, ausgeblendet. Auch ethische Fragen, Fragen nach Sinn, Zweck oder Ziel sowie ästhetische und religiöse Fragen haben hier keinen Raum.

Nicht die Natur an sich wird in den Naturwissenschaften modelliert, sondern Aspekte der Wirklichkeit, die wir durch unsere Sinnesorgane oder Instrumente in den Blick bekommen.

Nicht die Natur an sich wird modelliert, sondern Aspekte der Wirklichkeit, Teilbereiche, die von unserer Wahrnehmung und unseren Vorentscheidungen abhängen. Wir machen also Modelle von dem, was wir wahrnehmen können, von einer durch unsere Sinnesorgane, Messapparate und Experimente präparierten Natur. Dies wird deutlich an einer Parabel des englischen Astrophysikers Sir Arthur Eddington[40] (1882 – 1944). Er vergleicht in dieser Parabel den Naturwissenschaftler mit einem Ichthyologen, einem Fischkundigen, der das Leben im Meer erforschen will. Er kommt zu dem Ergebnis, dass alle Fische größer als fünf Zentimeter sind (vgl. Info 3). Der Fischer hat aber durch den Gebrauch seines Netzes mit einer entsprechenden Maschengröße nur von einer präparierten Wirklichkeit ein Modell machen können (vgl. Info 4). Er sollte also ehrlicherweise zu dem Schluss kommen, dass seine Feststellung lediglich für den von ihm untersuchten Ausschnitt der Wirklichkeit gilt. Er tut es nicht und ist bei Weitem nicht der Einzige, der seine Ergebnisse in unzulässiger Weise verallgemeinert. Dieses Beispiel ist sicher recht einfach und gut zu durchschauen. Aber es macht deutlich, dass Filter bei jeder wissenschaftlichen Modellbildung eine Rolle spielen, und sollte ein Warnhinweis sein.

Häufig trifft man auf Äußerungen, die mit dem Ausdruck „ist nichts als ..." gebildet werden: „Der Mensch ist nichts als eine kybernetische Maschine." „Leben ist nichts als der Kampf um die bessere Fitness." „Gefühle, Willensregungen oder Bewusstseinszustände sind nichts als unselbständige Begleiterscheinungen von Hirnströmen, so ähnlich wie Dampf nichts anderes ist als Wasser." „Organismen sind nichts als komplizierte Regelmechanismen." Dies sind lauter Beispiele dafür, dass die Aspekthaftigkeit, die Verkürzung in naturwissenschaftlichen Modellen nicht beachtet, nicht wahrgenommen oder bewusst übergangen wird.

Naturwissenschaftliche Modelle können dazu beitragen, ein Naturbild zu entwickeln, ein Weltbild muss sehr viel mehr umfassen.

Die Überlegungen zum Modellcharakter naturwissenschaftli-

---

40 Diese von Eddington stammende Parabel ist in seinem 1939 erschienenen Buch „The Philosophy of Physical Science" abgedruckt. Deutsch in: Hans-Peter Dürr: Das Netz des Physikers. München, Wien: Hanser 1988, S. 29f.

cher Theorien lassen die Frage nach dem Realitätsbezug naturwissenschaftlicher Modelle offen. Auch wenn die untersuchten Dinge selbst von ihren Beschreibungen unterschieden werden müssen, so gehen doch die meisten Naturwissenschaftler davon aus, dass sich die Modelle auf unabhängig von uns existierendes Reales beziehen.[41]

---

41 Dieser Denkansatz wird „kritischer Realismus" genannt. Es gibt allerdings keinen einheitlichen Gebrauch des Begriffs. Mehr dazu in Andreas Losch: Jenseits der Konflikte, a.a.O.

3 NATURBILDER – EINIGE ASPEKTE

Um Möglichkeiten und Grenzen von Naturwissenschaften ein wenig besser einschätzen zu können, ist es nützlich, etwas mehr über einzelne Disziplinen und den jeweils dazu gehörenden Denkrahmen zu erfahren. Insbesondere im letzten Jahrhundert hat sich durch neue Modelle sehr viel am Naturbild verändert.

3.1 Grundlegende Änderungen in der Physik

Konzepte in der klassischen Physik

In der **klassischen Physik** – zu ihr gehört die Newtonsche Mechanik – werden Vorgänge nur insoweit betrachtet, wie sie sich vollständig objektivieren lassen. Objektivieren heißt, es spielt keine Rolle, *wer* eine Aussage im Rahmen der klassischen Physik macht und welche individuellen Ansichten eine Person hat, die diese Aussage verstehen soll. Vorgänge werden in der klassischen Physik als determiniert (kausal) beschrieben, d.h. sie laufen zwangsläufig ab. Kennt man den gegenwärtigen Zustand, so kann der weitere Verlauf berechnet werden.[42]

---

42 Anmerkung: Deterministische Systeme werden durch ihre Gesetze nicht vollständig beschrieben. Erst wenn zusätzlich zu den Formeln auch die Anfangsbedingungen bekannt sind, kann man Berechnungen durchführen. Es bleibt neben der Determinierung ein „kontingenter Rest", d.h. ein Rest, der nicht ableitbar ist. Zwar lassen sich Anfangsbedingungen zuweilen aus übergeordneten Theorien ableiten, aber der Versuch, sie völlig zu eliminieren, muss wohl als gescheitert gelten.

Schon die klassische Physik enthält Konzepte, die recht fern der Alltagserfahrung sind. Drei Beispiele: Massenpunkte kann man nicht direkt beobachten und reibungsfreie Bewegungen gibt es im Alltag nicht. Für die klassische Physik ist der Begriff Inertialsysteme wichtig. Das sind Koordinatensysteme, in denen frei bewegliche Körper ihre Geschwindigkeit nur ändern, wenn eine Kraft auf sie einwirkt. Die Erdanziehung ist für uns allgegenwärtig, d.h. physikalisch ausgedrückt gibt es auf der Erde keine Inertialsysteme, keine kräftefreien Systeme. Ein Hammer, den man loslässt, fällt zu Boden und bleibt nicht in Ruhe.

Konzepte in der Elektrodynamik, der Speziellen und Allgemeinen Relativitätstheorie

Die später entwickelten physikalischen Theorien, **Elektrodynamik** sowie die **Spezielle** und **Allgemeine Relativitätstheorie** sind auch deterministisch. In ihnen tauchen allerdings in noch stärkerem Maß als in der klassischen Physik Vorstellungen auf, die nicht mehr den unmittelbaren Erfahrungen entsprechen. Ein Beispiel: Eine Wasserwelle und sich wellenförmig ausbreitender Schall brauchen einen Träger. Licht hat Wellencharakter (elektromagnetische Welle). Da war es naheliegend, auch Licht einen Träger zuzuordnen, den Äther. Es folgten allerdings erstaunliche Eigenschaften für den postulierten Äther. Einstein beseitigte das Problem, indem er auf die Vorstellung eines Äthers verzichtete.

Man musste lernen, dass auch an anderen Stellen die Anschauungsformen aus der normalen Umwelt nicht ohne Weiteres auf Vorgänge angewandt werden dürfen, die weit weg vom Bereich der täglichen Erfahrung sind. So in der **Speziellen Relativitätstheorie** (vgl. Info 5), wo Einstein zeigen konnte, dass der von Newton

49

stammende Begriff der absoluten Zeit bei großen Geschwindigkeiten unbrauchbar wird.

**Vertraute Anschauungsformen dürfen nicht
ohne Weiteres auf Vorgänge angewandt werden,
die weit weg vom Bereich der täglichen Erfahrung sind.**

Beispiele zur relativistischen Zeit: Zwei Ereignisse werden von
zwei unterschiedlichen Bezugssystemen aus beobachtet, die sich
mit einer großen Geschwindigkeit relativ zueinander bewegen.
Sind diese beiden Ereignisse in einem der beiden Bezugssysteme
gleichzeitig, so sind sie vom zweiten aus beobachtet nacheinander. Es gibt also keine universelle Gleichzeitigkeit. Die Uhren in
zwei sich mit großer Geschwindigkeit relativ zueinander bewe-
genden Systemen laufen unterschiedlich schnell. Dies führt zu
überraschenden Ergebnissen. Am bekanntesten ist vermutlich
das sog. Zwillingsparadoxon: Von Zwillingsbrüdern steigt einer in
ein Raumschiff, das sich mit nahezu Lichtgeschwindigkeit von der
Erde wegbewegt und nach einiger Zeit wieder umkehrt. Vor der
Reise haben die Zwillinge ihre Uhren synchronisiert, d.h. sie haben dafür gesorgt, dass beide Uhren gleich schnell laufen und zum
gleichen Zeitpunkt starten. Beide Brüder messen die Zeitspanne,
die bei ihnen während der Reise verstreicht und die des anderen
Bruders. Sie kommen übereinstimmend zu dem Ergebnis, dass
der reisende Bruder langsamer altert als der auf der Erde Zurück-
gebliebene.[43]

---

43 Das Paradoxon besteht darin, dass die Zwillingsbrüder hinterher unter-

In der Speziellen Relativitätstheorie sind Raum und Zeit voneinander abhängig.

In der Speziellen Relativitätstheorie musste auch die von Newton stammende Vorstellung des absoluten Raums aufgegeben werden. Raum und Zeit hängen voneinander ab. Längenmessungen fallen in Abhängigkeit davon, von welchem Bezugssystem aus sie gemacht werden, anders aus.

In der von Einstein gefundenen ***Allgemeinen Relativitätstheorie*** (vgl. Info 6) musste sogar die vertraute euklidische Geometrie – wie sie wohl allen von der Schulmathematik her bekannt ist – abgeändert werden. Die Geometrie der Welt in ganz großen Räumen und Zeiten ist durch die Verteilung der Materie bestimmt. Raum und Zeit bilden eine Einheit, die man Raum-Zeit nennt. Die Raum-Zeit wird durch Materie gekrümmt. Raum, Zeit und Materie sind in diesem Modell nicht mehr voneinander unabhängig. Lichtstrahlen bewegen sich zwar auf „geraden" Linien, diese sind aber in der Nähe großer Massen gekrümmt, sie werden in der Nähe großer Massen „abgelenkt".

---

schiedlich alt sind, obwohl doch die Situation symmetrisch zu sein scheint. In den Phasen konstanter Relativgeschwindigkeit sieht jeder Bruder den anderen stärker altern als sich selbst. Tatsächlich liegt aber keine Symmetrie vor, da der eine Bruder mit seinem Raumschiff mehrfach beschleunigt wird (am Anfang, am Ende und bei der Umkehr) während der andere auf der Erde ruht. Zum Verständnis sind genauere Einsichten in die Spezielle Relativitätstheorie erforderlich.

In der Allgemeinen Relativitätstheorie sind Raum, Zeit und Materie voneinander abhängig.

Einen gekrümmten Raum kann man sich nicht vorstellen, er lässt sich aber ein wenig mit einer Kugeloberfläche verdeutlichen. Auf ihr ist die kürzeste Verbindung zwischen zwei Punkten ein Ausschnitt aus einem Kreis, dessen Mittelpunkt der Kugelmittelpunkt ist. Parallele „Geraden" werden hier zu Großkreisen, die sich im Endlichen schneiden.

Konzepte in der Quantenmechanik

Sprengten insbesondere die *Relativitätstheorien* den Vorstellungsrahmen der *klassischen Mechanik* und die durch die Alltagserfahrungen erworbenen Denkgewohnheiten, so stellte die **Quantenmechanik** am Anfang des 20. Jahrhunderts die Physiker vor eine harte Herausforderung. Dass man jetzt nur noch mit Bildern, die sich bei gleichzeitiger Anwendung widersprechen, – mit „komplementären" Bildern (vgl. Info 7) – und mit Wahrscheinlichkeiten große Bereiche der Wirklichkeit naturwissenschaftlich beschreiben kann, wurde von etlichen Physikern kaum oder nur sehr widerwillig akzeptiert. Insbesondere Einstein versuchte immer wieder die *Quantentheorie* zu Fall zu bringen. Seine Einwürfe und die erfolgreichen Erwiderungen der Quantenphysiker haben jedoch diese Theorie auf umso solidere Füße gestellt.

In der Quantenphysik braucht man zur Beschreibung komplementäre Bilder und Wahrscheinlichkeiten.

Quantenmechanischen Objekten wie Elektronen oder Lichtteilchen (Photonen) können Eigenschaften wie Ort, Geschwindigkeit, Energie oder Zeit nicht mehr zugeordnet werden, bevor eine Messung gemacht wurde. Es gibt nur berechenbare Wahrscheinlichkeiten dafür, dass bestimmte Werte für betrachtete Eigenschaften bei einem Experiment gemessen werden, und es können nie gleichzeitig alle infrage kommenden Eigenschaften beliebig genau bestimmt werden. Dies ist keine Folge von Unzulänglichkeiten bei den Messapparaturen, sondern eine grundsätzliche Gegebenheit. Die Wirklichkeit kann nicht mehr als objektiv in einer bestimmten Weise bestehend verstanden werden, sondern sie präsentiert sich als Möglichkeit. Erst durch eine Messung wird aus den Möglichkeiten eine beobachtete, d.h. bestehende Eigenschaft. Dies ist gegenüber den Vorstellungen, die aus der klassischen Physik folgen, eine völlig neue Denkrichtung.[44]

---

44 Es gibt allerdings auch eine Deutung (David Bohm), die von verborgenen Parametern ausgeht, also unterstellt, es gäbe unbekannte Einflussgrößen. Mit diesem Ansatz lässt sich eine deterministische Theorie formulieren. Die zugehörige Mathematik ist so gekünstelt, dass diese Deutung nur wenige Anhänger unter den Physikern findet. Innerhalb der Physik kann nicht entschieden werden, welche Deutung die zutreffendere ist.

Konzepte in der Chaostheorie

Mit der **Chaostheorie** gibt es eine weitere physikalische Theorie, die zum Umdenken zwingt. Erfahrungsgemäß führen kleine Änderungen in den Anfangsbedingungen zu kleinen Abweichungen im Ergebnis. Zwei Äpfel, die zehn Zentimeter weit entfernt an einem Baum hängen und frei herunterfallen, sind beim Aufprall auf dem Boden ebenfalls ungefähr zehn Zentimeter weit voneinander entfernt. Dass kleine Abweichungen in den Anfangsbedingungen auch zu sehr unterschiedlichen Ergebnissen führen können, war für viele eine Überraschung.

Erst durch die verkürzten Rechenzeiten bei Computern konnten die mit der *Chaostheorie* zusammenhängenden Phänomene erfolgreich untersucht werden. Ein wichtiger Meilenstein war 1961 eine Entdeckung von Edward N. Lorenz.[45] (1917 – 2008). Er arbeitete an Wettermodellen. Als er, um Zeit zu sparen, gerundete Werte einer früheren Berechnung in seinen Computer eingab, kam dieser zu völlig anderen Ergebnissen. Ganz kleine Änderungen in den Anfangsbedingungen hatten also in seinem Wettermodell, das mit relativ wenigen Formeln arbeitete, erhebliche Abweichungen zur Folge. Trotz der zugrunde liegenden deterministischen Gleichungen war das Verhalten nach einer gewissen Zeitspanne nicht mehr vorhersagbar.[46]

---

45 Edward Norton Lorenz war US-amerikanischer Mathematiker und Meteorologe.

46 Man unterscheidet in der Physik zwischen starker und schwacher Kausalität. Starke Kausalität bedeutet, ähnliche Ursachen haben ähnliche Wirkungen. Schwache Kausalität bedeutet, gleiche Ursachen haben gleiche Wirkung. Aber ähnliche Ursachen können zu ganz unterschiedlichen Wirkungen führen. Technische Systeme wie Autos, Uhren oder Kühlschränke werden i.A. so konstruiert, dass für sie die starke Kausalität gilt. Man muss sich auf diese Geräte „verlassen" können. Anders ist das z.B. bei der Lottomaschine. Sie soll „zufällige" Ergebnisse liefern.

Ähnliche Ursachen können sehr abweichende Wirkungen haben.

Inzwischen kennt man viele Systeme,[47] die so empfindlich auf Anfangswerte reagieren. Häufig sind Anfangswerte gemessene Werte, die ja nie völlig genau bestimmt werden können, oder Zahlen wie 1/3, die – als Dezimalbruch geschrieben, im Beispiel 0,333333... – unendlich viele Nachkommastellen haben und deshalb in einem Computer, wenn er mit Dezimalzahlen rechnet, nicht genau in die Rechnung eingehen können. Prinzipiell nicht mehr vorhersagbar werden kann ein System, wenn auch noch quantenmechanische Unbestimmtheiten eine Rolle spielen. Beim Gerät zur Ziehung der Lottozahlen ist z.B. eine Vorhersage nicht möglich.

In der Chaostheorie geht es zum einen um das Eintreten von Unvorhergesehenem. Zum anderen wird das Entstehen von Mustern beschrieben. Einige Beispiele sind in Info 8 aufgeführt.

Zunächst in der Quantentheorie und jetzt auch in der Chaostheorie kommt die Naturwissenschaft mit ihrer ursprünglichen Hoffnung, man könne die Natur vollständig beschreiben, ihre zukünftige Entwicklung vorhersagen und sie damit beherrschen, selbst an Grenzen.

---

47 Das sind z.B. Systeme, die durch nichtlineare Gleichungen beschrieben werden. Beispiele: In der Biologie die Entwicklung einer Fisch-Population in einem Teich in Abhängigkeit von der Sterbe- und Reproduktionsrate (vgl. Info 8) und in der Physik ein Doppelpendel (zwei aneinanderhängende Pendel). Nicht lineare Gleichungen enthalten Größen, die in einer höheren Potenz als eins eingehen, z.B. im Quadrat einer Größe.

Viele Geheimnisse

Die Vorstellungen über den Aufbau und die Ursprünge unseres Universums enthalten sowohl gesicherte als auch recht spekulative Anteile. Es ist schon beunruhigend zu hören, dass das Universum nur zu etwa 5% aus Materie bestehen soll, von der wir recht viel wissen, aber zu 95% aus Bestandteilen wie Dunkle Materie und Dunkle Energie, von denen wir fast nichts wissen. Genaueres auch zum sogenannten Urknall findet man in Info 9.

Die Physik lehrt uns, dass die Wirklichkeit überraschend ist – sie ist komplexer, als wir es uns intuitiv vorstellen können, und sie birgt sicher noch viele Geheimnisse.

3.2 Zum Verhältnis von neuen und alten Modellen

Zu jedem der oben beschriebenen naturwissenschaftlichen Modelle gehört ein neuer Denkrahmen. Bewährte ältere Modelle werden damit jedoch nicht unbrauchbar oder gänzlich falsch. Die neuen Modelle haben einen weiteren Anwendungsbereich. Sie enthalten die alten als Grenzfälle. Bei kleinen Geschwindigkeiten bietet die Newtonsche Mechanik nach wie vor einen verlässlichen Rahmen. Erst bei sehr großen Geschwindigkeiten muss die Spezielle Relativitätstheorie herangezogen werden. Entfernt man sich nicht allzu viel von der Erdoberfläche, so kann auf die Allgemeine Relativitätstheorie verzichtet werden. Im Makroskopischen kommt man meist ohne die Quantentheorie aus. Aber das gesamte Naturverständnis ändert sich gravierend mit neuen Modellen und durch die großen neuen Theorien wird – wie oben gesagt – ein größerer Bereich der Wirklichkeit beschrieben als durch die älteren. So umfasst z.B. die Quantentheorie einen weiteren Bereich als die klassische Physik. Es kommen u.a. große Teile der durch die Chemie

untersuchten Gebiete und die Physik der Atome und Elementarteilchen hinzu. In der Technik hat die Quantenphysik längst Ein-
zug gehalten z.b. in Geräten wie Kernspintomografen (genannt
NMR oder MRT[48]) oder elektronischen Bauteilen.

**Zu neuen naturwissenschaftlichen Theorien
gehört - wenn sie ganz neue Wege beschreiten –
auch eine veränderte Sicht auf die Welt.**

Dass sich das gesamte Naturverständnis mit der Quantentheorie gegenüber der klassischen Physik verändert hat, kann
durch Folgendes aufgezeigt werden. In der Newtonschen Physik
ist festgelegt, wie sich zukünftige Prozesse entwickeln. In der
Quantentheorie erscheint „die Wirklichkeit in jedem Augenblick
als eine bestimmte Fülle von Möglichkeiten zur objektiven Realisierung".[49] Folgt man der Kopenhagener Deutung der Quantentheorie, so entsteht erst durch das Experiment, erst durch die
Beobachtung aus den Möglichkeiten etwas Objektives, etwas Beobachtetes. Die Beobachtung selbst verändert unvermeidbar den
Zustand des Beobachteten.[50] Vor einer Messung können genau

---

48 NMR: englisch für nuclear magnetic resonance, MRT: Magnetresonanz-
tomografie.
49 Werner Heisenberg: Ordnung der Wirklichkeit. München: R. Pieper
1990[2], S. 92.
50 Die Bemühungen um eine Deutung der Quantentheorie sind bis heute
nicht abgeschlossen. So wird z.B. auch der Ansatz vertreten, dass durch die
Beobachtung (den Messprozess) der Zustand des beobachteten Systems
nicht verändert wird, sondern nur eine der Möglichkeiten angezeigt wird,
während die übrigen Möglichkeiten anderen Zweigen des Universums zuzu-

genommen einem System keine Eigenschaft zugeordnet werden.

Ein Beispiel: Von einer klassischen kleinen Kugel (Massenpunkt) kann man wissen, dass sie sich zu einem bestimmten Zeitpunkt an einem genau festgelegten Ort befindet, unabhängig davon, ob man nachsieht oder nicht. Einem Elektron kann man nicht in gleicher Weise einen Ort zuordnen. Erst wenn eine Messung erfolgt ist, befindet sich das Elektron am gefundenen Ort. Misst man aber die Geschwindigkeit des betrachteten Elektrons, so gibt es nur begründete „Mutmaßungen" für seinen Ort. Eine zugehörige zusätzliche Ortsmessung ergibt einen Wert, der innerhalb des Bereichs der vermuteten Werte liegt, eine genauere Vorhersage ist nicht möglich. Ein wenig mehr zu Eigenschaften quantenmechanischer Systeme findet man in Info 7. Dort ist auch weiterführende Literatur angegeben.

Die Chaostheorie hat aufgedeckt, dass selbst in determinierten Systemen nicht immer ein Vorausberechnen der zukünftigen Entwicklung möglich ist. Die Spezielle Relativitätstheorie wirft alte Vorstellungen über Raum und Zeit über Bord, die Allgemeine Relativitätstheorie zusätzlich Vorstellungen über die Gravitation (gegenseitige Anziehung von Massen).

Welche Vorstellungen sich durch neue zukünftige Theorien ändern müssen, ist nicht absehbar. Damit stellt sich die Frage, welche Bedeutung naturwissenschaftliche Einsichten für unsere Weltsicht, unser Weltbild haben (vgl. Kap. 4.2). Aber auch in umgekehrter Richtung lohnt es der Frage nachzugehen, welchen Einfluss Weltbilder und Voreinstellungen auf die Modellbildung in den Naturwissenschaften haben. Darauf geht Kapitel 4.1 ein.

---

ordnen sind (Hugh Everett: Viele Welten – Theorie). Auf die Deutung von David Bohm wurde oben schon hingewiesen. Beide Deutungen werden nur von einer Minderheit unter den Physikern vertreten und von der Mehrheit aus guten Gründen abgelehnt. Mehr dazu z.B. in: Michael Esfeld: Einführung in die Naturphilosophie. Darmstadt: WBG 2011[2].

3.3 Zur Evolutionstheorie

Die Grundannahme der Evolutionstheorie entzieht sich der direkten empirischen Kontrolle. Evolution stellt eine Grundüberzeugung dar, die eine große zusammenfassende Kraft hat. In der Astronomie entstehen unter dieser Annahme Theorien über die Entstehung von Galaxien und der Erde, in der Biologie geht es um die Vorstellung, dass in einem langen Prozess des Werdens Urformen des Lebens entstanden sind und sich daraus – auf natürliche Art – die Vielfalt der heute existierenden Lebewesen einschließlich des Menschen entwickelt haben (vgl. Info 12).

Die Brauchbarkeit einer Theorie muss daran gemessen werden, wie sie sich an den Befunden bewährt. In der Biologie werden die Befunde zwei Richtungen zugeordnet, der historischen, in der es um den Verlauf und die Stationen der Entwicklungen geht, und der funktionalen, in der es um die Mechanismen geht, die eine Entwicklung ermöglicht haben. Bei der historischen Fragerichtung ist man in der Biologie auf paläontologische[51] Methoden angewiesen. Die Fossilien im Kontext von abgelagerten Stein- bzw. Sandschichten sind quasi Momentaufnahmen aus der Vergangenheit. Es gibt keinen Film, der die Vergangenheit dokumentiert. Deshalb ist man auf die Deutung von Indizien angewiesen. Bei der funktionalen Fragerichtung fehlen – wollte man die Theorien experimentell überprüfen – die unterstellten großen Zeiträume. Es geht deshalb darum, Wissen aus dem Funktionieren von jetzt vorhandenen Zellen und Lebewesen auf die Vorstellungen von möglichen Entwicklungsprozessen in der Vergangenheit zu übertragen.

---

51 In der Paläontologie geht es um Lebewesen, die in der Vergangenheit gelebt haben. Man ist in dieser Wissenschaft auf Überreste (Fossilien) und Spuren (z.B. Fußabdrücke in Steinen) angewiesen, die man datieren kann.

**Evolution ist eine Grundannahme. Sie bietet
einen sehr fruchtbaren Erklärungsrahmen und
Forschungshorizont.**

Zwar wurden in den letzten Jahren viele überzeugende Indizien und Funktionszusammenhänge gefunden, aber bis jetzt gibt es nur Wahrscheinlichkeiten und Plausibilitäten für die gesamte Evolutionstheorie. Die Theorie bietet allerdings einen äußerst fruchtbaren Erklärungsrahmen und Forschungshorizont, durch den in den letzten Jahren viele neue Zusammenhänge gefunden wurden. Darüber hinaus gibt sie der Biologie einen verbindenden Rahmen, wie er so vorher nicht vorhanden war.

Die Evolutionstheorie wurde in der Vergangenheit oft als Kränkung für den Menschen empfunden. Auch wenn man den Vorstellungen der Evolutionstheorie im Bezug auf den Menschen folgt, ihn also als ein Wesen versteht, das aus anderen Säugetieren hervorgegangen ist, können seine Eigenschaften nicht einfach aus den vorlaufenden Entwicklungsstufen abgeleitet werden. Wie in Kapitel 1.6 schon gesagt, ist ein komplexes System nicht als Summe der Eigenschaften seiner Einzelteile zu verstehen. Neue Eigenschaften kommen hinzu. Dazu gehört beim Menschen das Selbstbewusstsein[52] und seine Rationalität. In diesem Sinn stellt der Mensch auch innerhalb einer Biologie, die die Evolutionstheorie anerkennt, etwas ganz Neues und in gewisser Weise nicht Ableitbares dar.

---

52 In einer starken Variante des Naturalismus wird erwartet, dass prinzipiell auch das Selbstbewusstsein und der Geist durch Naturwissenschaften erklärt werden können.

Mehr zum Thema Evolution findet man in den Kapiteln 3.4, 6.2.2 und 6.2.4 sowie in Info 12.

3.4 Vom Zufall

Einstein war der Meinung, dass Gott nicht würfelt, Monod dagegen sagt, der Mensch müsse sich damit abfinden, dass er ein Zufallstreffer sei (vgl. Kap. 1.1). Was hat es also zumindest naturwissenschaftlich betrachtet mit dem Zufall auf sich? Ist ein beobachteter Zufall nur ein Ausdruck unseres Nichtwissens, das im Prinzip behoben werden kann, oder gibt es reinen Zufall? Und was hat dies mit unserem Selbstverständnis und der Evolutionstheorie zu tun?

Sechs Beispiele vorweg:

1. Ein Würfel wird geworfen. Das Ergebnis ist eine der Zahlen von eins bis sechs. Man kann nicht voraussagen, welche Zahl als Nächstes gewürfelt wird. Alle Zahlen sind gleich wahrscheinlich, vorausgesetzt wir haben einen perfekten Würfel.

2. An einer bestimmten Autobahn wird jeweils an einem vorher festgelegten Werktag in einer vorgegebenen Zeitspanne die Anzahl der vorbeifahrenden PKW gezählt. Eine Person, die zählt, kann nicht mit Sicherheit voraussagen, wie viele Autos in der nächsten Minute an ihr vorbeifahren werden.

3. Eine Ziffernfolge:
   14159265358979323846264338327950288419716939937510582097494459230781640628620899862803482534211706679...

Diese von einem Computer ausgesuchten Ziffern können als Zufallsfolge aufgefasst werden.

4. Doppelpendel: Zwei Fadenpendel (Pendel: Kugel an einem Faden) hängen untereinander und werden zum Schwingen gebracht. Man beobachtet die Bahn der unteren Kugel. Falls die Auslenkung in einem gewissen Größenbereich liegt, ist die Bahn chaotisch, d.h. man weiß nicht, wie die Bewegung sich in Zukunft entwickeln wird.

5. Von Kohlenstoff gibt es ein Isotop[53] (C-14), das radioaktiv, also nicht stabil ist. Man weiß nicht, wann ein einzelnes Atom zerfallen wird.

6. In der Evolutionstheorie geht man davon aus, dass Leben zufällig entstanden ist.

In allen sechs Fällen sprechen wir bei den zugehörigen Einzelereignissen von Zufall, und doch sind die sechs Fälle sehr unterschiedlich. Im ersten Fall (Würfel) sind die Anfänge bei jedem Wurf etwas unterschiedlich[54] und damit auch das Ergebnis. Aber wenn man genügend oft wirft, lässt sich feststellen, dass jede der möglichen Zahlen gleich häufig gewürfelt wird, man damit also jeder Augenzahl eine Wahrscheinlichkeit zuordnen kann (1/6). Im zweiten Fall (Autofahrer) muss man davon ausgehen, dass jeder Autofahrer einen Grund für seine Fahrt hat und ein Ziel. Trotzdem lässt sich das Verkehrsaufkommen mit statistischen Methoden modellieren, in denen es weder Gründe noch Ziele gibt. Die

---

53 Kohlenstoff besteht aus Atomen, in deren Kern sich sechs elektrisch geladene Protonen und meist sechs elektrisch neutrale Neutronen befinden. Die Anzahl der Neutronen kann etwas schwanken. Einige haben acht Neutronen (C-14). Diese Kerne sind nicht stabil. Atome mit gleich vielen Protonen aber unterschiedlich vielen Neutronen heißen Isotope.

54 Berücksichtigt man noch, dass das Gehirn, die Nerven und die Muskeln des Werfenden die Anfangsbedingungen des Würfels beeinflussen, wird die prinzipielle Berechenbarkeit des Wurfs äußerst fraglich.

Ziffern in der Folge vom dritten Beispiel scheinen rein zufällig zu sein. Man kann jedoch eine Rechenanweisung nennen, aus der sie hervorgehen. Es sind die ersten hundert Ziffern hinter dem Komma der Zahl Pi (π). Im vierten Fall (Doppelpendel) ist es nicht möglich, die Bahn der unteren Kugel vorherzusagen. Es handelt sich um ein chaotisches System. Ist allerdings die anfängliche Amplitude recht klein (wenig Energie zugeführt) oder sehr groß (relativ viel Energie zugeführt), so kommt es zu vorhersagbaren Bewegungen. Obwohl im fünften Fall (radioaktiver Zerfall von C-14) bei keinem der Atome vorhergesagt werden kann, wann es zerfällt, weiß man genau, dass von 100 g Kohlenstoff-14 nach 5730 Jahren nur noch 50 g vorhanden sind. Im sechsten Fall (Entstehung von Leben) handelt es sich um einen sehr komplexen Prozess, von dem wir bisher äußerst wenig wissen. Zwei weitere Beispiele sind in Info 11 beschrieben.

Aus einer beobachteten Zufälligkeit kann keine zugrunde liegende Planlosigkeit gefolgert werden.

Es lässt sich also Folgendes feststellen: Ereignisse, die beabsichtigt oder berechenbar sind, erscheinen als rein zufällig, wenn man die Hintergründe nicht kennt. Aus einer beobachteten Zufälligkeit kann keine zugrunde liegende Planlosigkeit gefolgert werden. Ereignisse, die im Einzelfall zufällig sind – entweder objektiv nicht determiniert oder „im Prinzip" zwar determiniert, aber praktisch wie beim Würfel nicht vorhersehbar –, lassen sich bei einer großen Anzahl von Ereignissen im Mittel berechnen. Vorgänge, die mit deterministischen Gleichungen modelliert werden können, sind praktisch trotzdem nicht vorhersehbar. Prinzipiell nicht vorhersehbar sind Ereignisse wie der radioaktive Zerfall eines C-14-Atoms, der quantenmechanischen Gesetzen unterliegt,[55] und doch ist das Verhalten bei einer Gesamtheit von sehr vielen C-14-Atomen vorhersagbar.

Bedeutung von Zufall für die Evolution

Kommen wir zurück zu unseren Ausgangsfragen, besonders zu der, welche Bedeutung die Überlegungen für die biologische Evolution haben. Bei Mutationen und Umweltbedingungen, die wichtige Akteure in Evolutionsprozessen sind, spielen Zufälle eine große Rolle. Welche Konsequenzen daraus für die gesamte Entwicklung, bei der Entstehung von Leben, zu ziehen sind, kann heute nicht entschieden werden. Dafür sind noch viel zu viele Zusammenhänge und Wahrscheinlichkeiten unbekannt bzw. man hat nur vage Vorstellungen davon. Vielleicht gibt es ja – bis jetzt noch nicht bekannte – Zusammenhänge, die es nahelegen, dass Leben so, wie wir es heute vorfinden, oder so ähnlich unausweichlich entstehen musste. Das ist zumindest die Vermutung des Paläontologen und Evolutionswissenschaftlers Simon Conway Morris[56] (*1951), zu

---

55 Auf die alternative Deutung von Bohm wurde schon in einer Fußnote im Kapitel 3.1 hingewiesen.
56 Simon Conway Morris: Jenseits des Zufalls. Wir Menschen im einsamen Universum. Berlin University Press, 2008 (deutsche Fassung von: Life's Solution: Inevitable Humans in a Lonely Universe. Cambridge University Press, 2003). Conway Morris ist ein international anerkannter Wissenschaftler und Vertreter der sogenannten Konvergenztheorie, die davon ausgeht, dass bei ganz unterschiedlichen Lebewesen analoge Formen auftreten. So verweist Conway Morris am Beispiel des Kameraauges – es ist sowohl bei Säugetieren als auch bei Tintenfischen entstanden – darauf hin, dass voneinander unabhängige evolutionäre Prozesse zu demselben Ergebnis führen können.

der er aufgrund seiner Forschungsergebnisse kommt. Zufall bedeutet ja nicht immer Planlosigkeit. Das wurde schon an den Beispielen 2 (Autofahrer) und 3 (Zahl π) deutlich. Es lässt sich auch am „Mensch-ärgere-dich-nicht"-Spiel erkennen. Trotz des eingesetzten Würfels (Zufall bei der gewürfelten Augenzahl) liegt das Endergebnis fest (alle Spielfiguren bis auf die des Verlierers sind im Ziel).

Unabhängig davon, ob die Entstehung von Leben wahrscheinlich oder sehr unwahrscheinlich ist, bleibt die Deutung offen. Das gehört nicht in den Zuständigkeitsbereich der Wissenschaften. Aber es ist durchaus hilfreich, dass vor allem durch die Quantenphysik Grenzen der Erkennbarkeit in der Naturwissenschaft selbst aufgetaucht sind. Damit ist eine neue Offenheit für Deutungen entstanden.

3.5 Ungewöhnliches – Wunder

Meist ist mit einem Wunder ein Ereignis gemeint, das überraschend eingetreten ist und nicht in den Erwartungshorizont passt. In abgeschwächter Form bezeichnet man damit oft auch etwas Erstaunliches wie die sieben Weltwunder in der Antike[57] oder ein „technisches Wunder", also ein technisches Gerät mit erstaunlichen Eigenschaften.

Sowohl im Alten wie auch im Neuen Testament gibt es viele Berichte von Wundern. In diesen Berichten geht es nicht um die Rätselhaftigkeit oder Erklärbarkeit von außergewöhnlichen Ereig-

---

57 Zu den sieben Weltwundern der Antike gehören die hängenden Gärten der Semiramis in Babylon, der Koloss von Rhodos, das Grab des Königs Mausolos II in Halikarnassos, der Leuchtturm auf der Insel Pharos vor Alexandria, die Pyramiden von Gizeh in Ägypten, der Tempel der Artemis in Ephesos und die Zeusstatue des Phidias von Olympia.

nissen, sondern Wunder werden „unmittelbar als vollmächtige Erweise der Macht und Herrlichkeit Gottes erfahren".[58]

Nach biblischem Verständnis gibt es in der Schöpfung zwar klare Ordnungen, aber die Natur ist nicht in sich abgeschlossen. Gottes Schöpferhandeln beschränkt sich nicht auf den Anfang. Gott bleibt permanent der Schöpfer und Erhalter der Welt. Im Neuen Testament haben Wunder Hinweischarakter. Sie sind „sozusagen Zeichen der Durchsetzung der Gesetze der neuen Welt Gottes gegen die Gesetze der gefallenen irdischen Welt".[59] Beschränkt man sich im Verständnis von Wundern auf das rein Faktische, so geht Wesentliches verloren. Trotzdem stellt sich für den modernen Menschen die Frage nach der Denkmöglichkeit von Wundern.

In diesem Zusammenhang taucht die Frage auf, ob bei Wundern Naturgesetze durchbrochen werden und was das bedeuten würde.

Für den modernen Menschen stellt sich die Frage nach der Denkmöglichkeit von Wundern.

Um der Frage nachgehen zu können, muss zunächst geklärt werden, was unter einem Naturgesetz zu verstehen ist. Der Quantenphysiker Erwin Schrödinger erklärt: „Als Naturgesetz nun bezeichnen wir doch wohl nichts anderes als eine mit genügender Sicherheit festgestellte Regelmäßigkeit im Erscheinungsablauf

---

58 Hermann Hafner: Wunder – Fremdkörper im Wirklichkeitsbild? Evangelium und Wissen, 31. Jg. 2010, 2, S. 75.
59 Hermann Hafner, a.a.O. S. 76.

[...]."[60] Aus regelmäßig gleichen bzw. analogen Beobachtungen werden Gesetzmäßigkeiten gefolgert. Peter C. Hägele[61] (*1941) formuliert: „Naturgesetze sind Nachschriften, keine Vorschriften."[62] Damit ist gemeint, dass Naturgesetze Modellbildungen über eine Auswahl von Beobachtungen sind und nicht – wie in juristischen Gesetzen – Vorschriften, nach denen sich die Natur in jedem Fall zu richten hat.

Welche Denkmöglichkeiten für Wunder bietet die Naturwissenschaft in diesem Rahmen an?

Bei manchen Erzählungen der Bibel kann man „natürliche" Erklärungen in Erwägung ziehen. Es bleibt dann immer noch das Erstaunliche des richtigen Zeitpunkts, an dem das Ereignis stattgefunden hat. Ein Beispiel dafür ist der Durchzug des Volkes Israel durch das Schilfmeer. Im zugehörigen Text (2. Mose 14,21) wird auf einen starken Ostwind verwiesen, der das Meer zurücktrieb.

Für manche Wunder kann man vielleicht Wahrscheinlichkeitsvermutungen anstellen. Auch sehr unwahrscheinliche Ereignisse kommen zuweilen vor. Aber auch dann bleibt die Frage nach dem „richtigen" Zeitpunkt.

In der Quantenphysik gibt es echte Zufälligkeiten. Auch wenn die Quantenwelt zunächst nur aus kleinen Teilchen wie Atomen oder Elektronen besteht, können sich solche Zufälligkeiten durch Verstärkereffekte auf Objekte im makroskopischen Bereich auswirken, also in unserer Alltagswelt. So kann z.B. ein plötzlich entstandener Materialfehler in einem Metallstück verheerende Folgen haben. Die natürliche Strahlung löst zuweilen im Körper von

---

60 Erwin Schrödinger: Was ist ein Naturgesetz? München/Oldenburg 1997[5], S. 10. Zitiert in: Peter C. Hägele: Wunder im Visier naturwissenschaftlicher Erkenntnis. Evangelium und Wissenschaft, 31. Jg. 2010, 2, S. 90.
61 Peter C. Hägele ist theoretischer Physiker und beschäftigt sich seit vielen Jahren mit Grenzfragen im Bereich Naturwissenschaft und Glaube.
62 Peter C. Hägele, a.a.O. S. 91.

Lebewesen Mutationen aus, die zu Krankheiten führen können oder Einfluss auf die Erbsubstanz nehmen. Die Deutung solcher Zufälle ist offen. Manche gehen von blindem Zufall aus, andere sehen darin Denkmöglichkeiten für ein Eingreifen Gottes.

Auch chaotische Systeme können zu überraschenden Erscheinungen führen und das, obwohl die sie beschreibenden Gleichungen deterministisch sind. Hier gilt ähnlich wie in der Quantenphysik, dass die Deutung offen ist. Innerhalb der Naturwissenschaften ist in jedem Fall ein Rückschluss auf Gott nicht möglich. Es gehört ja zu den methodischen Voraussetzungen der Naturwissenschaften, übernatürliche Ursachen als Erklärungsgrößen auszuschließen.

Mit dem Gesagten ist nicht mehr als eine gewisse Offenheit erreicht. Auch Unerwartetes kann nicht pauschal als unmöglich abgetan werden. Hinzu kommt, dass zum einen die Naturwissenschaften prinzipiell aus Einzelerscheinungen keine Theorie ableiten können, sehr seltene Erscheinungen fallen durch das Raster naturwissenschaftlicher Erfassung, und zum anderen mit Sicherheit noch nicht alle Gesetzmäßigkeiten[63] gefunden wurden. Insbesondere in der Medizin gibt es immer wieder Erstaunliches und Unverstandenes, so z.B. Heilungen, die gegen jede medizinische Prognose eintreten.

Der Frage, wie und ob Gott in der Welt handelt, kommt man mit rein naturwissenschaftlichen Argumenten nicht näher.

---

63 In der Physik fehlt z.B. eine Theorie, die die Allgemeine Relativitätstheorie und die Quantentheorie umfassend verbindet.

Der Frage, wie und ob Gott in der Welt handelt, kommt man allerdings mit rein naturwissenschaftlichen Argumenten nicht näher. Der Biologe und Psychologe Hansjörg Hemminger[64] (*1948) sagt: „Begnügen wir uns damit, dass Vernunft und Wissenschaft diesem Geheimnis Raum lassen, einen Raum, den der Glaube betreten, den er aber nicht vermessen kann."[65]

Auch wenn wir uns daran gewöhnt haben, so besteht ein großes Wunder doch darin, dass es überhaupt Regelmäßigkeiten gibt, dass Naturgesetze konstant sind, dass die Sonne jeden Morgen aufgeht, dass Schweres regelmäßig zu Boden fällt, wenn es nicht auf ein Hindernis trifft usw. Dafür gibt es keine naturwissenschaftliche Erklärung. Glaubende sehen darin die Schöpfertreue Gottes.

---

64 Hansjörg Hemminger hat lange Zeit bei der Evangelischen Zentralstelle für Weltanschauungsfragen (EZW) und später als Beauftragter für Weltanschauungsfragen der Evangelischen Landeskirche in Württemberg gearbeitet.
65 Hansjörg Hemminger: Unerklärte Ereignisse, Anomalien und Wunder aus biologischer Sicht. In Evangelium und Wissenschaft, 31. Jg. 2010, 2, S. 110.

4 WECHSELWIRKUNG VON WELT- UND NATURBILD

Weltbilder können, wenn sie stimmig sein sollen, Naturbilder nicht außen vor lassen. Das ist auch der Grund dafür, dass neue Modelle in den Wissenschaften oft zu heftigen Diskussionen geführt haben. Der Streit um die Evolutionsbiologie – um nur ein Beispiel zu nennen – ist bis heute nicht zur Ruhe gekommen. Umgekehrt leben auch die Wissenschaften von vorgefassten Weltbildern. Sie liefern Grundüberzeugungen und Denkrahmen, ohne die vieles in den Wissenschaften nicht gefunden worden wäre.

4.1 Einfluss von Weltbildern auf Naturbilder

Naturwissenschaftliche Modelle werden von Menschen gemacht. Entgegen der landläufigen Meinung können Naturgesetze nicht einfach abgelesen werden, indem man sich die Natur anschaut. Allein schon, dass Mathematik die Sprache der Naturwissenschaft und Mathematik an die Logik von Menschen geknüpft ist, verdeutlicht: In naturwissenschaftliche Bilder gehen unauflöslich Vorstellungen von Menschen ein. Dazu gehören Denkvorlieben und kulturelle Prägungen. Die Menge und Komplexität der Phänomene in unserer Welt sind unüberschaubar. Deshalb braucht man quasi Brücken, die den Abgrund des Nichtwissens überspannen. Das sind Grundüberzeugungen, die sich z.T. über Jahrhunderte erhalten haben. Beispiele sind die Vorstellung eines Anfangs für den Kosmos, der Konstanz von „Gesetzmäßigkeiten", der „Erhaltung von Größen" und seit einiger Zeit der Evolution. Über lange

Zeit gehörte auch die Grundüberzeugung dazu, dass ein Gott bzw. dass Gottheiten die Ursache für in der Welt Existierendes sind. Gerald Holton[66] (*1922) hat zur angesprochenen Thematik Wichtiges zusammengetragen. Er nennt die Grundüberzeugungen „Themata" bzw. „thematische Hypothesen".[67]

Der Philosoph Karl R. Popper[68] (1902 – 1994) schreibt: „Unsere Wissenschaft ist kein System von gesicherten Sätzen, auch kein System, das in stetem Fortschritt einem Zustand der Endgültigkeit zustrebt. [...] Wir wissen nicht, sondern wir raten. Und unser Raten ist geleitet vom unwissenschaftlichen, metaphysischen (aber biologisch erklärbaren) Glauben, dass es Gesetzmäßigkeiten gibt, die wir entschleiern, entdecken können."[69]

In naturwissenschaftliche Theorien gehen Grundüberzeugungen von Menschen ein.

Jede Wissenschaft braucht zusätzlich zu ihren Messdaten einen Deutungsrahmen. Die Daten sprechen nicht für sich, sie bekommen ihre Bedeutung erst im Rahmen eines Modells.

Während die Wissenschaft sich in ihren Veröffentlichungen auf

---

66 Gerald James Holten ist Physiker und Wissenschaftshistoriker. Er hat sich insbesondere mit der Geschichte der Speziellen Relativitätstheorie und mit Albert Einstein beschäftigt.

67 Gerald Holton: Themata. Zur Ideengeschichte der Physik. Braunschweig: Vieweg 1984.

68 Karl Raimund Popper hat sich u.a. mit Erkenntnis- und Wissenschaftstheorie beschäftigt.

69 Karl R. Popper: Logik der Forschung. Tübingen: Mohr 1971, S. 223. Zitiert in: Gerald Holton, a.a.O. S. 18.

Beobachtungen und mathematische Modelle beruft, haben große Naturwissenschaftler wie Newton, Einstein, Bohr, Schrödinger oder Heisenberg direkt oder indirekt darauf hingewiesen, dass in große, umfassende naturwissenschaftliche Modelle Grundüberzeugungen wesentlich einfließen.

Dies soll im Folgenden bei Newton und Einstein verdeutlicht werden.

Newton

Sir Isaak Newton (1643 – 1727) war Unitarier, d.h. er lehnte das Dogma der Trinitätslehre ab. Das ist die Lehre von der Dreieinigkeit, der Wesenseinheit von Gott Vater, Sohn (Jesus Christus) und Heiligem Geist. Newtons Gott duldet keine Instanzen neben sich. Gott ist der Herrscher der Welt. Er wirkt auf die Welt ein, aber die Welt wirkt nicht auf ihn zurück. Diese Vorstellung findet in Newtons Ansichten über Raum, Zeit und Materie ihren Niederschlag. Der Raum ist gleichsam das „Sensorium" Gottes, in dem sich sein Wille erfüllt, ohne jedoch ein Teil von Gott selbst zu sein. Gott kann auf den Raum einwirken, er kann im Raum wirken, aber der Raum kann nicht umgekehrt auf Gott einwirken. Raum und Zeit sind absolut. Die Allgegenwart Gottes korrespondiert mit dem absoluten Raum, seine Ewigkeit mit der absoluten Zeit. Hinzu kommt, was zu Newtons Zeit noch nicht einmal erwähnt werden musste, die Gültigkeit der euklidischen Geometrie[70] für den physikalischen Raum. Newtons Vorstellungen von Raum und Zeit sollen durch einige Zitate verdeutlicht werden.

---

70 Es würde hier zu weit führen, die Axiome der euklidischen Geometrie aufzulisten. Diese (euklidische) Geometrie ist allerdings in einigen Anwendungen den meisten Menschen aus der Schulmathematik vertraut.

In seinem Buch „Prinzipien"[71] schreibt er: „Die absolute, wahre und mathematische Zeit verfließt an sich und vermöge ihrer Natur gleichförmig und ohne Beziehung auf irgend einen äußeren Gegenstand. Sie wird so auch mit dem Namen Dauer belegt. [...] Der absolute Raum bleibt vermöge seiner Natur und ohne Beziehung auf einen äußeren Gegenstand, stets gleich und unbeweglich."[72] An anderer Stelle formuliert Newton in seinen „Prinzipien": „[...] Es folgt hieraus, dass der wahre Gott ein lebendiger, einsichtiger und mächtiger Gott, dass er über dem Weltall erhaben und durchaus vollkommen ist. Er ist ewig und unendlich, allmächtig und allwissend, d.h. er währt von Ewigkeit zu Ewigkeit, von Unendlichkeit zu Unendlichkeit, er regiert alles, er kennt alles, was ist oder was sein kann. Er ist weder die Ewigkeit noch die Unendlichkeit, aber ist ewig und unendlich; er ist weder die Dauer noch der Raum, aber er währt fort und ist gegenwärtig. [...] Er ist überall gegenwärtig, und zwar nicht nur virtuell, sondern auch substantiell; denn man kann nicht wirken, wenn man nicht ist. Alles wird in ihm bewegt und ist in ihm erhalten, aber ohne wechselseitige Einwirkung; denn Gott erleidet nichts durch die Bewegung der Körper und seine Allgegenwart lässt sie keinen Widerspruch empfinden."[73]

Wichtig ist es, zwei Arten von Hypothesen zu unterscheiden. Newton sagt selbst, er erfinde keine Hypothesen. Hier ist der Begriff Hypothesen negativ belegt. Gemeint sind willkürlich erfundene Hypothesen (vgl. Info 13). Davon unterscheiden muss man Hypothesen im Sinn von Grundüberzeugungen. Solche Hypothe-

---

71 „Philosophiae Naturalis Principia Mathematica", 1713[2] (herausgegeben von R. Cotes). 1722: Planung der 3. Auflage. Sie wird 1726 von dem Arzt Dr. Pemperton herausgegeben.
72 Zitiert in: Hans Wußing: Isaak Newton. Leipzig: Teubner 1978, S. 86.
73 Zitiert in: Johannes Wickert: Isaak Newton. Ansichten eines universalen Geistes. München: Piper 1985[2], S. 133f.

sen – Holton nennt sie auch thematische Hypothesen – sind weder verifizierbar noch falsifizierbar. Und Newton benutzt durchaus solche Hypothesen, wie oben ausgeführt.

In der Regel wird die Notwendigkeit von Grundüberzeugungen, von Leitmotiven bei Wissenschaftlern verdrängt oder geleugnet. Darauf weist Holton hin: „Die Notwendigkeit, solche unverifizierbare und unfalsifizierbare, aber doch nicht ganz willkürliche Hypothesen benützen zu müssen, ist eine beschämende Vorstellung, die noch nie in den Rahmen einer positivistischen Wissenschaftstheorie gepasst hat. Denn weder beobachtbare Fakten noch logische Argumente entscheiden über die Anwendung derartiger Hypothesen."[74]

Einstein

Albert Einstein gehört zu den herausragenden Naturwissenschaftlern des letzten Jahrhunderts, die unsere Vorstellungen von Raum, Zeit und Materie tiefgreifend verändert haben. Bei ihm wird ganz besonders deutlich, wie stark Grundeinstellungen und Denkvorlieben seine Theoriebildung beeinflusst haben. Zu seinen Themata gehören u.a. Einfachheit, Symmetrie, Kausalität, Vollständigkeit, das Kontinuum als Fundamentalkonzept,[75] das Relativitätsprinzip, Sparsamkeit und Einheitlichkeit. Im Folgenden sollen drei von Einsteins Denkvorlieben (Symmetrie, Einfachheit und strenge Kausalität) ein wenig verdeutlicht werden.

---

74 Gerald Holton, a.a.O. S. 13.

75 Einstein konnte sich nicht mit dem Nebeneinander von zwei elementaren Begriffen wie dem materiellen Punkt im Sinn von Newton und dem Feld als Kontinuum abfinden. Er bevorzugt das Kontinuum. Dann ist ein Teilchen „ein Gebiet besonders großer Dichte der Feldenergie". (Albert Einstein: Autobiographisches. In Paul Arthur Schilpp (Hrsg.): Albert Einstein als Philosoph und Naturforscher. Vieweg, Braunschweig 1979, S.14.)

Einstein störten *Asymmetrien*. Bei der Relativbewegung von einem Magneten und einem elektrischen Leiter kann man an den Enden des Leiters eine elektrische Spannung abgreifen. Zu Einsteins Zeit waren für die Physiker die beiden Fälle „Magnet in Ruhe – Leiter bewegt" und „Magnet bewegt – Leiter in Ruhe" noch unterschiedlich.[76] Einstein kritisiert die Asymmetrien in der damaligen Naturbeschreibung, „welche den Phänomenen nicht anzuhaften scheinen."[77] Etwa 1919 formuliert er: „Der Gedanke, dass es sich hier um zwei wesensverschiedene Fälle handele, war mir aber unerträglich."[78]

Zur Forderung nach *Einfachheit* sagt Einstein: „Nach unserer bisherigen Erfahrung sind wir nämlich zum Vertrauen berechtigt, dass die Natur die Realisierung des mathematisch denkbar Einfachsten ist."[79]

Einstein hat sich immer gegen die Quantentheorie gesträubt. Er war der Ansicht, dass der Natur eine strenge *Kausalität* zugrunde liegt und nicht der Zufall, wie in der Quantentheorie. Er kann formulieren: „Der Wunder größtes ist, dass es keine Wunder gibt."[80] An Max Born[81] (1882 – 1970) – einen theoretischen Phy-

---

76 In der zuständigen Maxwellschen Theorie benötigte man ursprünglich zwei verschiedene Gleichungen, um die induzierte Spannung in beiden Fällen zu berechnen.

77 Albert Einstein: Zur Elektrodynamik bewegter Körper. Zitiert in: G. Holton, a.a.O. S. 117.

78 Albert Einstein: „Grundlegende Ideen und Methoden der Relativitätstheorie, in ihrer Entwicklung dargestellt", erstmals zitiert von Holton (a.a.O. S. 92) aus einem unveröffentlichten Manuskript im Einstein-Archiv des Princeton Institute of Advanced Study.

79 Albert Einstein: Mein Weltbild. Berlin: Ullstein Buch Nr. 65, 1957, S. 116.

80 Albert Einstein zitiert in: Peter G. Bergmann: Die Entwicklung der Relativitätstheorie. In P. C. Aichelburg und R. U. Sexl (Hrsg.), a.a.O. S. 17.

81 Max Born war Mathematiker und Physiker. 1954 bekam er für seine Arbeiten zur Quantenphysik den Nobelpreis für Physik. Mit Albert Einstein verband ihn trotz unterschiedlicher Auffassungen in der Quantenmechanik

siker, der maßgeblich an der Formulierung der Quantentheorie beteiligt war – schreibt Einstein: „In unserer wissenschaftlichen Erwartung haben wir uns zu Antipoden entwickelt. Du glaubst an den würfelnden Gott und ich an die volle Gesetzmäßigkeit in einer Welt von etwas objektiv Seiendem, das ich auf wild spekulative Weise zu erhaschen suche."[82]

Einstein war völlig klar, dass es ohne solche Vorgaben in den Denkstrukturen von Forschern nicht möglich ist, neue große wissenschaftliche Theorien zu entwerfen. Über Begriffe und Grundgesetze, die einer Theorie zugrunde liegen, sagt er: Von einer Theorie sollen Erfahrungsinhalte und ihre gegenseitigen Beziehungen dargestellt werden. „Im übrigen sind letztere [die einer Theorie zugrunde liegenden Begriffe und Grundgesetze] freie Erfindungen des menschlichen Geistes, die sich weder durch die Natur des menschlichen Geistes noch sonst in irgendeiner Weise a priori rechtfertigen lassen."[83]

Die Filterfunktion von Grundeinstellungen macht Einstein in besonderer Weise in einem Brief an seinen Freund Solovine deutlich. Von den Erlebnissen, den Beobachtungen kommt man nur durch einen Sprung zum Prinzip (z.B. Konstanz der Lichtgeschwindigkeit), von dem aus dann die Theorie entwickelt werden kann, also nicht durch logische Folgerungen. Dabei haben nur solche Sprünge Erfolg, die das Filter der Grundeinstellungen passieren können (ausführlicher in Info 14).

---

eine lebenslange Freundschaft.

82 Albert Einstein zitiert in: Glaube und Naturwissenschaft, Quellenstücke. Göttingen: Vandenhoeck & Ruprecht 1962², S. 70.

83 Albert Einstein: Mein Weltbild. a.a.O. S. 115.

4.2 Einfluss von Naturbildern auf Weltbilder

Alle Menschen machen sich ein Bild von der Welt, in der sie leben. Solche Weltbilder umfassen weit mehr als das, was von Naturbildern, wie sie die Naturwissenschaften entwerfen, thematisiert wird und thematisiert werden kann. Sie enthalten Vorstellungen vom Menschen, seiner Würde, seinem Wesen, Vorstellungen über den Kosmos, seine Struktur, seinen Ursprung, Gottesvorstellungen – geprägt von Mythen und Religionen – und anderes mehr. Aber Weltbilder können – wenn sie einen Anspruch auf Tragfähigkeit erheben – nicht an den Naturbildern vorbei entworfen werden. Naturwissenschaftliche Modelle beeinflussen in mehr oder weniger starkem Maß Vorstellungen über die gesamte Welt.

Erkenntnisse aus den Naturwissenschaften fließen in Weltbilder ein.

Dass die Erde und die Planeten sich um die Sonne drehen und nicht umgekehrt, war zur Zeit Galileis für etliche eine schmerzliche, für andere eine willkommene Einsicht. Dass die Erde nicht der Mittelpunkt des Universums ist, bedeutete ebenfalls einen harten Bruch im Weltverständnis.[84] Die Lehre, dass der Mensch

---

84 Kopernikanisches Prinzip: 1543 behauptete der Domherr, Astronom und Arzt Nikolaus Kopernikus (1473 – 1543), dass die Erde sich nicht im Zentrum des Universums befindet. Im letzten Jahrhundert verallgemeinerte der Mathematiker und Kosmologe Hermann Bondi (1919 – 2005, Universität Cambridge) diese Aussage und zeigte auf, dass sich die Position eines menschlichen Beobachters prinzipiell von keinem anderen Beobachtungsort im Universum unterscheidet, wenn man von den lokalen Besonderheiten des

dem Tierreich entstammen soll, schlägt bis heute zuweilen hohe Wellen. Schwer hinzunehmen ist auch für manche, dass das menschliche Denken in starkem Maß von Trieben und unbewussten Einflüssen mitbestimmt wird.

Es ist nicht immer einfach zu erkennen, wo die Grenzen der Aussagefähigkeit naturwissenschaftlicher Modelle liegen. Manches lässt sich erst im Abstand von vielen Jahren erkennen.

Unzulässige Verallgemeinerungen

Erkenntnisse in der Naturwissenschaft verführen offensichtlich leicht zu Verallgemeinerungen. Besonders in etlichen populärwissenschaftlichen Büchern wird deutlich, wie schwer es ist, sich in der Deutung naturwissenschaftlicher Erkenntnisse zu beschränken. Die dort dargestellten zusammenhängenden Bilder der Welt bauen notwendigerweise auf einer lückenhaften Information auf. Der theoretische Physiker Joseph M. Jauch[85] (1914 – 1974) lässt in seinem zeitgenössischen galileischen Dialog Sagredo darauf hinweisen, „dass wir unser zusammenhängendes Bild der Welt auf einer lückenhaften Information aufbauen. Es ist gut, sich von Zeit zu Zeit daran zu erinnern, wie mangelhaft diese Information ist, und sich zu fragen, ob überhaupt eine logische Notwendigkeit besteht, die großen, leeren Räume zwischen den Phänomenen auf gerade diese bestimmte Weise – wenn überhaupt – auszufüllen."[86] Die Informationen aus den Naturwissenschaften in Bezug auf ein

Sonnensystems absieht. Beobachtungen des Universums von der Erde aus lassen sich also verallgemeinern. Das Kopernikanische Prinzip wurde von etlichen als Abdrängen des Menschen in die Bedeutungslosigkeit empfunden.
85 Joseph Maria Jauch war Mathematiker und Physiker. Er lieferte wichtige Beiträge zur Quantenphysik.
86 Joseph M. Jauch: Die Wirklichkeit der Quanten. Ein zeitgenössischer galileischer Dialog. München: C. Hanser 1973, S. 108.

Weltbild müssen auch prinzipiell lückenhaft sein. Es werden ja gewisse Fragestellungen von vornherein ausgeklammert. Darauf ist bereits in Kapitel 1 hingewiesen worden.

Im Rückblick ist es einfacher, unzulässige Verallgemeinerungen zu erkennen. Von den vielen Beispielen solcher Grenzüberschreitungen sollen einige angeführt werden (siehe auch Info 19).

Beispiele

Newtons Mechanik hat bei vielen seiner Schüler einen Glauben an die *Berechenbarkeit des gesamten Kosmos* begründet. Der französische General, Staatsmann und Kaiser Napoleon[87] (1769 – 1821) fragte den Astronomen Laplace[88] (1749 – 1827), warum in seinem System der himmlischen Mechanik nirgends von Gott die Rede sei. Antwort: „Mein Herr, diese Hypothese brauche ich nicht!"[89] Natürlich hatte Laplace recht, dass in einem physikalischen Modell Gott nicht vorkommen kann. Das entspricht dem methodischen Atheismus in der Naturwissenschaft. Aber das war wohl in diesem Gespräch nicht gemeint. Die Frage von Napoleon und die Reaktion von Laplace müssen auf dem Hintergrund der Deutungshoheit der Kirche in dieser Zeit verstanden werden. Sie sind quasi ein Befreiungsschlag und gehören zur Emanzipation, die im Umkreis der französischen Revolution stattfand. Entsprechendes

---

87 Napoleon Bonaparte war ein erfolgreicher französischer General, erster Konsul und anschließend Kaiser der Franzosen. Nach erfolgreichen Schlachten beherrschte er zeitweise weite Teile Europas. 1812 und endgültig 1815 wurde er gestürzt und in die Verbannung geschickt.
88 Pierre-Simon (Marquis de) Laplace, französischer Mathematiker und Astronom. Er war für kurze Zeit Innenminister von Napoleon.
89 Zitiert in: Edgar Hunger: Die naturwissenschaftliche Erkenntnis II, Studienausgabe. Braunschweig: Friedrich Vieweg und Sohn 1965⁴, Bd. 2, S. 56.

gilt für die Äußerung des Astronomen Lalande[90] (1732 – 1807): „Ich habe den Himmel überall durchsucht und nirgends die Spur Gottes gefunden"[91] und analoge Äußerungen von anderen. So wie zuvor aus dem Glauben an Gott Folgerungen für die Naturwissenschaften postuliert wurden, werden jetzt aus den Naturwissenschaften Schlüsse gezogen, die sich auf das gesamte Weltverständnis beziehen. Wird der Mensch nur noch als Naturprodukt angesehen und die Newtonsche Mechanik als Erklärungsmodell für die gesamte Welt verstanden, so sind Äußerungen wie die von La Mettrie[92] (1709 – 1751) in seiner Zeit folgerichtig: „Behaupten wir also kühn, dass der Mensch eine Maschine ist ..."[93] Heute lässt u.a. die Quantentheorie diesen Schluss auch im Rahmen der Naturwissenschaften nicht mehr zu.

Man begegnet immer wieder der Überzeugung, dass allein die Wissenschaft gültige Erkenntnis liefert und sie sogar Antworten auf ethische und Sinnfragen geben kann bzw., dass es keine Antworten auf solche Fragen gibt.

Aus den statistischen Gesetzen in der Quantenmechanik zieht, wie oben schon gesagt, der Biologe Jaques Monod die Konsequenz, dass menschliches Leben ein blinder Zufallstreffer ist. Der Erbgenetiker Carsten Bresch[94] (*1921) kann sich darüber freuen, dass

---

90 Joseph Jérôme Lefrançais de Lalande berechnete u.a. für damalige Verhältnisse recht genau die Bahn des Halleyschen Kometen. Er kooperierte häufig mit Mathematikerinnen. Seine Lebensgefährtin Louise du Pierry wurde die erste weibliche Astronomie-Professorin.
91 Zitiert von Ludwig Büchner in „Kraft und Stoff". In: Edgar Hunger: Die naturwissenschaftliche Erkenntnis II, Studienausgabe. Braunschweig: Friedrich Vieweg und Sohn 1965⁴, Bd. 2, S. 56.
92 Julien Offray de La Mettrie war ein bedeutender französischer Mediziner und Philosoph, der aufgrund seines materialistischen Menschbildes, das er auch in seinen Schriften vertrat, mehrmals fliehen musste.
93 Aus dem Hauptwerk von La Mettrie zitiert in Edgar Hunger, a.a.O. S. 9.
94 Carsten Bresch ist Physiker und Genetiker. Bekannt wurde er insbesondere durch seine Arbeiten im Bereich der Genetik.

Materie die Möglichkeit in sich trägt, Leben und Gehirn entstehen zu lassen. Für ihn bekommt die menschliche Existenz Sinn durch die Richtung, die die Evolution eingeschlagen hat.[95] Nach einer anderen Art von Sinn zu fragen entbehrt für ihn jeder Grundlage.

Fast alle Wissenschaftler glauben an eine reale Welt, die erforscht werden kann. Sie gehen davon aus, dass ihre Theorien einen zunehmend gesicherten Umgang mit der Wirklichkeit ermöglichen und damit in gewisser Weise Wahrheit beinhalten. Einige Wissenschaftler sind sogar der Meinung, dass nur die Wissenschaft den Weg zur Wahrheit finden kann. So z.B. Stephen Hawking[96] (1942 – 2018): „Wie können wir die Welt verstehen, in der wir leben? Wie verhält sich das Universum? Was ist das Wesen der Wirklichkeit? Woher kommt das alles? Braucht das Universum einen Schöpfer?" und er fährt fort: „Traditionell sind das Fragen für die Philosophie, doch die Philosophie ist tot. Sie hat mit den neueren Entwicklungen in der Naturwissenschaft, vor allem in der Physik, nicht Schritt gehalten. Jetzt sind es die Naturwissenschaftler, die mit ihren Entdeckungen die Suche nach Erkenntnis voranbringen."[97]

---

95 Vgl. Carsten Bresch: „Zwischenstufe Leben. Evolution ohne Ziel?" München, Zürich: Piper 1977.
96 Stephen Hawking war theoretischer und Astro-Physiker. Er lieferte u.a. bedeutende Beiträger zur Physik von Schwarzen Löchern. Er erkrankte 1963 an ALS (eine Erkrankung des motorischen Nervensystems) und konnte sich in seinen letzten Jahren nur noch über einen Sprachcomputer äußern. Trotz aller Einschränkungen durch diese Krankheit nahm er bis zum Schluss aktiv am wissenschaftlichen Austausch teil.
97 Stephen Hawking, Leonard Mlodinow: Der große Entwurf. Eine neue Erklärung des Universums. Reinbek bei Hamburg: Rowohlt TB 2011, S. 11.

4.3 Stimmige Weltbilder

Wie wir in den beiden letzten Kapiteln gesehen haben, beeinflussen sich Naturwissenschaft und Weltbilder gegenseitig. Weltbilder sind in der Regel umfassender als Naturbilder. Sie werden in starkem Maß durch Traditionen, Kulturen, Vorbilder, Erlebnisse und Wahrnehmungen bzw. Interpretationen von Wahrnehmungen gebildet.

Nach Thomas Millack[98] (*1958) sollte ein gutes Weltbild zwei Kriterien unterzogen werden: „Das erste Kriterium ist, dass unser Weltbild zu dem passen muss, was wir objektiv feststellen können, also insbesondere zu den Erkenntnissen der Naturwissenschaften, und das zweite Kriterium ist, dass unser Weltbild in sich konsistent sein sollte, also nicht selbstwidersprüchlich."[99]

Millack weist selbst darauf hin, dass diese Kriterien nicht unproblematisch sind. Beim ersten Kriterium stellt sich jeweils die Frage nach den Grenzen. Was ist Fakt, was Interpretation? Die Grenzen sind nicht immer leicht zu erkennen. Dass in einer kritischen Verkehrssituation alles noch einmal gut gegangen ist, lässt sich naturwissenschaftlich beschreiben, indem man den Hergang dokumentiert. Erklärt ist damit der Vorgang jedoch noch nicht. Ob der vermiedene Unfall „Bewahrung" ist oder allein das Ergebnis von gutem Reaktionsvermögen der Teilnehmer und der technischen Zuverlässigkeit der Fahrzeuge oder auch ein guter Anteil an „purem Zufall", kann objektiv nicht entschieden werden. Hier gibt es unterschiedliche Deutungsmöglichkeiten Sie werden aus Quellen gespeist, die nicht zum Bereich der Naturwissenschaften gehören.

---

98 Thomas Millack ist promovierter Physiker.
99 Thomas Millack: Naturwissenschaft und Glaube im Gespräch. Zwei Wege, die Welt zu entdecken. Kassel: Oncken 2009, S. 387.

Ein gutes Weltbild sollte zum objektiv Feststellbaren passen und nicht selbstwidersprüchlich sein.

Die im zweiten Kriterium geforderte Konsistenz des Weltbildes bedeutet nicht, dass in jedem Fall eine „Ja-Nein-Logik" angewendet werden kann. Zuweilen helfen mehrere Bilder weiter, die zunächst unverbunden nebeneinanderstehen, oder es müssen auch Fragen offengelassen werden. Um das Beispiel mit dem beinahe erfolgten Verkehrsunfall aufzugreifen: Hier ist es durchaus möglich, zwei Bilder nebeneinander zu benutzen: das naturwissenschaftlich-technische Bild und ein deutendes Bild, das auch das Handeln von Gott zulässt oder ausschließt. Jedes Bild für sich gibt dann einen Aspekt wieder, keins beschreibt allein den vollen Umfang des Geschehens. Selbst die Physik hat in der Quantenmechanik erfahren müssen, dass man zuweilen zwei gleich richtige Bilder benötigt, die sich nicht zu einem Bild zusammenfügen lassen, die also „komplementär" sind.

Es kommt in diesem Beispiel allerdings noch etwas anderes hinzu. Während für naturwissenschaftliche Beschreibungen Modelle ausreichen, die mit einer Formelsprache arbeiten, erfordern persönliche „Gegenstände" ein einfühlsames Verstehen als Vorbedingung für die Möglichkeit von Erklärungen und theologische (transpersonale) das Zulassen einer nicht verfügbaren Realität.

Ergänzung

Es kann hilfreich sein, in diesem Zusammenhang den Unterschied von Verifikation und Validation zu beachten. Bei der Verifikation wird sichergestellt, dass Messergebnisse reproduzierbar, also wiederholbar sind. Bei der Validation geht es darum, ob die herangezogenen Größen auch das repräsentieren, was man beurteilen will. Bei den Wissenschaften des Persönlichen (Sozialwissenschaften, Geisteswissenschaften, Theologie ...) gibt es eine mehr oder weniger starke persönliche Beteiligung. Der Untersuchungsgegenstand muss mitfühlend erfasst, erspürt, gesehen werden, wenn er untersucht und erklärt werden soll.

Zwei Beispiele: Von dem, was mit dem Begriff Geschwindigkeit gemeint ist, haben wir auch ohne Formel eine Vorstellung. Dieses Vorwissen ist zwar in die Bildung einer geeigneten physikalischen Formel eingeflossen, in der nachfolgenden Anwendung der Formel merkt man vom subjektiven Einfluss nichts mehr. Objektive Messungen (Verifikation) werden möglich. Körpersprache, Gefühle zu verstehen und zu beschreiben setzt Erfahrungen im Umgang mit Menschen und sich selbst voraus. Wut, Trauer, Freude, Ablehnung oder Offenheit können beim Gegenüber erst erkannt und verstanden werden, wenn eigene analoge Erfahrungen gemacht wurden. Gesten und Gesichtsausdrücke deuten, Äußerungen richtig einordnen zu können (Validation) erfordert ein Mitfühlen.

4.4 Macht Wissenschaft die Menschen atheistisch?

Viele naturwissenschaftliche Erkenntnisse sind längst Gemeingut geworden. Schon Kindergartenkinder wissen, dass die Erde keine Scheibe, sondern eine Kugel ist, dass die Erde sich um die Sonne dreht und nicht umgekehrt die Sonne um die Erde, dass Blitz und

Donner natürliche Erscheinungen sind und nicht etwa von einem Donnergott ausgesandt werden. Ein kleines Kind darf noch auf den bösen Tisch schimpfen, an dessen Ecke es sich gestoßen hat, aber das ältere weiß, dass es gestolpert ist und sich selbst an der Tischecke verletzt hat. Wir suchen nach natürlichen – wenn möglich – verstehbaren Ursachen für das, was uns im Alltag begegnet und was wir vom Kosmos wissen.

Aus dem Wissen in den Naturwissenschaften erwachsen ständig neue Technologien – Apparate wie Computer, Autos oder Flachbildschirme. Unser Leben in den Industrienationen ist ohne diese Apparate nicht mehr denkbar. Vielfach suggeriert der Erfolg der Naturwissenschaften insbesondere in ihren technischen Anwendungen, dass nur über sie ein Gesamtverständnis der Welt möglich ist, dass nur die Wissenschaften verlässliche Erkenntnis gewinnen und bereitstellen können. Insofern haben die Naturwissenschaften Menschen zu Atheisten gemacht, die Gottesfrage ist für sie irrelevant bzw. entschieden. Der Theologe Hermann Hafner[100] (*1939) verdeutlicht dies folgendermaßen: „Natürlich kann einer an Gott glauben, wenn er will, und die Wissenschaft wird es ihm nicht verbieten; aber warum sollte er denn, wenn er die Wissenschaft hat und Gott nicht braucht? [...] Mag wissenschaftliche Erkenntnis auch deutliche Grenzen und Unsicherheiten haben – alle anderen menschlichen Überzeugungen sind noch viel weniger belegbar! Da macht es doch jede Menge Sinn, sich auf das immerhin noch sicherste Wissen zu beschränken, das wir haben, und die übrigen Vermutungen und Phantasien außen vor zu lassen."[101]

---

100 Hermann Hafner hat sich über sehr viele Jahre mit Fragen nach dem Verhältnis von Wissenschaft und Glaube beschäftigt.

101 Hermann Hafner: Wie atheistisch muss Naturwissenschaft sein? In: Evangelium und Wissenschaft Nr. 34, Karl-Heim-Gesellschaft 1998, S. 5 und 11.

Der Erfolg der Naturwissenschaften suggeriert, dass nur über sie ein Gesamtverständnis der Welt möglich ist.
Insofern haben die Naturwissenschaften etliche Menschen zu Atheisten gemacht.

Verstärkt wird die oben beschriebene Denkrichtung durch den starken Wunsch von Menschen nach Autonomie und Macht. „Wissen ist Macht" ist ein geflügeltes Wort, das wohl auf den englischen Philosophen Francis Bacon[102] (1561 – 1626) zurückgeht. Der Gedanke, das System Welt bzw. Kosmos sei in sich abgeschlossen und völlig autonom, hat für viele Menschen eine unerhörte Faszination. Umgekehrt: Müssten wir wirklich annehmen, es wirkten noch andere nicht berechenbare Mächte in dieser Welt, so könnten wir uns auf die gefundenen Naturgesetze nicht verlassen. Soll Wissenschaft uneingeschränkt gelten, dann kann sie keine Ansichten vertragen, die sich ihrer Kontrolle entziehen. So sichert, darauf weist Hafner hin, der weltanschauliche Atheismus „bei allem Wandel einzelner wissenschaftlicher Erkenntnisse die absolute Gültigkeit des wissenschaftlichen Erkenntnisweges"[103] selbst ab.

Es stellt sich die Frage: Wie weltanschaulich neutral ist eigentlich die Wissenschaft? Wie oben schon erläutert, beruht Wissenschaft auf den Vorgaben methodischer Atheismus, Wieder-

---

102 Francis Bacon war Philosoph, Jurist und Staatsmann. Er wird als zwiespältige Persönlichkeit beschrieben und auch als eigenständiger Denker.
103 Hermann Hafner, a.a.O. S. 12.

holbarkeit, Objektivierbarkeit, Mathematisierbarkeit und der Beschränkung auf Wie-Fragen. Dies ist durchaus ein weltanschaulicher Anspruch und er beruht auf dem Glauben, dass letztlich mathematisch zu denkende Gesetzmäßigkeiten alles Geschehen in der Welt bestimmen. An Religionen und Weltanschauungen wird der Anspruch gestellt, sie sollten nicht im Widerspruch zu wissenschaftlichen Erkenntnissen stehen. Wissenschaftliche Erkenntnisse sind von allen zu akzeptieren.

Kann man an Gott glauben und gleichzeitig Wissenschaft betreiben?

Kann dann noch jemand an Gott glauben, also Christ, Jude oder Moslem sein, und gleichzeitig Naturwissenschaft betreiben, also beides miteinander in Einklang bringen?

Das Problem rührt daher, dass praktisch die Wissenschaft allein als Grundlage verlässlichen Wissens und Denkens angesehen wird. Für Gott, für alternative Erkenntnisquellen, bleibt kaum Raum.

Die Lösung des Problems kann aber nicht darin bestehen, der Wissenschaft ihre Bedeutung abzusprechen. Unser Wissen über die Welt bleibt aspekt- und lückenhaft. Wir machen uns Bilder. Um die ganze Wirklichkeit in den Blick zu bekommen, sind unterschiedliche Zugänge, unterschiedliche Bilder erforderlich. Es gibt verschiedene Arten von Erklärungen und Perspektiven, die erforderlich und angemessen sind, sich aber auf unterschiedlichen Ebenen befinden. Die Naturwissenschaften sind in Bezug auf die ganze Wirklichkeit unterbestimmt. Man kann die Welt unterschiedlich interpretieren und dies in Übereinstimmung mit den wissenschaftlichen Erkenntnissen tun.

Die Perspektive der Naturwissenschaften ist nur eine der möglichen und gleich wichtigen Perspektiven. Fragen nach dem Zweck und Sinn des eigenen Lebens und des Ganzen, nach dem Urgrund des Kosmos gehören zum Menschsein dazu, werden aber von den Naturwissenschaften aus dem Spiel gelassen. Im Schöpfungsglauben ist alle Erfahrung in die Beziehung zu Gott hineingenommen, im Vertrauen darauf, dass Gott *für* seine Menschen ist, sie liebt.

Eine Einteilung in zwei Gebiete - hier Wissenschaft, dort Glaube - ist keine Lösung. Alles ist vom Wirken Gottes umschlossen.

Im christlichen Glauben geht es um das Ganze der Welt

Im christlichen Glauben geht es um das Ganze der Welt. Deshalb ist es keine Lösung, eine Gebietseinteilung vorzunehmen: in einen Bereich, für den die Wissenschaft zuständig ist, und in einen für den Glauben. Hafner formuliert: „Wo christlicher Glaube wirklich lebendig ist, kann es diese Spaltung zwischen Wissenschaft und Glaube nicht geben, auch wenn die Wissenschaft dem Glauben gegenüber durchaus ihre eigenen Konturen behält. Es bleibt zwar bei unserem vorhin festgestellten Endergebnis: Gott kann in unseren wissenschaftlichen Theorien nicht als Faktor vorkommen und wir Christen sollten nicht die Torheit begehen, ihn dennoch da hineinpraktizieren zu wollen. Das ändert aber nichts daran, dass auch unsere Wissenschaft und die von ihr erkannten Gesetzmä-

ßigkeiten vom Wirken Gottes und von seiner Weltregierung umschlossen sind."[104]

Es ist festzuhalten, dass die Wirklichkeit klar unterschieden
werden muss von den Bildern, die wir uns von ihr machen, und
den mit den Bildern transportierten Weltanschauungen. Erinnert
sei an das, was in Kapitel 2 zum Modellcharakter wissenschaftlicher Theorien gesagt worden ist. In üblichen Formulierungen wie
„das schöpferische Universum" oder „die Natur wählt" wird deutlich, wie schwer es für uns ist, sich nur auf das zu beschränken,
was die Wissenschaften leisten können. Der Philosoph und Theologe Hans-Dieter Mutschler[105] (*1946) stellt fest: „Wir bringen es
nicht fertig, rein kausal zu denken, sondern wir interpretieren
den Weltprozess jederzeit auch final, um eine Sinnordnung in
ihm, wenn nicht zu erkennen, so doch zu unterstellen."[106] Darin
spiegelt sich wider, dass wir es im Leben nicht allein mit den Bildern, die wir uns von der Welt machen, zu tun haben, sondern mit
Wirklichkeit. Dies ist die Wirklichkeit, die unberechenbar bleibt
mit all ihren schönen und erschütternden Überraschungen, mit
ihren Geheimnissen und ihren erkennbaren Zusammenhängen,
die aber nie aufgeht in dem, was wir beschreiben können, weder in
unseren naturwissenschaftlichen Bildern noch in unseren Gottes-
bildern.

---

104 Hermann Hafner, a.a.O. S. 17.
105 Hans Dieter Mutschler ist Theologe und Naturphilosoph. Er beschäftigt
sich – auch in zahlreichen Veröffentlichungen – mit dem Grenzgebiet zwischen naturwissenschaftlichem und christlichem Weltbild.
106 Hans-Dieter Mutschler: Physik und Religion. Perspektiven und Grenzen
eines Dialogs. Darmstadt: Wissenschaftliche Buchgesellschaft 2005, S. 236.

5. ZUM STAUNEN

Es gibt vieles in unserer Welt, über das man staunen kann, und wir sollten ab und zu innehalten, um dies wahrzunehmen. Ein paar Beispiele:

5.1 Rolle der Mathematik

Dass mit der Mathematik eine Sprache gefunden wurde, in der erfolgreich über Phänomene in der Natur gesprochen werden kann, darüber kann man sich wundern.[107] Der theoretische Physiker Eugene Wigner[108] (1902 – 1995) schreibt: „Der ungeheure Nutzen der Mathematik in der Naturwissenschaft ist etwas, das ans Mysteriöse grenzt, und es gibt dafür keine vernünftige Erklärung. [...] Es ist ein Glaubensartikel."[109]

Dass Menschen überhaupt Zusammenhänge in dieser Welt be-

---

107 Die Aussagemächtigkeit mathematischer Modelle wird auch an folgendem Beispiel deutlich: Der Physiker Paul Dirac (1902 – 1984) stellte 1930 fest, dass die von ihm aufgestellte quantenmechanische Wellengleichung für das Elektron auch Lösungen mit negativer Energie zulässt. Er forderte deshalb, dass es ein entsprechendes Teilchen mit negativer Energie geben müsse, das bis auf das Vorzeichen einiger physikalischer Eigenschaften, wie z.B. die elektrische Ladung, dem Elektron gleicht. Wenige Jahre später wurde in der kosmischen Höhenstrahlung dieses Teilchen (das Positron) gefunden. *Anmerkung:* Die Vorstellung einer negativen Energie kann hier nicht erläutert werden. Dazu sollte geeignete Fachliteratur herangezogen werden.
108 Eugene Wigner hat eine ganze Reihe bahnbrechender Beiträge erarbeitet und wichtige Regeln im Bereich der theoretischen Physik formuliert. 1956 bekam er zusammen mit Gian-Carlo Wick und Arthur Wightman den Nobelpreis für Physik. Es ging um Arbeiten zu Elementarteilchen.
109 Zitiert in: John Lennox: Hat die Wissenschaft Gott begraben? Witten: SCM R. Brockhaus 2009, S. 87.

schreiben können, wie es insbesondere mit der Mathematik möglich ist, können Christen damit begründen, dass Gott den Menschen zu seinem Ebenbild gemacht hat (1 Mose 1,26).[110]

5.2 Zuverlässige Regelmäßigkeit

Wundern darf man sich auch darüber, dass es überhaupt Gesetzmäßigkeiten gibt. Dies ermöglicht zum einen die rationale Verstehbarkeit des Universums und zum anderen begründet es das Vertrauen darauf, dass morgen Vorgänge nach den gleichen Gesetzmäßigkeiten ablaufen wie heute. Der theoretische Physiker und Sachbuchautor Paul Davies[111] (*1946) sagt: „Auch wenn die Sonne an jedem Tag unseres Lebens aufgegangen ist, garantiert das noch keineswegs, dass sie auch morgen aufgehen wird. Die Überzeugung, dass sie auch morgen aufgehen wird – dass es wirklich zuverlässige Regelmäßigkeiten in der Natur gibt –, ist eine Glaubenssache, aber eine, die für den Fortschritt der Wissenschaften unentbehrlich ist."[112]

5.3 Feinabstimmung im Universum

Es gibt offensichtlich Leben in dieser Welt. Bedingungen dafür, dass Leben entstehen konnte, sind neben den Naturgesetzen die Werte von Naturkonstanten. Sie müssen erstaunlich genau einge-

---

110 So z.B. die Überzeugung des Physikers und Theologen Johne Polkinghorne (*1930). Ausführlicher in Losch: Jenseits der Konflikte, a.a.O.
111 Paul Davies beschäftigt sich neben seinen Arbeiten zur Physik mit Fragen zum Ursprung des Lebens und zu außerirdischem Leben (SETI-Forschung). In seinen Büchern thematisiert er auch religiöse Fragen.
112 Zitiert in: John Lennox, a.a.O. S. 88.

halten werden. Wäre z.B. die Lichtgeschwindigkeit nur ganz wenig größer oder kleiner, so wäre das vorgefundene Leben nicht möglich (vgl. Info 15). Wenn auch unser Leben nur innerhalb so enger Grenzen möglich ist, stellt sich die Frage, welche Konsequenz diese Erkenntnis für den Ursprung unserer Existenz hat – purer Zufall oder Planung.

Der theoretische Physiker Freeman J. Dyson[113] (*1923) stellt fest: „Wenn wir ins Universum hinausblicken und erkennen, wie viele Zufälle in Physik und Astronomie zu unserem Wohle zusammengearbeitet haben, dann scheint es fast, als habe das Universum in gewissem Sinne gewusst, dass wir kommen."

Für einige Astronomen wie Hugh Ross[114] (*1945) ist die genaue Abstimmung der Naturkonstanten ein Hinweis darauf, dass das Universum nicht nur von Gott geschaffen, sondern auch von Gott so geplant wurde. Es soll menschliches Leben ermöglichen und dem Menschen eine passende Wohnung bieten: „Astronomen haben herausgefunden, dass die Eigenschaften und Werte des Universums und unseres Sonnensystems so fein auf die Entstehung von Leben abgestimmt sind, dass es keine andere Erklärung für diese Feinabstimmung geben kann als die Existenz eines personalen intelligenten Schöpfers."[115]

Der Mathematiker John Lennox (*1943) schreibt: „... unsere wachsende Einsicht in die Feinabstimmung des Universums im All-

---

113 Freeman J. Dyson. Zitiert in Reinhard Breuer: Das anthropische Prinzip. Der Mensch im Fadenkreuz der Naturgesetze. Frankfurt, Berlin, Wien: Ullstein 1984.

114 Hugh Ross ist Astrophysiker und Kreationist. Er vertritt ein großes Alter der Welt.

115 „Astronomers have discovered that the characteristics and parameters of the universe and our solar system are so finely tuned to support life that nothing less than a personal, intelligent Creator can explain the degree of fine-tunedness." Hugh Ross: Astronomical Evidences for the God of the Bible. http://www.reasons.org/astronomical-evidences-god-bible, abgerufen am 30. 01. 2012.

gemeinen und des Planeten Erde im Besonderen entspricht dem allgemeinen Bewusstsein, dass wir hier sind, weil wir hier sein sollen."[116]

Das Staunen über die Existenz menschlichen Lebens und über die Feinabstimmung so vieler kosmologischer Faktoren, ohne die es uns nicht gäbe, kann bei einem an Gott glaubenden Menschen fraglos zum Gotteslob und zur Anbetung des Schöpfergottes führen. Die Korrespondenz zwischen biblischen Aussagen über den Schöpfergott, der Himmel und Erde gemacht hat, und dem Erkennen hoch sensibel aufeinander abgestimmter Gesetze und Vorgaben im Universum ist beeindruckend.

Dieses Staunen darf aber nicht mit einem naturwissenschaftlichen Beweis verwechselt werden. Die Formulierungen von manchen Autoren legen die Vermutung nahe, es solle gezeigt werden, dass der Schöpfer in seinen Werken wie ein physikalisches Gesetz erkennbar sei. Warum das nicht möglich ist, wurde oben (Kap. 1.1) dargelegt.

Das Staunen kann allerdings ein vorhandenes Weltverständnis stärken oder ins Wanken bringen. Erinnert sei an den Ausspruch des Astrophysikers Fred Hoyle (1915 – 2001, vgl. Info 15), nichts habe seinen Atheismus so sehr ins Wanken gebracht wie die Entdeckung des mithilfe des Anthropischen Prinzips[117] vorhergesagten Energieniveaus von Kohlenstoff-12-Kernen.[118] Christen können die erkannte Feinabstimmung im Universum als Stärkung ihres Glaubens erfahren, als Hinweis auf den Schöpfergott, der

---

116 John Lennox: Hat die Wissenschaft Gott begraben? Witten: SCM R. Brockhaus 2009[8], S. 291.

117 In seiner schwachen Form lautet es: Weil es in diesem Universum Beobachter gibt, muss das Universum Eigenschaften besitzen, die die Existenz dieser Beobachter zulassen.

118 Damit wurde eine mögliche Erklärung für die Entstehung von Kohlenstoff aus Beryllium und Helium im Inneren von Sternen gefunden. Ohne Kohlenstoff in ausreichender Menge gäbe es kein Leben so wie wir es kennen.

in der Bibel bezeugt wird. Fundament des christlichen Glaubens ist jedoch die Selbstoffenbarung Gottes und nicht irgendeine naturwissenschaftliche Erkenntnis. Das ist kein Widerspruch dazu, dass mit den Augen des Glaubens gesehen, das Universum durchaus die Handschrift ihres Schöpfers erkennen lässt.

Mehr zu diesem Thema findet man in Info 15.

6. GLAUBE UND NATURWISSEN-SCHAFT

6.1 Quellen des Glaubens

Glaube fußt nicht auf reinem Denken. Die Quellen des Glaubens findet man in der Lebens- und Erfahrungswelt von Menschen. Sie sind verbunden mit tradierten Lebensformen sowie mit Grundfragen nach Bedeutung, Sinn, Woher und Wohin des Lebens und der Welt, aber auch nach Schuld, Vergebung, ethischem Handeln, Gerechtigkeit, Leid und Tod.

In Buddhas vier edlen Wahrheiten[119] geht es um das Leid, seine Ursachen und seine Aufhebung. Jesus fordert während seiner Zeit als Mensch zur Umkehr auf und bietet bis heute Menschen das Geschenk der Erlösung an. In beiden Beispielen geht es um existenzielle Fragen. Antworten auf diese Fragen haben zwar auch mit Verstehen zu tun. Aber im Wesentlichen geht es beim Buddhismus um ein Tun und im Christentum um die Annahme eines Geschenks und um Nachfolge.

Mutschler schreibt: „Der Kern aller Religion ist nicht die Frage nach der Natur physikalischer Prozesse, sondern die Frage nach Erlösung. Tod, Schmerz, Leiden oder die Sehnsucht nach Gerechtigkeit sind auch heute noch die bedrängenden existentiellen Fragen, auf die die Religion eine Antwort gibt. Dies ist auch der einfa-

---

119 Die vier Edlen Wahrheiten sind: Leiden, seine Ursache, Aufhebung des Leidens, der Weg dorthin über den Achtfältigen Weg (rechte Erkenntnis, rechtes Denken, rechte Rede, rechte Tat, rechter Lebenserwerb, rechte Anstrengung, rechte Achtsamkeit, rechte Konzentration).

che Grund, weshalb sie alle Phasen der intellektuellen Aufklärung überstanden hat und auch in Zukunft überstehen wird."[120]

6.2 Biblischer Glaube und Welterklärung

Biblischer Glaube hat seinen Grund in einer Berufung durch den Gott, der die Welt erschaffen hat und ihr Herr ist. Die Frage, *wie* Gott alles gemacht hat, ist dabei zweitrangig. Es geht vielmehr darum, sich an dieser Berufung festzumachen und zu orientieren. In der Bibel findet man viele Berufungsgeschichten. Erinnert sei an die Berufung von Mose, der das Volk Israel aus der Gefangenschaft in Ägypten herausführt, und an Paulus, der zunächst Christen verfolgt, dann aber als Apostel zum bedeutendsten Verkündiger der Christusbotschaft wird.

Zum biblischen Glauben gehört immer auch das vernünftige Nach-Denken. Glauben und Denken gehören zusammen. Für den Kirchenlehrer Anselm von Canterbury[121] (1033 – 1109) folgt aus dem Glauben das Verstehen und umgekehrt braucht der Glaube die denkende Einsicht. Und doch ist das erklärende Denken im Sinn der Naturwissenschaften für diesen Glauben zunächst nicht vorrangig (vgl. Info 16).

---

120 Hans-Dieter Mutschler: Physik und Religion. Perspektiven und Grenzen eines Dialogs. Darmstadt: Wissenschaftliche Buchgesellschaft 2005, S. 15.
121 Anselm von Canterbury (Sohn eines Raubritters) war Erzbischof in England und gehört zu den großen Lehrern der Christenheit. Er sagt: „Credo ut intelligam" (Ich glaube, um zu verstehen) und „Fides quaerens intellectum" (Der Glaube ruft nach denkender Einsicht).

Glauben und Denken gehören zusammen. Aber der biblische Glaube hat kaum eigene Erklärungen im Sinn der Naturwissenschaften.

Aber um Gott und seine Berufung auch gegenüber dem erklärenden Denken zu bezeugen, muss sich der biblische Glaube auf vielfältige Fragestellungen einlassen. Hafner schreibt: „Um der Herrlichkeit und des Lobes Gottes willen gewinnt der biblische Glaube ein eigenes Interesse an der Erforschung der Weltzusammenhänge."[122]

In den folgenden vier Abschnitten geht es um die Frage, wie dieses Einlassen aussehen kann und welche Folgen und Konflikte damit verbunden sind.

6.2.1 Biblischer Glaube und ihm fremde Denkweisen

Da der biblische Glaube selbst kaum eigene Erklärungen im naturwissenschaftlichen Sinn kennt, muss er fremde Denkweisen aufnehmen und umgestalten. Das beinhaltet zwei Gefahrenrichtungen:

1. Der Glaube passt sich einer ihm fremden Weltsicht an und verändert damit seine eigenen Grundlagen.

---

[122] Hermann Hafner: Von der Schwachheit des biblischen Glaubens in Sachen Welterklärung. In: Edith Gutsche, Hermann Hafner: Descartes und das neuzeitliche Denken. Anfragen an die Grundlagen naturwissenschaftlicher Weltbilder. Porta-Studien 13. Marburg: SMD 1993², S. 74.

2. Der Glaube nimmt neues Gedankengut auf, ohne dies noch von seinen eigenen Grundlagen unterscheiden zu können. Die fremden Erklärungsansätze können vom Glauben nur gebrochen aufgenommen werden. Das kann zu einer inneren Widersprüchlichkeit des jetzt aus zwei Quellen gespeisten Weltbilds führen.

Zwei Gefahrenrichtungen für den biblischen Glauben:
- Anpassung an eine fremde Weltsicht
- Entstehung von inneren Widersprüchen

Zur ersten Gefahrenrichtung:
Anpassung an eine dem Glauben fremde Weltsicht

Im 17. Jahrhundert gewann mit dem sog. *Deismus* eine Strömung an Bedeutung, in der Gott zwar noch als Schöpfer der Welt verstanden wird, ein weiteres Eingreifen Gottes aber nicht mehr stattfindet. Leibniz[123] (1646 – 1716) sieht in Gott nur noch den perfekten Uhrmacher, der das Uhrwerk in Gang gesetzt hat und dann nicht mehr eingreift. Wunder kann es für Deisten (sie werden zuweilen auch Freidenker genannt) nicht geben und Offenbarungen auch nicht. Die *Vernunft* wird zum Richter über das, was noch im christlichen Glauben Bestand hat. Gott kann nicht wie Steine, Tiere oder Elektronen wahrgenommen werden. Man

---

123 Gottfried Wilhelm Leibniz war wie Newton ein Universalgenie. Er war u.a. Philosoph – und als solcher Vordenker der Aufklärung –, Mathematiker, Naturwissenschaftler, Historiker und Politiker.

kann nur durch logisches Denken auf seine Existenz schließen und dann bleibt meist nur übrig, ihn für die Entstehung des Universums verantwortlich zu machen. Hier wird also der biblische Glaube beschnitten und dadurch wesentlicher Grundpositionen wie der Menschwerdung Gottes in Christus beraubt. Deistisches Denken findet man in unterschiedlicher Form bei vielen bedeutenden Denkern wie z.B. Lessing[124] (1729 – 1781) oder Voltaire[125] (1694 – 1778).

In anderen Fällen wurden mit dem christlichen Glauben Gedanken aus anderen Quellen so fest verbunden, dass es später schwer war, sie von den Grundlagen des Glaubens zu unterscheiden und als eine nachträglich eingefügte Zutat zu erkennen. Ein Beispiel: Im dritten und vierten Jahrhundert hat die christliche Theologie die *platonische Schöpfungskonzeption* übernommen. Der griechische Philosoph Plato (428/427 – 348/347 v. Chr.) geht von einem Weltbaumeister, einem Demiurgen aus, durch den schon bestehende ewige und verstehbare Ideen in der realen Welt verwirklicht werden. Damit kann es in der Welt nichts Neues geben. Zumindest als Idee gibt es schon alles, im Bereich des Lebendigen auch alle Arten. Der Welt liegt ein Plan zugrunde, was sich in ihrer Regelmäßigkeit widerspiegelt. In ihren Mitteln ist die Welt sparsam, es gibt in ihr nur vier Grundformen der Materie (Feuer, Luft, Wasser und Erde) und wenige elementare geometrische Figuren, aus denen sie gestaltet ist. Bis in die Neuzeit haben diese Grundvorstellungen weitergewirkt und sie wirken bis heute. Charles Darwin[126] (1809 – 1882) widersprach mit seinen Vorstellungen

---

124 Gotthold Ephraim Lessing war ein bedeutender deutscher Dichter und Aufklärer. Bis heute werden seine Werke gelesen und seine Dramen in Theatern aufgeführt.
125 Voltaire (François-Marie Arouet) war französischer Philosoph und Schriftsteller. Er gehörte zu den einflussreichsten Autoren der Aufklärung.
126 Charles Darwin wird neben Russell Wallace als Begründer der Evolutionstheorie angesehen (vgl. Info 12).

über die Veränderlichkeit der Arten also Denkvoraussetzungen, die zwar nicht biblisch sind, aber damals fest in christlichen Glaubensvorstellungen verankert waren. Der Sturm der Entrüstung über seine Theorie war unvermeidlich. Analoges kann man für das in christliche Glaubensvorstellungen bis in die Neuzeit eingefügte aristotelische Weltbild[127] finden. Der Prozess gegen Galilei zeigt, wie stark das aristotelische Denken im christlichen Gedankengut verankert war (vgl. Info 20).

Zur zweiten Gefahrenrichtung: Entstehung von inneren Widersprüchen

Die Naturwissenschaften haben Gott und Werte ausgeklammert. Sie kennen nur natürliche Ursachen. Gott hat aber einen Weltbezug und Weltliches muss in Beziehung zu Gott gesehen werden. Gottes Weltbezug zeigt sich z.B. darin, dass er seinen Sohn in diese Welt schickt und sowohl Schöpfer als auch Erhalter dieser Welt ist. Weltliches, das in Bezug zu Gott gesehen werden muss, findet man z.B. im menschlichen Leben, das im Glauben als eine Gabe Gottes angesehen wird. Wie soll das zusammengehen? Eine Trennung in zwei Bereiche – auf der einen Seite nur Natürliches und auf der anderen nur Göttliches – geht nicht. Dann würde die Trennlinie ja mitten durch uns hindurchgehen. Es kommt zu Überschneidungen. Das kann zu Widersprüchen oder Inkonsistenzen führen. Mehr dazu im Folgenden.

---

127 Die Erde ist der Mittelpunkt des Universums. Alle Himmelskörper umkreisen die Erde. Sie sind unveränderliche makellose runde Kugeln.

6.2.2 Glaubensinhalte und naturwissenschaftliche Aussagen ins Verhältnis bringen – unterschiedliche Ansätze

Wie auch immer von Dingen und Zusammenhängen in dieser Welt geredet und gedacht wird, es muss bewusst bleiben, dass es *eine* Welt ist, auf die man sich bezieht und eine einheitliche Wirklichkeit. Ziel bleibt damit ein kohärentes Weltbild anzustreben, in das neben den Naturwissenschaften auch Einsichten aus Bereichen wie Geschichte, Kunst, Politik und Theologie einfließen.

Christlicher Glaube und Naturwissenschaft haben unterschiedliche Ausgangspunkte und Grundlagen. Zum Ansatz von *Wissenschaft* gehört, dass sie Eigenschaften von Objekten, die sie untersucht, auf natürliche Gegebenheiten zurückführt. Vielfach wird daraus die Forderung, dass nur die Wissenschaft die Kompetenz hat, Welt zu erfassen und zu erklären. Damit wird unterstellt, dass es überhaupt nur natürliche Ursachen gibt. Die *christliche Lehre* geht davon aus, dass die in ihr gefassten Glaubensinhalte und das Wort der Bibel geoffenbarte göttliche Wahrheiten sind, dass Gott die Welt erschaffen hat und in sie eingreifen kann. Das kann zu Konflikten führen. Zur Verdeutlichung soll das Apostolische Glaubensbekenntnis [128]herangezogen werden. Darin ist z.B.

---

128 Das Apostolische Glaubensbekenntnis ist in seiner jetzigen Form seit dem 5. Jahrhundert schriftlich belegt. Es verbindet sehr viele Kirchen weltweit (protestantische, katholische und anglikanische Kirchen) und lautet: Ich glaube an Gott, den Vater, den Allmächtigen, den Schöpfer des Himmels und der Erde. Und an Jesus Christus, seinen eingeborenen Sohn, unsern Herrn, empfangen durch den Heiligen Geist, geboren von der Jungfrau Maria, gelitten unter Pontius Pilatus, gekreuzigt, gestorben und begraben, hinabgestiegen in das Reich des Todes, am dritten Tage auferstanden von den Toten, aufgefahren in den Himmel; er sitzt zur Rechten Gottes, des allmächtigen Vaters; von dort wird er kommen, zu richten die Lebenden und die Toten. Ich glaube an den Heiligen Geist, die heilige christliche Kirche, Gemeinschaft der Heiligen, Vergebung der Sünden, Auferstehung der Toten und das ewige Leben.

von Christus als dem „eingeborenen Sohn" Gottes die Rede, der empfangen sei „durch den heiligen Geist" und der nach seinem Tod „am dritten Tage auferstanden" sei. Wie soll man sich – naturwissenschaftlich betrachtet – eine Empfängnis durch den heiligen Geist vorstellen und wie die Auferstehung eines Toten?

Christen gehen recht unterschiedlich mit dieser Problemlage um. Im Folgenden werden vier häufig vertretene Ansätze aufgeführt.

Vier unterschiedliche Ansätze zum Verhältnis von Glauben und Denken:

1. **Primat der Bibel**
2. **Primat der Wissenschaft**
3. **Korrespondenz zwischen Glaubens- und Wissenschaftsaussagen**
4. **Glaube und Wissenschaft – komplementäre Perspektiven**

Um die eigene Position zu erkennen und besser einschätzen zu können, kann es hilfreich sein, die aufgeführten Ansätze[129] zu überdenken.

1. *Primat der Bibel*
Aus der Bandbreite dieses Ansatzes zwei Versionen

---

129 Ansätze 1, 1a und 3: Vgl. Hermann Hafner: Theologische Gesichtspunkte zur Frage Schöpfung und/oder Evolution. In: Edith Gutsche, Peter C. Hägele, Hermann Hafner (Hrsg.): Zur Diskussion um Schöpfung und Evolution. Porta Studien 6. Marburg: SMD 1998⁴, S. 417ff.

a) Die überlieferten Offenbarungswahrheiten gelten absolut, die Texte in der Bibel sind wörtlich zu nehmen. Sie sind von Gott eingegeben und enthalten keine Irrtümer. Die Wissenschaft hat kein Recht, Einwände dagegen zu erheben.

b) Alles, was die Bibel lehrt, ist wahr, aber sie lehrt nicht alle Wahrheiten. Die Botschaft in der Schrift kann nicht im Widerspruch zum Wissen aus anderen Quellen stehen.

Zugehöriges Bibelverständnis

Hier geht es insbesondere um das Schriftverständnis: Die Bibel ist irrtumslos.[130]

zu a)

Ist die Schrift ohne Irrtümer und wörtlich zu nehmen, so muss und darf sie auch als naturwissenschaftliches Lehrbuch verstanden werden. Ein solches Bibelverständnis gibt Sicherheit und Halt. Es ist klar, was Basis und Ausgangspunkt ist und woran man sich halten soll und kann.

Das beschriebene Bibelverständnis führt zu gravierenden Widersprüchen in Bezug auf gängige naturwissenschaftliche Erkenntnisse, so z.B. zu den langen Zeiträumen in der Kosmologie, wenn in der Bibel von sieben Tagen für die Erschaffung der Erde die Rede ist. Auch in Bezug auf Lebewesen kommt es zum Widerspruch. Gott hat sie – so das Verständnis von Menschen, die die Verbalinspiration der Bibel vertreten – im Wesentlichen in

---

130 Im Vorwort der sogenannten Chicago-Erklärung zur Irrtumslosigkeit der Bibel heißt es: „Da die Schrift vollständig und wörtlich von Gott gegeben wurde, ist sie in allem, was sie lehrt, ohne Irrtum oder Fehler. Dies gilt nicht weniger für das, was sie über Gottes Handeln in der Schöpfung, über die Geschehnisse der Weltgeschichte und über ihre eigene, von Gott gewirkte literarische Herkunft aussagt, als für ihr Zeugnis von Gottes rettender Gnade im Leben einzelner." Wikipedia (https://de.wikipedia.org/wiki/Chicago-Erklärung), abgerufen am 2. 2. 2019.

der Form erschaffen, wie wir sie heute vorfinden. Dann muss der Gedanke einer Evolution, einer Entwicklung und erst recht einer Evolutionstheorie falsch sein. Man versucht, der Wissenschaft Fehler zu unterstellen oder sucht nach Lücken bzw. Alternativtheorien. (Vgl. Info 18)

zu b)

Alles, was die Bibel lehrt, ist wahr, aber sie lehrt nicht alle Wahrheiten.[131] Die Wissenschaft hat kein Recht, theologische Aussagen zu kontrollieren. Die Exegese (Auslegung) steht an erster Stelle. Dabei sind die Texte zunächst mit den Ohren der ersten Hörer zu lesen.

Nur Gott, der Schöpfer, hat ein Gesamtwissen. Aber auch wenn unser Wissen über diese Welt lückenhaft ist, kann die Botschaft in der Schrift nicht im Widerspruch zum Wissen aus anderen Quellen stehen.

Lydia Jaeger[132] schreibt: „Verantwortliche Exegese sollte bestrebt sein, biblische Texte in ihrem historischen Kontext zu lesen, wenn sie die Fleischwerdung (Inkarnation) des Wortes in der menschlichen Geschichte ernst nimmt. Aber zweitens sollten wir die Frage nach dem Verhältnis zur modernen Wissenschaft nicht weglassen; sonst wäre unser Glaube schizophren. Gerade wegen der Schöpfungslehre können wir die Trennung zwischen Wissen und Glaube nicht akzeptieren. Wenn wir bekennen, dass Gott der Schöpfer der Welt ist, die durch die Wissenschaften beschrieben wird, können wir nicht zu einer inneren Hingabe abheben

---

131 Lydia Jaeger: Facts and Theories in Science and Theology: Implications for the Knowledge of Human Origins. In: In Themelios 41.3 (2016), S. 427 – 446.

132 Dr. Lydia Jaeger studierte Physik und Mathematik und danach Theologie. Sie ist Dekanin am Institut Biblique de Norgent-sur-Marne und hat etliche Bücher im Themenbereich Naturwissenschaft und Theologie geschrieben.

und eine Spiritualität des Herzens kultivieren, ohne das beste gegenwärtig verfügbare wissenschaftliche Wissen zu beachten. Theologen sollten nicht darauf verzichten, das Wissen über den Ursprung aus der Bibel mit dem gegenwärtigen Wissen über die Vergangenheit in den aktuellen Wissenschaften zu konfrontieren. Aber dieser Vergleich steht erst an letzter Stelle nach einer eigenen Textexegese."[133]

Die Bibeltexte wenden sich zunächst – wie oben gesagt – an Hörer vergangener Zeiten mit ihrem Verständnis dessen, was sie in ihrer Welt sehen und erleben. Deshalb ist die Bibel kein wissenschaftliches Lehrbuch. Aber die Texte enthalten Wissen, das nicht über die Wissenschaften gewonnen werden kann. Sie sind geoffenbarte Wahrheit über Gott und Menschen. Diese Wahrheit gilt bis heute und ist bis heute wirksam. „Was wir auf biblischem Boden über die Welt verstehen, motiviert uns, wissenschaftliche Ergebnisse neu zu untersuchen, wenn sie dem widersprechen, was wir von einer besonderen Offenbarung gelernt haben. Wissenschaft und genauso Exegese sind fehlbare Unternehmungen."[134] Die biblischen Texte bilden eine Erkenntnisquelle, die so nirgends anders zu finden ist und unbedingt in ein Verständnis von Welt und Menschen einbezogen werden muss, ja an erster Stelle steht.

Ergänzungen

Zur *Exegese* gehört, sowohl die Situation der ersten *Hörer* zu kennen und mitzudenken als auch die Absicht des bzw. der Verfasser aufzunehmen. Die Weisheitslehrer Israels wussten durch Beobachtung, dass Gott, der Schöpfer, in seine Schöpfung Ent-

---

133 Jaeger, a.a.O. S. 440f – eigene Übersetzung.
134 Jaeger, a.a.O. S. 441 – eigene Übersetzung

wicklungskräfte und Gesetzmäßigkeiten eingefügt hat. Sie deuten dies so, dass das Geschaffene davor bewahrt werden soll, wieder ins Chaos zurückzufallen. Deshalb das häufige Schöpferlob: *„Du hast alles weise geordnet"* (Psalm 104,24) – oder im Blick auf die Erschaffung der Gestirne und das Meer: *„Er gab eine Ordnung, die dürfen sie nicht überschreiten"* (Psalm 148,6).

Weil alle Menschen von Gott mit Vernunft begabt sind, können sie diese bewahrenden Regelmäßigkeiten in der Schöpfung, im Zusammenleben der Menschen, in der Arbeit erkennen, in „Sprichworten" und Weisheitssätzen sammeln und entsprechend handeln. Deshalb kann Israel auch naturwissenschaftliche Erkenntnisse von anderen Kulturen aufnehmen, etwa aus Babylonien und Ägypten. Zur Exegese gehört auch zu analysieren, was im Schöpfungsbereich gemeinsame Welterkenntnis ist und wo die Unterschiede in der Deutung liegen.

Ein Beispiel: Zwischen dem Schöpfungsbericht in 1. Mose 1 und den babylonischen Schöpfungsmythen gibt es Gemeinsamkeiten, aber es gibt auch deutliche Unterschiede. Die Gestirne sind in Babylon Götter, die das Leben und die Geschichte bestimmen und denen die Menschen zu dienen haben. In Israel sind die Gestirne Geschöpfe Gottes zum Wohle und zum Dienst an den Menschen. Sie sollen die Erde bescheinen, Licht und Finsternis, also Tag und Nacht sowie die Jahreszeiten unterscheiden (1. Mose 1,14-18). An ihnen ist nichts göttlich, sie haben nur eine Funktion, eine Aufgabe in Gottes Schöpfungshandeln. Sie werden zu Bestandteilen der Welt und können damit von Menschen erforscht werden.

Einerseits gibt es gemeinsame wissenschaftliche Erkenntnisse, aber andererseits unterschiedliche Deutungen, weil die Gotteserkenntnis bzw. die menschlich-religiöse Vorstellung unterschiedlich ist. Beides, Gemeinsames und Unterschiedliches, muss in allem Bemühen durchgehalten werden.

2. Primat der Wissenschaft

*Sowohl die Wissenschaften als auch die biblischen Offenbarungen
beziehen sich auf Wirklichkeit. Falls Aussagen nicht zusammenpassen, muss, da die Wissenschaft autonom ist, die Glaubenslehre den
wissenschaftlichen Erkenntnissen angepasst werden. Die weiter
fortschreitende Wissenschaft verdrängt „überholte" Teile der Glaubenslehre.*

Die Wissenschaft ist eigenständig, sie gilt unabhängig von subjektiven Meinungen und religiösen Vorstellungen. Der Glaube muss
sich deshalb in seinen Aussagen den wissenschaftlichen Aussagen
anpassen.

Anspruch der Wissenschaften und die Folgen

Hier wird zur Geltung gebracht, dass Wissenschaft sich nicht
durch „subjektive" Überzeugungen korrigieren lässt und sich auch
nicht das Recht streitig machen lässt, eigene Theorien begründet
zu entwickeln. Was geglaubt werden kann, bestimmt damit die
Wissenschaft und die fortschreitende Wissenschaft verdrängt zunehmend Glaubensinhalte bzw. ersetzt sie. Ein Beispiel: In einer
Welt, in der die Zukunft in Abhängigkeit von den Ausgangsbedingungen festgelegt (determiniert) ist, macht es keinen Sinn, Gott
um Hilfe zu bitten. Einstein schreibt: „Der wissenschaftlichen Forschung liegt der Gedanke zugrunde, dass alles Geschehen durch
Naturgesetze bestimmt sei, also auch das Handeln der Menschen.
Deshalb wird ein Forscher kaum geneigt sein, zu glauben, dass das
Geschehen durch ein Gebet – das heißt, durch einen gegenüber
einem übernatürlichen Wesen geäußerten Wunsch – beeinflusst

werden könnte."[135] Schwierig wird es auch mit der Vorstellung einer persönlichen Führung durch Gott. Für den Glauben bleiben nur aktuelle Wissenslücken übrig (Lückenbüßergott). Aber Lücken werden mit der Zeit geschlossen. Die Grenzen verschieben sich zugunsten der Wissenschaften.

Die US-amerikanische Physikerin Lisa Randall (*1962) sagt in einem Interview: „Solange Religion Privatsache ist, etwas Persönliches, kommt sie nicht mit der Wissenschaft in Konflikt. Wenn sie aber behauptet, dass Gott oder eine übernatürliche Kraft in die Welt eingreift, dann fordert sie die Wissenschaft heraus, weil die Wissenschaft sagt, dass alles in der Welt nach dem Prinzip von Ursache und Wirkung geschieht. Wenn jemand behauptet, er habe diese oder jene Entscheidung getroffen, weil Gott ihn geleitet habe – dann riskiert er meinen Widerspruch. Denn ich sage, dass jede Wirkung eine Ursache haben muss und allem eine physikalische Struktur zugrunde liegt. Wenn etwa keine Synapsen in unserem Gehirn feuern würden, dann könnten wir keine moralischen Entscheidungen treffen. Wer wirklich glaubt, dass Gott bei diesen Entscheidungen mitspielt, muss erklären, wie Gott das Feuern der Synapsen beeinflusst."[136]

Kritische Überlegung

Im gesamten Wirklichkeitsverständnis kann die Wissenschaft nur ein Teilhorizont sein und sie überschreitet ihre Kompetenzen, wenn sie ihre Grenzen nicht einhält. Aber durch das Primat der

---

135 In einem Antwortbrief an die Schülerin Phyllis Wright am 24. Januar 1936 – in Alice Calaprice: Lieber Herr Einstein. Frankfurt a.M.: Campus Verlag 2007, S. 81.
136 Interview mit Lisa Randall unter dem Titel „Gibt es andere Universen – und wie viele?" in: Die Zeit Nr. 19, 3. Mai 2012.

Wissenschaft lassen sich praktisch viele Folgerungen nicht vermeiden. Ist der Mensch nichts als Materie, so gibt es weder einen freien Willen, noch eine Seele oder eine Unterscheidung von richtig und falsch. Der Mensch ist ja nur das Produkt materieller Produkte. Was bleibt, ist häufig eine Sehnsucht nach Bedeutung, Geborgenheit, Sinn. Das hat aber alles keinen Platz mehr. Wie soll hier der Glaube „eingefügt" werden? Je erfolgreicher die Wissenschaft wird, desto weniger Raum bleibt dann scheinbar für den Glauben.

Da die Wissenschaft selbst sich in ihren Erkenntnissen und Modellen verändert, gibt es keine Sicherheiten mehr. Erinnert sei nur an die Umbrüche durch die großen neuen physikalischen Theorien im letzten Jahrhundert und die damit veränderten Naturbilder (vgl. Kap. 3 sowie die Infos 5 - 8).

3. Korrespondenz zwischen Glaubens- und Wissenschaftsaussagen

Wissenschaft und Glaube sind zwei unterschiedliche eigenständige Bereiche. Glaubensaussagen und wissenschaftliche Aussagen, die sich thematisch berühren, stehen zunächst nebeneinander. Man versucht zu zeigen, wie gut beides zusammenpasst.

Aussagen aus den Bereichen Wissenschaft und Glaube müssen sich demnach nicht widersprechen, sondern können zusammenpassen.

Bei diesem Ansatz werden Wissenschaft und Glaube eigene Geltungsbereiche zugeordnet. Solange sich die Geltungsbereiche nicht überlappen, kann es deshalb keine Konflikte geben. Ein Nebeneinander ist aber insbesondere dann unbefriedigend, wenn es sich um Themenbereiche handelt, über die sowohl der Glaube als auch die Wissenschaft Aussagen machen wie z.B. zur Erschaffung der Welt. Es sollte versucht werden, Brücken zu bauen.

Gesamtzusammenhänge sind wichtig

Kann der oft geäußerte Hinweis, dass im ersten Schöpfungsbericht die Abfolge der Schöpfungswerke doch recht gut mit den Vorstellungen der Wissenschaft übereinstimmt, eine Brücke sein?

Ein Problem bei diesem Vorgehen besteht darin, dass Glaubenszeugnisse behandelt werden müssten wie naturwissenschaftliche Aussagen, wenn man an einer Parallelität festhalten will. Sowohl wissenschaftliche als auch Glaubensaussagen haben aber je für sich einen eigenen *Gesamtzusammenhang*, in den sie hineingehören. Und es ist fraglich, ob bei genauerem Hinsehen wirklich noch von einem Zusammenpassen geredet werden kann, wenn man die jeweiligen Gesamtzusammenhänge im Blick hat.

Ein Beispiel: Die Schöpfungsberichte

Der erste Schöpfungsbericht muss im Zusammenhang der gesamten Urgeschichte (1. Mose 1-11) gesehen werden. Er will nicht historisch rekonstruieren, wie die Welt entstanden ist, vielmehr „wollen die Erzählungen der Urgeschichte die grundlegenden Vorgaben deutlich machen, unter denen gegenwärtiges menschliches Leben sich abspielt – dies freilich tun sie in Form berichtender (!) Erzählung. Wenn wir sie in ihrer Eigenart verstehen wollen, müssen wir also unsere vorgefassten Frageraster (‚Geschehen – nicht geschehen? Wie geschehen?' usw.) erst einmal loslassen und uns auf dieses eigene Interesse und auf diese eigene Perspektive der biblischen Urgeschichte einlassen."[137]

Man wird dem Anliegen der Schöpfungsberichte nicht gerecht, wenn man Einzelaussagen als unabhängige Tatsachenfeststellungen wertet und dann versucht, einen Ablauf der Welt abzuleiten, wie man es von naturwissenschaftlichen Modellen gewohnt ist. Es geht vielmehr darum, die eigenen Perspektiven der Berichte ernst zu nehmen. Und diese blicken einerseits auf den Anfang der Welt, aber andererseits auf den, der den Anfang gesetzt hat, sowie auf die Bedeutung des Geschehens in der Vergangenheit bis hinein in unsere Gegenwart.

Zur Botschaft der Berichte gehört: Die Welt und die in ihr wohnenden Menschen verdanken ihre Existenz allein der Entscheidung und Tat Gottes. Gott ist verlässlich und damit kann man sich auf die Ordnungen in dieser Welt verlassen. Auf die Schöpfungstaten Gottes wird an vielen Stellen des Alten und Neuen Testaments Bezug genommen und somit ihre zeitübergreifende Bedeutung herausgestellt. Wenn die Bibel vom Anfang redet, ist nicht nur dieser gemeint, sondern es wird zugleich auf die Grundlagen gegenwärtigen Lebens hingewiesen. Dies kommt in der Bibel auch in den vielen Bezügen auf das Schöpferhandeln Gottes zum Ausdruck.[138]

Ein Beispiel: In Nehemia 8,6f wird Gott gelobt, als der, der alles geschaffen hat, der alles erhält, der sein Volk Israel aus der Gefangenschaft in Babylon geführt hat, der ihm die Gebote gegeben hat

---

137 Hermann Hafner. In: Edith Gutsche, Peter C. Hägele, Hermann Hafner (Hrsg.): Zur Diskussion um Schöpfung und Evolution. Porta Studien 6. Marburg: SMD 1998[4], S. 343.

138 Die vielen unterschiedlichen Bezüge hier aufzuführen, würde zu weit führen. Verwiesen sei auf Hermann Hafner, ab S. 313 in Porta Studie 6, a.a.O. Einige Beispiele aus der Bibel: Neh 9,6; Ps 8,4 und 104,24; Jes 44,24; Apg 17,24f. An vielen Stellen ist der Hinweis auf ein Schöpferhandeln mit Gotteslob verbunden.

und vieles andere mehr. Die Schöpfung am Anfang ist bedeutsam für Geschichte und Gegenwart von Israel. Mit der Schöpfung ist Gottes Handeln nicht abgeschlossen. Sie ist auch ein Hinweis auf zukünftiges neues Gotteshandeln.

Erkenntnisse in den Geisteswissenschaften und der Theologie

Nicht nur in der Theologie, sondern auch schon in den Geisteswissenschaften gibt es Unterschiede im Erkenntnisprozess zu den Naturwissenschaften. Während in den Naturwissenschaften versucht wird, den menschlichen Faktor so weit wie möglich herauszuhalten, geht es bei den Geisteswissenschaften um die Gesamtheit des Lebens, d.h. Bedeutung, Wert und Zweck gehören ausdrücklich (!) dazu. Hier ist einfühlsames Verstehen in die Zusammenhänge Vorbedingung für Erklärungen. Das Subjekt gehört zum „Gegenstand" der Erkenntnis und ist auch in die Erkenntnis eingebunden. Aussagen müssen gültig (valide) sein, d.h. sie müssen inhaltlich das beschreiben, um was es geht. Inhalte kann man nicht messen. In den Naturwissenschaften werden aber objektiv durch Messungen überprüfbare Theorien (verifizierbare Aussagen) angestrebt.

Die Theologie gehört weder zu den Geisteswissenschaften noch zu den Naturwissenschaften. Sie umfasst beide Bereiche. Sie muss sowohl die persönlichen als auch die unpersönlichen Wissenschaften mit bedenken. Von einem Zusammenpassen von Glaubensaussagen und naturwissenschaftlichen Aussagen im Sinn von Parallelität kann also nicht geredet werden.

4. *Glaube und Wissenschaft – komplementäre Perspektiven*

Glaube und Wissenschaft sind zwei komplementäre Perspektiven[139] *auf die Wirklichkeit. Gebraucht werden beide Perspektiven, um menschliches Dasein zu deuten, sie können aber nicht gleichzeitig eingenommen werden.*

Fragen in den Bereichen Wissenschaft und Glaube gehören zu unterschiedlichen Blickrichtungen. Die beiden Blickrichtungen sind zueinander komplementär.

Komplementäre Perspektiven bedeutet, beide Perspektiven sind gleich wichtig, um die Gesamtheit zu beschreiben, sie schließen sich aber bei gleichzeitiger Anwendung gegenseitig aus, lassen sich also nicht zu einer einzigen Perspektive, zu einem einzigen Bild zusammenfassen. (Komplementaritätsbegriff in der Physik: vgl. Info 7).

Perspektive des Glaubens

Die Wahrheit des christlichen Glaubens kann nicht wie die Schwerkraft durch Erfahrung (empirisch) belegt werden. „Gott ist kein Gegenstand, den man wie andere Gegenstände erforschen kann."[140] Nach christlichem Verständnis macht sich Gott selbst erfahrbar. Er macht dies auf dreifache Weise: in seiner Geschichte

---

139 *Komplementarität:* Dieser Begriff ist insbesondere in der Quantenmechanik bedeutsam geworden. Dort geht es darum, dass man zur Beschreibung von Elementarteilchen wie Elektronen oder Neutronen zwei Bilder braucht, die sich gegenseitig ausschließen, wenn man sie gleichzeitig anwendet, nämlich Wellen- und Teilchenbild. Und doch braucht man beide Bilder. Man redet deshalb vom komplementären Bildern oder Aspekten.
140 Gerd Theißen: Warum scheitern wissenschaftliche Methoden bei der Suche nach Gott? In R. Hempelmann, EZW-Text 232, Berlin 2014, S. 72.

mit dem Volk Israel, wie sie im Alten Testament bezeugt ist, in der Geschichte von Jesus von Nazareth, der sich durch ihn als Sohn seines Heiligen Vaters autorisiert weiß, und in der Erfahrung von Christen, für die die Liebe und Hingabe zu Gott als Antwort auf seine Zuwendung das eigene Leben verändert.

Glaube und Naturwissenschaft – zwei unterschiedliche Perspektiven

Die Richtigkeit naturwissenschaftlicher Einsichten zu beweisen oder zu widerlegen gehört nicht in den Kompetenzbereich von Glauben. Galilei schreibt: „Ich würde hier sagen [...], dass es die Absicht des Heiligen Geistes ist, uns den Weg zum Himmel und nicht die Wege des Himmels zu lehren."[141] Insofern kann durchaus bei Religion und Naturwissenschaft von komplementären Perspektiven gesprochen werden. Beide sind wichtige, aber unterschiedliche Blicke auf die Gesamtwirklichkeit, die sich nicht zur Deckung bringen lassen. So auch, wenn man die Aussage in Psalm 139,13 „Du hast mich gebildet im Mutterleib" und die medizinischen Kenntnisse über den Anfang und die Entwicklung eines Kindes im Mutterleib vergleicht. Nach biblischem Glauben ist Gott Geber und Ursprung allen Lebens. Es macht keinen Sinn, zu fragen, welche Perspektive die richtige ist. Der Glaube und die Naturwissenschaften reden hier zwar vom gleichen „Gegenstand", aber in unterschiedlicher Weise. Es sind komplementäre Erkenntnisweisen.

---

141 Brief an Cristina – Großherzoginmutter, deren Sohn von Galilei unterrichtet worden war –. In Hans Bieri: Der Streit um das kopernikanische Weltsystem im 17. Jahrhundert. Galileo Galileis Akkommodationstheorie und ihre historischen Hintergründe. Quellen – Kommentare – Übersetzungen unter Mitarbeit von Virgilio Masciadri. Bern u.a.: Peter Lang 2008 (2. Aufl.), S. 317.

Der „Kirchenvater des 20. Jahrhunderts" Karl Barth[142] (1886 – 1968), sagte: „Die Naturwissenschaft hat freien Raum jenseits dessen, was die Theologie als das Werk des Schöpfers zu beschreiben hat. Und die Theologie darf und muss sich da frei bewegen, wo eine Naturwissenschaft [...] ihre gegebene Grenze hat."[143] Man kann die Position auch so charakterisieren: In den Naturwissenschaften geht es um die Frage „Was kann ich wissen?", im Glauben um die Fragen „Worauf kann ich im Leben und im Sterben vertrauen?", „Was soll ich tun?", „Was darf ich hoffen?". Die Fragen verweisen auf zwei unterschiedliche Perspektiven.

Auf der einen Seite steht die Beschreibung, auf der anderen das Bekenntnis und die „Weisheit", dass es eine tragende Ordnung des Lebens gibt, die aller Erfahrung zugrunde liegt, wie dies in vielfacher Weise in der Weisheitsliteratur des Alten Testaments (u.a. Sprüche, Hiob, Prediger) aufgezeigt wird. Auf der einen Seite steht das objektiv Feststellbare, das Unpersönliche, auf der anderen das Subjektive, die persönliche Lebensorientierung, der Glaube.

Grenzen dieses Ansatzes

So hilfreich dieser Ansatz auch in vielfältiger Hinsicht ist, es bleiben Bereiche, die so nicht geklärt werden können. Dazu gehört die Nachricht von der leiblichen Auferstehung Jesu und seiner Himmelfahrt. Hier gibt es massive Widersprüche zu gängigen wissenschaftlichen Erfahrungen. Ein wirklich Toter bleibt tot! Der Glau-

---

142 Karl Barth war Theologe und wurde in der NS-Zeit Mitbegründer der Bekennenden Kirche.
143 Zitiert in Andreas Losch, Frank Vogelsang (Hg.): Wissenschaft und die Frage nach Gott. Theologie und Naturwissenschaft im Dialog. Bonn: Ev. Akademie im Rheinland 2015, S. 18.

be an einen Erlöser, der gestorben, begraben und auferstanden ist, sprengt alle Versuche, dies einordnen zu wollen in bestehende Verstehensmuster. Ein naturwissenschaftliches Bild gibt es dafür nicht. Glauben kann auch heißen, die Unbegreiflichkeit Gottes ein Leben lang auszuhalten.

Die Aufteilung in Subjektives und Objektives gelingt ebenfalls nicht immer. Ein Beispiel: Der Placebo-Effekt in der Medizin lässt sich objektiv nachweisen. Er hängt aber ab von einer inneren Einstellung, einem Glauben an Heilung.

Es bleibt die Aufgabe bestehen, Glaube und Vernunft, Gotteswirklichkeit und Weltwirklichkeit im Gespräch zu halten. Und dies muss in einer sich ständig verändernden Welt und einer sich ständig verändernden Weltsicht immer wieder neu versucht werden.

6.2.3 Mit offenen Fragen leben

Offensichtlich sind glatte Lösungen für die Spannungen zwischen biblischem Glauben und Naturwissenschaft wegen der Unterschiedlichkeit in der Welt- und Gotteserkenntnis nicht in Sicht. Das entspricht auch dem, dass unser Nichtwissen in jeder Hinsicht sehr viel größer ist als unser Wissen. Wie im täglichen Leben auch sind wir gezwungen, mit offenen Fragen zu leben. Das entbindet uns jedoch nicht von der Aufgabe, weiter intensiv nach Denkmöglichkeiten zu suchen, auf Widersprüche hinzuweisen und Position zu beziehen. Schreibt man der Wissenschaft die Möglichkeit zu, relevante Erkenntnisse über die Wirklichkeit erzielen zu können[144] – zumindest die meisten Wissenschaftler und Wissenschaftlerinnen tun dies –, so wird man sich als Christ der

---

144 Im kritischen Realismus geht man davon aus, dass die untersuchten

Aufgabe stellen müssen, seine Glaubensvorstellungen in Beziehung zu diesen Ergebnissen und Vorstellungen zu setzen.

Hafner weist darauf hin, dass es auch ein sehr elementares Interesse der Wissenschaft am Glauben gibt. Ohne Grundüberzeugungen (vgl. Kap. 4.1) hängt die Wissenschaft in der Luft. Es muss natürlich nicht der christliche Glaube sein. Angesichts dieser Einsicht schreibt er: „Jede solche christliche Synthese von Glaube und Wissenschaft setzt voraus, dass dieses scheinbar Fremde – die biblische Wahrheit, das in der Bibel bezeugte Handeln und Wirken Gottes, der in der Bibel bezeugte Wille und Heilsratschluss Gottes – doch die eigentliche Heimat der Wissenschaft ist, auch wenn uns Menschen keine Zauberformel zu Gebote steht, beides zur fugenlosen Einheit zusammenzudenken. Im Streit der menschlichen Meinungen muss diese Frage offen bleiben; sie ist – insoweit ist Lessings Ringparabel[145] im Recht – nicht eine Frage, die in endlicher Zeit durch menschliche Bemühung und Auseinandersetzung zu einer objektiv kontrollierbaren und insofern abschließenden Entscheidung gebracht werden kann. Gerade darum bleibt dem christlichen Glauben

---

Gegenstände unabhängig von einem Erfassen vorhanden sind und die Beschreibungen (Theorien) in irgendeiner Weise den Eigenschaften der Gegenstände entsprechen.

145 Im Drama „Nathan der Weise" lässt Lessing Nathan die Ringparabel erzählen (3. Aufzug, 7. Auftritt). Darin verdeutlicht Lessing seine Auffassung, dass niemand weiß, welche der drei monotheistischen Religionen – Christentum, Judentum, Islam – der Wahrheit entspricht. Drei von ihrem Vater gleichermaßen geliebte Söhne erhalten von diesem einen Ring. Alle Ringe sehen genau gleich aus. Eigentlich sollte es nur einen echten Ring geben, der jeweils an den liebsten Sohn weitergegeben wird und der die geheime Kraft hat, „vor Gott und Menschen angenehm zu machen, wer in dieser Zuversicht ihn trug". Ein hinzugezogener Richter fordert die Brüder auf, jeweils so zu leben als sei sein Ring der Richtige: „Es strebe von euch jeder um die Wette, die Kraft des Steins in seinem Ring' an Tag zu legen!" Aber entschieden werden kann über alles erst am Ende der Tage durch einen „weisren Mann" (G. E. Lessing: Nathan der Weise. Stuttgart: Reclam 1990, S. 71 – 75.)

die Aufgabe, sein Interesse an der Wissenschaft wachzuhalten – am allermeisten da, wo die Wissenschaft oder das in ihr vorherrschende Denken für ihn unbequem und sperrig ist, aber zugleich auch da, wo er selbst für die Wissenschaft unbequem und unverdaulich ist."[146]

Man sollte den Primat der Lebenswelt vor der Wissenschaft ernst nehmen. Wir nehmen die reale Welt mit allen Sinnen wahr und insofern anders als dies die Wissenschaften tun.

Wir nehmen die reale Welt mit allen Sinnen wahr und insofern anders als dies die Wissenschaften tun. In der Alltagssprache hat auch Schwebendes, nicht scharf Abgegrenztes Platz. Hier kommen funktionale und sinnbehaftete Aspekte zusammen und es fließen Lebenserfahrungen ein. Wir sprechen aus gutem Grund von „Bauchentscheidungen", wenn wir trotz allen Nachdenkens und Abwägens am Schluss zu einer Entscheidung z.B. bei der Berufs- oder Partnerwahl kommen, die mehr einem Sprung in unbekanntes Gelände gleicht als einem genauen Abklären. Man sollte diesen Primat der Lebenswelt vor der Wissenschaft ernst nehmen. Hinzu kommt, dass der Lebensvollzug selbst von der Reflexion über diesen unterschieden werden muss. Es ist somit auch nicht

---

146 Hermann Hafner: Vom Interesse des Glaubens an der Wissenschaft. In Manfred Büttner, Frank Richter (Hrsg.): Beziehung zwischen Religion (Geisteshaltung) und wissenschaftlicher Umwelt. Frankfurt a.M.: Peter Lang 1999, S. 226f.

klar, ob die Wissenschaft in allen Fällen die Welt besser erkennt, als es der „gesunde Menschenverstand" tut. Auch hier bleibt eine Differenz zwischen Lebenswelt und Wissenschaft.

Offene Fragen, Erkenntnislücken machen Menschen Angst. Wir sind bestrebt, Zusammenhänge möglichst schnell herzustellen. Das ist auch wichtig, um handlungsfähig zu sein. Und doch müssen wir auch lernen, offene Fragen auszuhalten.

So wie in menschlichen Beziehungen – Freundschaften, Arbeitsteams ... – erst durch ein sich aufeinander Einlassen etwas Gemeinsames entsteht, gewinnt man Einsichten und Erfahrungen im christlichen Glauben dadurch, dass man sich auf die dort gemachten Angebote einlässt und dann deren Tragfähigkeit erfährt. Der Verstand gehört dazu, ist aber allein nicht hinreichend.

6.2.4 Ein Konfliktschwerpunkt: Die Diskussion um Schöpfung und Evolutionstheorie

Die Fragen zum Verhältnis zwischen dem Glauben an die Erschaffung der Welt durch Gott und der naturwissenschaftlichen Evolutionstheorie stoßen nach wie vor auf großes Interesse und führen zuweilen zu scharfen Auseinandersetzungen. Sie berühren Fragen nach dem Verständnis der biblischen Berichte, nach der Stellung des Menschen in der Welt, nach Tod, Sünde und Erlösung, nach der Existenz oder Nichtexistenz Gottes und insgesamt nach den Bildern, die wir uns von der Welt machen.

Evolution ist zunächst einmal eine Grundidee, die sich wie andere Grundideen nicht naturwissenschaftlich herleiten lässt (vgl. Kap. 3.3). Es geht darum, ob sich diese Grundannahme in der Naturwissenschaft bewährt, ob sie also zu beobachtbaren und messbaren Erscheinungen passt und ob sie zu fruchtbaren Theorieentwürfen führt. Dass dies der Fall ist, dafür gibt es viele Beispiele (vgl. Info 12). Wie andere naturwissenschaftliche Theorien auch hat sich die Evolutionstheorie selbst im Laufe der Forschungen weiterentwickelt und wird das auch in Zukunft tun. Es gibt noch viele unbeantwortete Fragen.

Nicht nur am Anfang, sondern auch an vielen anderen Stellen der Bibel, insbesondere in den Psalmen wird Gott als Schöpfer der Welt bezeugt. Den Menschen Israels ist Gott als der bekannt, der sie aus Gefangenschaft herausführt, sie liebt, sie durch Strafen auf einen guten Weg zurückruft, sie tröstet, ihnen Sinn gibt. Sie sind gewiss, dass die Welt durch Gott erschaffen wurde. So ist es ganz „natürlich", dass die Natur als Werk Gottes verstanden und wahrgenommen wird. Bis heute sehen Christen, die sich mit ihrer Angst, ihren Sorgen und ihrer Hoffnung an Gott wenden, dass sie Hilfe finden bei dem, „der Himmel und Erde geschaffen hat".

Die Naturwissenschaften reden in anderer Weise über die Welt. Sie haben eine ganz andere Perspektive und deshalb ist ihr Reden über die Natur auch anders. Sie benutzen Formeln und Begriffe, die beobachtbare und messbare Erscheinungen abbilden, lassen aber dabei Gott außen vor. Das Problem ist, dass ein direkter Anschluss von Glaubensaussagen an naturwissenschaftliche Aussagen nicht möglich ist, wenn man von zwei so unterschiedlichen Perspektiven ausgeht. Und so stehen Schöpfungsaussagen und Aussagen der Evolutionstheorie zunächst nebeneinander.

„Naturwissenschaftliche Erklärungen sind richtig für den, der von ihnen erwartet, was sie bieten können: ein mathematisch beschreibbares, in bestimmten Grenzen ‚verifizierbares' Bild der Welt und mehr nicht. Sie sind falsch für den, der etwas sucht, was sie nicht bieten können: eine religiöse Deutung der Welt."[147]

Mit den Augen des Glaubens lassen sich durchaus Spuren Got-

---

147 Christian Link: Schöpfung – Ein theologischer Entwurf im Gegenüber von Naturwissenschaft und Ökologie. Neukirchen-Vluyn: Neukirchener Verlag 2012, S. 118.

tes in der Natur erkennen und wenn es das Staunen darüber ist, dass wir Zusammenhänge in ihr beschreiben können, wie z.B. bei Mechanismen der Vererbung.

Es soll aber nicht geleugnet werden, dass viele Biologen die Evolutionstheorie quasi als Beweis dafür benutzen, dass der Naturalismus die einzig mögliche vernünftige Deutung für die Welt sei, dass es überhaupt nur Natürliches in dieser Welt gibt. Dann ist aus dem methodischen Naturalismus ein ontologischer geworden. Nur lässt solch ein Naturalismus sich nicht begründen, er ist eine Setzung, ein Glaube. Das wird aber häufig „vergessen".

Kreationismus und Intelligent Design

In der gegenwärtigen Diskussion um Schöpfung und Evolution gibt es u.a. zwei Ansätze, die in einigen Kreisen mit Nachdruck vertreten werden und zu erheblichen Kontroversen geführt haben, der *Kreationismus* und Vorstellungen von einem *„Intelligent Design"*, einem *„intelligenten Designer"* (vgl. Info 18).

Etliche *Kreationisten* lehnen entsprechend ihrem Bibelverständnis (vgl. Kap. 6.2.2) die Makroevolution, also die Entstehung neuer Arten, neuer Baupläne durch Mutation und Selektion, ab. Auch eine Evolution, sei es bei der Entstehung des Universums oder der Entstehung von Lebewesen, wird abgelehnt. Die Kurzzeit-Kreationisten gehen davon aus, dass das Universum sehr viel jünger ist als die von Kosmologen berechneten 13,8 Milliarden Jahre, es soll vor etwa 6 000 Jahren entstanden sein. Allerdings gibt es bei den Kreationisten eine große Bandbreite an Meinungen und Positionen.

Die Frage nach dem Entstehen von Welt und Leben spielt auch bei Menschen, die einen *intelligenten Designer* fordern, eine entscheidende Rolle. Man versucht zu begründen, dass so komplexe

Strukturen, wie wir sie vielfach in der Welt vorfinden, nicht zufällig entstanden sein können, sondern in irgendeiner Weise geplant sein bzw. auf ein dahinterstehendes rationales Prinzip zurückgeführt werden müssen. Als Begründung werden z.B. Wahrscheinlichkeitsüberlegungen angeführt, die zeigen sollen, dass insbesondere Lebewesen sich nicht von allein entwickelt haben können und es deshalb einen Designer geben müsse. Ausführlich diskutieren u.a. Millack[148] und Hemminger[149] diese Problemfelder und Fragen. Hier kann darauf nicht ausführlicher eingegangen werden. Mehr Informationen und Überlegungen findet man in den Infos 17 und 18.

Die Frage nach Leid, Tod und Bösem in der Welt

Für etliche Christen stellen Fragen nach dem Leid, dem Tod und dem Bösen in der Welt eine Herausforderung an ihr Gottesverständnis und die Evolutionstheorie dar. Wie kann Gott, wenn seine Schöpfung gut ist, Leid und Böses zulassen? Wie kann Gott eine Evolution als Werkzeug benutzen, wenn diese auf dem Tod von Lebewesen basiert (vgl. Info 17)? Es kann weiterhelfen, dass die Bibel auf eine Zukunft hinweist, in der es kein Leid, keine Schmerzen und keinen Tod mehr geben wird. Der Theologe Werner Thiede[150] (*1955) sagt: „Die noch im Werden begriffene Schöpfung ist freilich notwendig der Vergänglichkeit und damit Schmerz und Tod unterworfen. Aber sie bleibt selbst als bislang unvollendete Gottes Werk. Das ist sie auf die verheißene Vollendung hin: Erst

---

148 Thomas Millack: Naturwissenschaft und Glaube im Gespräch. Zwei Wege, die Welt zu entdecken. Kassel: Oncken 2009.
149 Hansjörg Hemminger: Und Gott schuf Darwins Welt. Schöpfung und Evolution, Kreationismus und Intelligentes Design. Gießen: Brunnen 2009.
150 Werner Thiede war einige Jahre als wissenschaftlicher Referent bei Evangelischen Zentralstelle für Weltanschauungsfragen (EZW) tätig. Danach wurde er u.a. außerplanmäßiger Professor.

mit ihr wird die Schöpfung einst durchsichtig sein auf Gott hin. Und dann erst werden Zweifel am Schöpfer nicht mehr möglich sein."[151]

6.3 Naturwissenschaftler und Glauben

Menschen, für die Naturwissenschaft und Glaube vereinbar sind

In den vergangenen Jahrhunderten waren viele Menschen zutiefst von ihrem Glauben überzeugt und auch bereit, dafür mit dem Leben zu bezahlen. Ihr Glaube hat seine Wurzeln nicht in irgendeiner wissenschaftlichen Theorie, sondern in tradierten Botschaften und eigenen Erfahrungen. Unter diesen Menschen waren und sind hoch gebildete, für die sich Glauben und Denken nicht gegenseitig ausschließen (vgl. Info 20). Zu den älteren Wissenschaftlern gehören Galileo Galilei, Johannes Kepler und Isaak Newton, um nur einige zu nennen.

Es gab und gibt viele – darunter auch sehr bedeutende Menschen – für die Glauben und das Betreiben von Naturwissenschaft *vereinbar* sind.

---

151 Werner Thiede: Schöpfung ohne Schöpfer? – Christlicher Glaube und Naturwissenschaft heute. In Brennpunkt Gemeinde 6, 2011, Studienbrief B15, S. 13.

Ein Beispiel: *Galileo Galilei* war tiefgläubig. Er gehört zu den Gründern der modernen Naturwissenschaft. Beobachtung, Reduktion und Mathematik wurden von ihm zu Werkzeugen gemacht, mit denen naturwissenschaftliche Theorien bis heute erfolgreich arbeiten. Er schreibt in einem Brief: „Ich glaube, dass die Absicht der Heiligen Schrift einzig darin besteht, die Menschen von den Wahrheiten und Aussagen zu überzeugen, die notwendig für ihr Seelenheil sind, aber alle menschliche Vernunft übersteigen und durch keine andere Wissenschaft glaubhaft gemacht werden können, es sei denn durch den Mund des Heiligen Geistes selbst. Ich meine nicht, es sei notwendig zu glauben, dass derselbe Gott, der uns unsere Sinne, unsere Sprache, unseren Verstand gegeben hat, wünschen könnte, dass wir keinen Gebrauch davon machen [...]. Falls die Evangelisten die Absicht gehabt hätten, das Volk über die Konstellationen und Bewegungen der Himmelskörper zu belehren, hätten sie das Thema nicht so kärglich behandelt."[152] (Ausführlicher in Info 20.)

Im letzten Jahrhundert gehörten Pascual Jordan, A.M. Klaus Müller u.a. zu den Menschen, für die sich Glaube und Naturwissenschaft nicht ausschließen, in neuerer Zeit sind es Hans-Dieter Mutschler, Dieter Hattrup, John Polkinghorne, John Lennox, Peter C. Hägele und viele andere.

Ein Beispiel: Peter C. Hägele ist theoretischer Physiker und überzeugter Christ. Er hält regelmäßig Vorträge zur Vereinbarkeit von Glauben und naturwissenschaftlich geprägtem Denken und hat Etliches aufgeschrieben.[153] Er ist der Auffassung, dass es zwischen christlichem Glauben und naturwissenschaftlichem Den-

---

152 Brief an den Benediktinermönch Benetto Castelli, zitiert in: Dava Sobel: Galileos Tochter. Eine Geschichte von der Wissenschaft, den Sternen und der Liebe. Berlin: Berlin Verlag 1999, S. 78f.
153 Beim Institut für Glaube und Wissenschaft (IGUW) kann man eine ganze Reihe Texte von Hägele frei herunterladen: z.B. Welche Wirklichkeit

ken und Arbeiten keinen Widerspruch gibt. Er sagt: „Mit meinen Vorträgen möchte ich demjenigen Steine aus dem Weg räumen, der glaubt, er könne aufgrund naturwissenschaftlicher Behauptungen nicht an Gott glauben. Da sich der Gott der Bibel in der Natur offenbart, bin ich überzeugt, dass es dort keine Widersprüche gibt." Auf die Frage „Was bedeutet für Sie die Naturwissenschaft?" antwortet er: „Es ist die interessanteste Wissenschaft, in der wir immer wieder neue Erkenntnisse über die Natur erlangen. Als Christ erkenne ich hier die Zuverlässigkeit und Genialität des Schöpfers. Die Naturwissenschaft reizt zu Fragen, die sie nicht beantworten kann, wie zum Beispiel die Herkunft und Konstanz der Naturgesetze. Sie antwortet aber nur auf die Fragen nach dem ‚Wie?', nicht nach dem ‚Warum'? und kann deshalb nie eine Weltanschauung sein." Und auf die Frage: „Wie können Sie Glaube und Naturwissenschaft miteinander vereinbaren?" antwortet er: „Der Glaube, nicht als unsicheres Wissen, sondern als Lebensfundament verstanden, ist das Umfassende, und auf dieser Grundlage betreibe ich Naturwissenschaft. Sie sagt mir, **wie** die Welt funktioniert, der Glaube sagt mir, **wer** Gott ist und **was** er mit der Welt vorhat. (Hervorhebungen nicht im Original)"[154]

Menschen, für die nur die Naturwissenschaft relevant ist

Es gab und gibt allerdings auch viele z.T. recht prominente Wissenschaftler, für die ein Glaube an einen Schöpfergott unverein-

---

kommt den Naturwissenschaften in den Blick?, Sind die Naturwissenschaften atheistisch?, Die moderne Kosmologie und die Feinabstimmung der Naturkonstanten auf Leben hin. Bei www.begruedet-glauben.org gibt es ein Video (Ausschnitt aus einer DVD) mit einem Diskussionsbeitrag von Hägele: „Kann Naturwissenschaft den Beginn des Universums bestimmen?"
154 PUTZ 3/98, S. 13.

bar mit den Ergebnissen der Naturwissenschaft ist, für die es nur *eine* Quelle der Erkenntnis gibt, die Wissenschaften (vgl. Info 19). Der Philosoph Rudolf Carnap[155] (1891 – 1970) z.B. formuliert: „Es gibt keine Frage, deren Beantwortung für die Wissenschaft grundsätzlich unmöglich wäre."[156] Auch für den Biologen Jaques Monod, den Physiker und Biologen Carsten Bresch, die Physiker Paul Davies, Stephen Hawking und Harald Fritzsch führt Weltverstehen nur über die Naturwissenschaft. Wie jeweils bei den genannten Wissenschaftlern ethische Fragen behandelt und woraus sie abgeleitet werden, ist eine lohnende Frage.

Es gab und gibt viele – darunter auch sehr bedeutende Menschen – für die Glauben und das Betreiben von Naturwissenschaft *unvereinbar* sind.

Dazu ein Beispiel: Der 1943 in Zwickau geborene Physiker *Harald Fritzsch*[157] hat eine ganze Reihe populärwissenschaftlicher Bücher geschrieben, die in der Regel viele Auflagen erlebt haben. Auch wenn er überzeugt ist, dass wir „eines nicht allzu fernen Tages"[158] eine geschlossene Theorie der Materie besitzen werden,

---

155 Paul Rudolf Carnap studierte Mathematik. Physik und Philosophie. Er distanzierte sich früh von der Religiosität seiner Eltern, wandte sich dem Naturalismus zu und hatte großen Einfluss auf die Philosophie seiner Zeit.
156 Carnap, Rudolf: Der logische Aufbau der Welt. Hamburg 1998, S. 254.
157 Harald Fritzsch ist theoretischer Physiker. Er hat wichtige Beiträge zum Verständnis von Quarks geliefert.
158 Alle Zitate in diesem Abschnitt stammen aus Harald Fritzsch: Vom Urknall zum Zerfall – Die Welt zwischen Anfang und Ende. München: Piper

wird es nach seiner Überzeugung auf viele Fragen innerhalb dieser Theorie keine Antwort geben, „da sie die überaus wichtigen historischen Aspekte nicht zu berücksichtigen vermag". Das geistige Universum ist eine Schöpfung des Menschen. Um die Frage nach dem Sinn des Daseins zu beantworten, was die Wissenschaft nicht kann, wurde von ihm die Idee Gottes geschaffen. Gott ist für Fritzsch „die Einheit des Universums" der „8. Epoche", in der die Galaxien und das Leben entstanden sind. Er ist wie wir selbst Teil dieser Epoche. Fritzsch schreibt: „In ferner Zukunft wird diese Epoche zu Ende gehen. Dies bedeutet auch das Ende der Welt der Ideen. Das geistige Universum löst sich in Nichts auf." Und damit verschwindet natürlich auch Gott.

Solange das Universum noch besteht, ist es für Fritzsch auch eine Instanz, die verpflichtet: „Nicht nur uns gegenüber haben wir die Pflicht, diese Welt zu erhalten. Das Universum selbst verpflichtet uns dazu."

In dieser Vorstellung wird Gott zu einem Produkt des Menschen. Bevor es Menschen gab, kann es demnach keinen Gott gegeben haben und damit auch keinen Schöpfer. Analog stirbt Gott, sobald es keine Menschen mehr gibt.

Glauben und das Betreiben von Naturwissenschaft müssen sich nicht gegenseitig ausschließen

An Gott, an Christus glauben und mit Überzeugung Naturwissenschaft betreiben, das muss sich nicht gegenseitig ausschließen. Auch wenn viele Fragen im Verhältnis von Religion und Naturwissenschaft offenbleiben, Überzeugungen im Glauben oder im Atheismus haben Wurzeln, die in Bedeutungs- und Sinnfragen sowie eigenen

1988[5] (1. Aufl. 1983, 7. Aufl. 2005).

Erlebnissen begründet sind. Diese sind für Menschen in der Regel ausschlaggebend bei ihrer Entscheidung. Bei Christen kann zu den Gründen für ihren Glauben auch das Staunen über die Komplexität und Vielfalt in der Natur, die Verstehbarkeit von Zusammenhängen in der Welt und über die Feinabstimmung im Universum (vgl. Kap. 5.3 sowie Info 15) gehören. Sie können von ganzem Herzen engagiert Naturwissenschaft betreiben und Gott für seine Werke loben.

Es ist gut, dass das abendländische Denken dazu geführt hat, tolerant zu sein und eine große Bandbreite an Deutungsmöglichkeiten und Überzeugungen zuzulassen. So kann und muss sich jeder selbst auf den Weg machen und ist persönlich herausgefordert, auf die Gottesfrage nach einer Antwort zu suchen.

Bei der Suche können Gespräche hilfreich sein. Auch das eigene Nachdenken, unterstützt durch Literatur, Vorträge oder Predigten ist wichtig. Oft sind es „Schlüsselerlebnisse" oder überzeugende Menschen, die den Zugang zu Antworten eröffnen. Für mich waren Naturwissenschaftler wichtig, die mir schon in der Studienzeit Grenzfragen von Naturwissenschaft und Glaube aufgeschlossen haben. Der Spaß an physikalischen Fragen und Zusammenhängen hat sich durchgehalten und auch das Staunen darüber, dass man damit einen „Zipfel" der Welt verstehen kann. Dass aber Naturwissenschaft nur ein Teilaspekt auf die Wirklichkeit sein kann und Modellcharakter hat, ist für mich eine durchgehende Grundeinsicht. Dann bleibt die Frage, wie überzeugend für mich der Glaube an den dreieinigen Gott ist. Ich kenne Phasen tiefen Glaubens und Phasen des Zweifelns und bin dankbar für Menschen, die mich in den unterschiedlichen Phasen begleitet haben.

ERGÄNZENDE INFORMATIONEN
UND BEISPIELE

EIN APFEL FÄLLT –
MECHANISCHES MODELL

Die Fallbewegung eines Apfels soll physikalisch beschrieben werden (Newtonsche Mechanik). Von diesem in der Wirklichkeit beobachteten Vorgang wird
ein naturwissenschaftliches **Modell** hergestellt. Dazu
braucht man im Apfelbeispiel ein Begriffssystem.

1.

Aus dem Apfel wird ein
Massenpunkt (m).

2.

Aus der Fallbahn wird eine
Strecke
(**d** = AB).

3.

Aus dem Nacheinander der Lage des
fallenden Apfels wird eine
Zeitspanne (t).

Abb. 1.1 *Modellbildung - Mechanik*

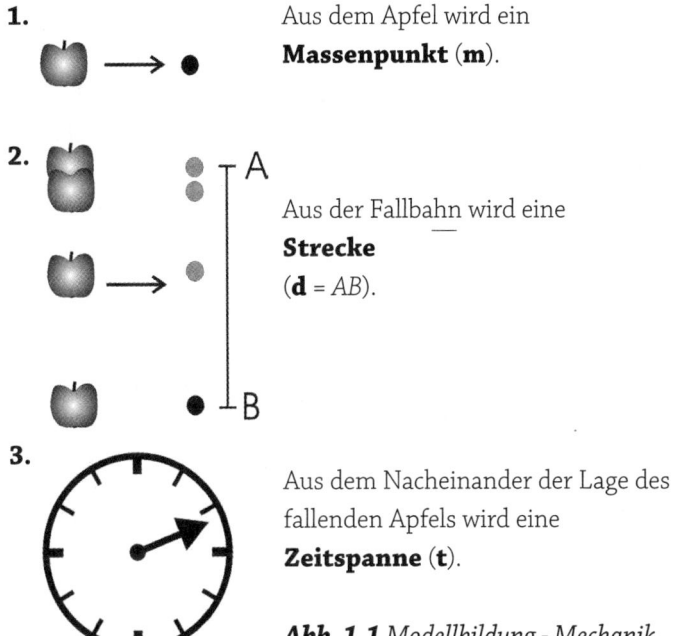

131

Massenpunkt, Strecke und Zeit sind Begriffe, also Vorstellungen, die in unseren Gehirnen existieren. Die Zuordnung zu den direkten Beobachtungen gelingt in der Regel ganz gut. Deshalb wird von vielen der Modellcharakter dieser Begriffe nicht wahrgenommen.

Die oben beschriebene Modellierung des fallenden Apfels hat einen großen Vorteil. Die Größen können gemessen werden, d.h. sie sind quantifizierbar. Sie lassen sich mathematisch verknüpfen, Formeln entstehen. Dadurch werden z.B. Vorhersagen möglich.

Man führt erlaubte mathematische Umformungen in den Formeln durch und nimmt anschließend eine Rückübersetzung vor. Den Größen mit ihren ermittelten Werten können – falls die Modellierung gelungen ist – zum Schluss Beobachtungsergebnisse zugeordnet werden. So lässt sich beispielsweise berechnen, dass der Apfel (war am Anfang in Ruhe) nach einer Sekunde fast fünf Meter gefallen ist ($d \approx 5 \text{ m/s}^2 \cdot t^2 = 5 \text{ m/s}^2 \cdot 1 \text{ s}^2 = 5 \text{ m}$).

Einen fallenden Apfel als Massenpunkt zu beschreiben, ist eine recht grobe Modellierung. Das Modell lässt sich verfeinern. Man könnte durch entsprechende Größen z.B. die Luftreibung und seine Ausdehnung berücksichtigen.

Info 2

MODELLBEGRIFF

1. Modelloriginal und Modell
allgemein

Modelloriginal (O)

ist jeder Gegenstand des Denkens oder der Anschauung, der modelliert werden soll.

Das Modelloriginal wird als System aufgefasst.

Modell (M)

ist ein System, worauf das Modelloriginal abgebildet wird (Analogierelation).

Das Modell kann materiell oder ideell (sprachlich) gegeben sein.

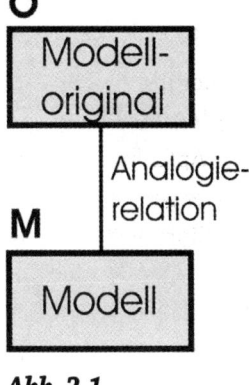

Abb. 2.1

Analogierelation

Zwischen Modelloriginal (O) und Modell (M) besteht eine hergestellte oder festgestellte Ähnlichkeit.

In der Regel sind nicht alle Attribute von O abgebildet (sie sind eventuell nicht alle bekannt) und nicht alle Attribute von M haben eine Entsprechung in O.

Beispiel: fallender Apfel

Modelloriginal (O)

ein vom Baum frei fallender Apfel.

Modell (M)

Newtonsche Mechanik (Zeit-Weg-Ge-
setz, Kraft-Gesetz ...)

Analogierelation

Zwischen dem fallenden Apfel (O) und
den Formeln (M) besteht eine hergestellte Ähnlichkeit. Fragen wie „Nach
welcher Zeitspanne trifft der Apfel am
Boden auf?" lassen sich durch das Modell rechnerisch beantworten und die errechneten Ergebnisse am Original überprüfen.

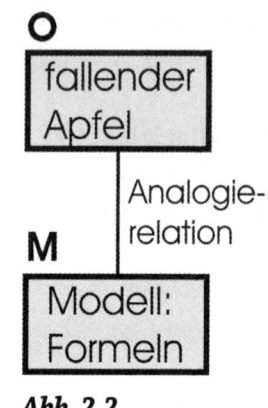

Abb. 2.2

2. Modelloriginal, Modell und Modellsubjekt allgemein

Modelloriginal (O), Modell (M) und Analogierelation wie oben beschrieben.

Modellsubjekt (S)

Person oder Gruppe, die das Modell herstellt bzw. über das Modell
verfügt (Verfügungsrelation).
Modellsubjekt kann auch ein maschinelles informationsverarbeitendes System sein.

Verfügungsrelation

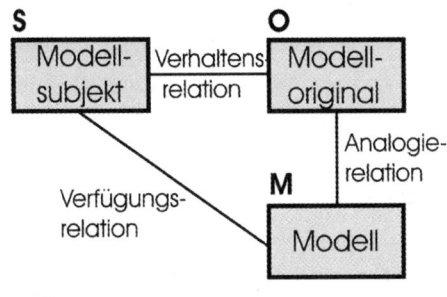

Das Modellsubjekt (S) speichert Informationen im Modell (M). Dazu muss es das Modelloriginal (O) beobachten, sich also ihm gegenüber verhalten.

Abb. 2.3

Verhaltensrelation

Beobachtungen und Messungen am Modelloriginal (O) liefern dem Modellsubjekt (S) Daten, mit deren Hilfe es ein Modell (M) erstellen, verändern oder überprüfen kann.

Beispiel: fallender Apfel

Modelloriginal (O), Modell (M) und Analogierelation wie oben beschrieben.

Modellsubjekt (S)

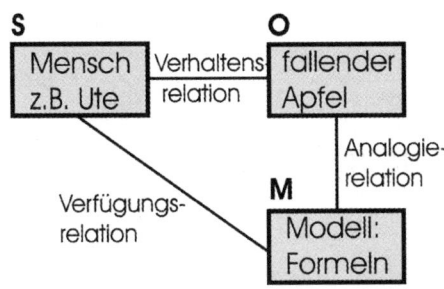

Ute, die die erforderlichen Formeln aus der Newtonschen Mechanik ableitet und damit Berechnungen anstellt.

Abb. 2.4

Verfügungsrelation

Ute (S) speichert Informationen über den Apfel (O), z.B. seine Fall-
höhe und seine Masse im Modell (M) und berechnet damit seine
Fallzeit.

Verhaltensrelation

Ute (S) nimmt Messungen am Apfel und seiner Umgebung (O) vor
und überprüft ihre Rechnungen anhand der beobachteten Lage
und Fallzeit des Apfels.

3. vollständiger Modellbegriff
allgemein – SOMA-Diagramm

Modelloriginal (O), Modell (M), Modellsubjekt (S), Analogie- und
Verhaltensrelation wie oben beschrieben.

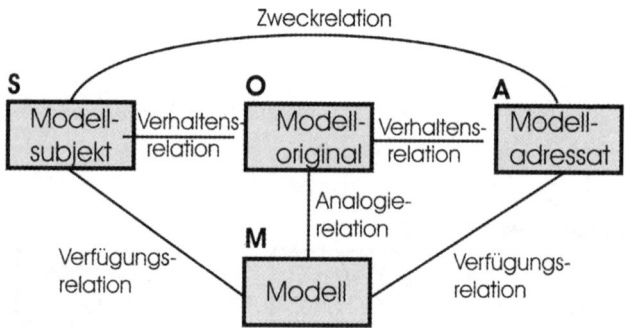

Abb. 2.5

Modelladressat (A)

System, das vom Modellsubjekt (S) mittels des Modells
(M) beeinflusst werden soll – Modelladressat kann eine Person,
eine Gruppe oder ein informationsverarbeitendes System sein.

Zweckrelation

Modelle (M) gibt es nicht an sich. Sie werden für einen bestimmten Zweck hergestellt oder als solche benannt, indem eine Ähnlichkeit zwischen O und M für den geplanten Zweck her- oder fest-
gestellt wird.

Jedes Modell hat einen Autor (Modellsubjekt).

Beispiel (fallender Apfel)

Modelloriginal (O), Modell (M), Modellsubjekt (S), Analogie- und
Verhaltensrelation wie oben beschrieben.

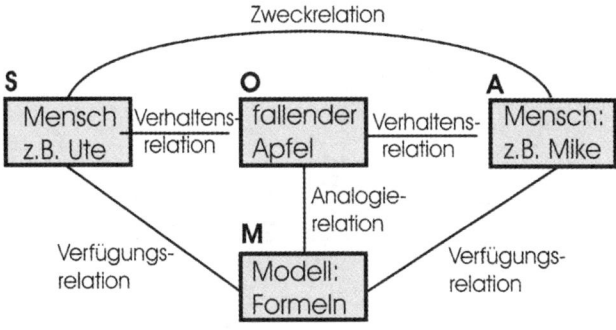

Abb. 2.6

Modelladressat (A)

Mike, der von Ute (S) physikalische Informationen erhalten soll, z.B. über die Berechnung der Fallzeit des Apfels.

Zweckrelation

Ute (S) will Mike (A), der mit physikalischen Formeln aus der Newtonschen Mechanik umgehen kann, über das Modell (M) mitteilen, wie er z.B. die Fallzeit des Apfels berechnen kann.

Genaueres zum Modellbegriff findet man z.B. in: P. C. Hägele: „Ich mache mir ein Modell" – Tragweite des Modellbegriffs in der Physik. In: Glauben und Denken. Jahrbuch der Karl-Heim-Gesellschaft. 10. Jg. 1997. Frankfurt: Peter Lang.

Ergänzungen:

Präparierte Wirklichkeit

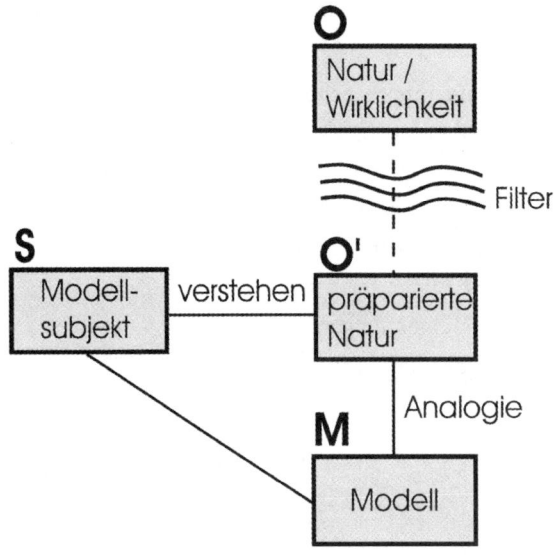

Abb. 2.7 *Modelliert wird nicht die Wirklichkeit selbst, sondern das, was wir durch unsere Beobachtungsinstrumente (Filter) erkennen.*

Modelliert wird nie die Natur, die Wirklichkeit selbst (O), sondern eine „präparierte Natur", eine „präparierte Wirklichkeit" (O'), wie sie uns durch unsere Sinnesorgane und Beobachtungsinstrumente erscheint.

Hierbei spielen auch Vortheorien eine Rolle, also schon bestehende Vorstellungen über die Welt. Diese sind ebenfalls Filter, die sich zwischen uns und der Wirklichkeit befinden (vgl. Abb. 2.7).

Modellbildung – Heinrich Hertz (1857 – 1894)[159]

Der Physiker Heinrich Hertz schreibt: „Das Verfahren aber, dessen wir uns zur Ableitung des Zukünftigen aus dem Vergangenen und damit zur Erlangung der erstrebten Voraussicht stets bedienen, ist dieses:

Wir machen uns innere Schein-bilder oder Symbole der äußeren Gegenstände, und zwar machen wir sie von solcher Art, dass die denknotwendigen Folgen der Bil-der stets wieder Bilder seien von den naturnotwendigen Folgen der abgebildeten Gegenstände.

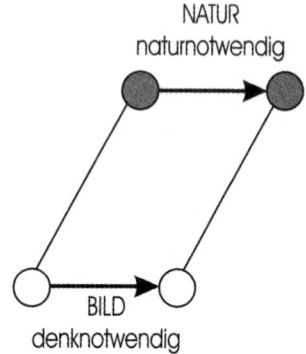

Abb. 2.8

Damit diese Forderung überhaupt erfüllbar sei, müssen gewisse Übereinstimmungen vorhanden sein zwischen der Natur und unserem Geiste. Die Erfahrung lehrt uns, dass die Forderung er-füllbar ist und dass also solche Übereinstimmungen in der Tat be-stehen.

Ist es uns einmal geglückt, aus der angesammelten Erfahrung Bilder von der verlangten Eigenschaft abzuleiten, so können wir an ihnen, wie an Modellen, in kurzer Zeit die Folgen entwickeln, welche in der äußeren Welt erst in längerer Zeit oder als Folge unseres Eingreifens auftreten werden; wir vermögen so den Tat-

---

159 Heinrich Hertz: Die Prinzipien der Mechanik in neuem Zusammenhange dargestellt (1894). Zitiert in: Peter C. Hägele: a.a.O. S. 170.

sachen vorauszueilen und können nach der gewonnenen Einsicht unsere gegenwärtigen Entschlüsse richten.

Die Bilder, von welchen wir reden, sind unsere Vorstellungen von den Dingen; sie haben mit den Dingen die eine wesentliche Übereinstimmung, welche in der Erfüllung der genannten Forderung liegt, aber es ist für ihren Zweck nicht nötig, dass sie irgend eine weitere Übereinstimmung mit den Dingen haben.

In der Tat wissen wir auch nicht und haben auch kein Mittel zu erfahren, ob unsere Vorstellungen von den Dingen mit jenen in irgend etwas anderem übereinstimmen als allein in eben jener einen fundamentalen Beziehung."

Peter C. Hägele kommentiert: „Hier wird überraschend deutlich, dass Modellbildung (Theoriebildung) glücken oder auch nicht glücken kann! Modelle werden vom Modellsubjekt nicht in einem streng logischen Vorgehen deduziert, sondern eher in einem kreativen Prozess erahnt, entworfen und erst dann kritisch mit den Beobachtungsdaten getestet."[160]

---

160 Peter C. Hägele: a.a.O. S. 170f.

Info 3

PARABEL DES BRITISCHEN ASTROPHYSIKERS SIR ARTHUR EDDINGTON (1882 – 1944)

Von dem Physiker Sir Arthur Eddington stammt eine eindrückliche Parabel zum Vorgehen eines Wissenschaftlers. Im Buch von Hans-Peter Dürr ist sie wie folgt abgedruckt:[161]

„Eddington vergleicht in dieser Parabel den Naturwissenschaftler mit einem Ichthyologen, einem Fischkundigen, der das Leben im Meer erforschen will. Dieser wirft dazu sein Netz aus, zieht es an Land und prüft seinen Fang nach der gewohnten Art eines Wissenschaftlers. Nach vielen Fischzügen und gewissenhaften Überprüfungen gelangt er zur Entdeckung von zwei Grundgesetzen der Ichthyologie:

1.   Alle Fische sind größer als fünf Zentimeter.
2.   Alle Fische haben Kiemen.

Er nennt diese Aussagen Grundgesetze, da beide Aussagen sich ohne Ausnahme bei jedem Fang bestätigt hatten. Versuchsweise nimmt er deshalb an, dass beide Aussagen sich auch bei jedem künftigen Fang bestätigen, also wahr bleiben werden.

---

161 Hans-Peter Dürr: Das Netz des Physikers. München, Wien: Hanser 1988, S. 29f. Eddington hat diese Parabel in seinem 1939 erschienen Buch „The Philosophy of Physical Science" aufgeschrieben.

Ein kritischer Betrachter – wir wollen ihn einmal den Metaphy-
siker nennen – ist jedoch mit der Schlussfolgerung des Ichthyologen höchst unzufrieden und wendet energisch ein: ‚Dein zweites
Grundgesetz, dass alle Fische Kiemen haben, lasse ich als Gesetz
gelten, aber dein erstes Grundgesetz, über die Mindestgröße der
Fische, ist gar kein Gesetz. Es gibt im Meer sehr wohl Fische, die
kleiner als fünf Zentimeter sind, aber diese kannst du mit deinem
Netz einfach nicht fangen, da dein Netz eine Maschenweite von
fünf Zentimetern hat!'

Unser Ichthyologe ist aber von diesem Einwand keineswegs
beeindruckt und entgegnet: ‚Was ich mit meinem Netz nicht fangen kann, liegt prinzipiell außerhalb fischkundlichen Wissens, es
bezieht sich auf kein Objekt der Art, wie es in der Ichthyologie als
Objekt definiert ist. Für mich als Ichthyologen gilt: Was ich nicht
fangen kann, ist kein Fisch.'"

Zwei Anmerkungen:
Beide Grundgesetze des Ichthyologen haben einen unterschiedlichen Charakter. Die Maschendichte des Netzes bedingt das erste Grundgesetz, es filtert die untersuchte Wirklichkeit. Entsprechend filtern bei allen wissenschaftlichen Untersuchungen unsere
subjektiven Zugänge, unsere Methoden und Messinstrumente die
Wirklichkeit und präparieren sie. Das zweite Grundgesetz hängt
davon ab, ob es auch in Zukunft bestätigt wird, wovon man nicht
mit Sicherheit ausgehen kann.

Der Philosoph U. Lüke[162] (*1951) hat das Eddington'sche
Fischgleichnis für den Zusammenhang von Wissenschaft und
Religion weitergeführt: „Der Fischer kann die Größe seiner
Netze und deren Maschengröße variieren, er kann die Aus-

---

162 Ulrich Lüke ist Theologe und Biologe. Er beschäftigt sich insbesondere
mit dem Verhältnis von Naturwissenschaft und Glaube.

wurfweite, die Eintauchtiefe, die Zugfestigkeit und so weiter verändern und auf diese Weise immer wieder neue Fänge machen. Er findet Fische, die er zuvor nie zu Gesicht bekommen hat. Und doch ist alles, was er herausfischt, nicht das Meer. Was er herausfischt sind Lebewesen, die indirekt auf das Meer als Bedingung ihrer Existenzmöglichkeit verweisen. Und vielleicht geht ihm dabei auf, dass das auch für ihn selbst gilt."[163]

---

163 B. Kanitscheider/U. Lüke: Streitgespräch über Wissenschaft und Religion. In: Spektrum der Wissenschaft, Juni 2000, S. 82 - 85.

DIE NETZE DER NATURWISSEN-SCHAFTLER[164]

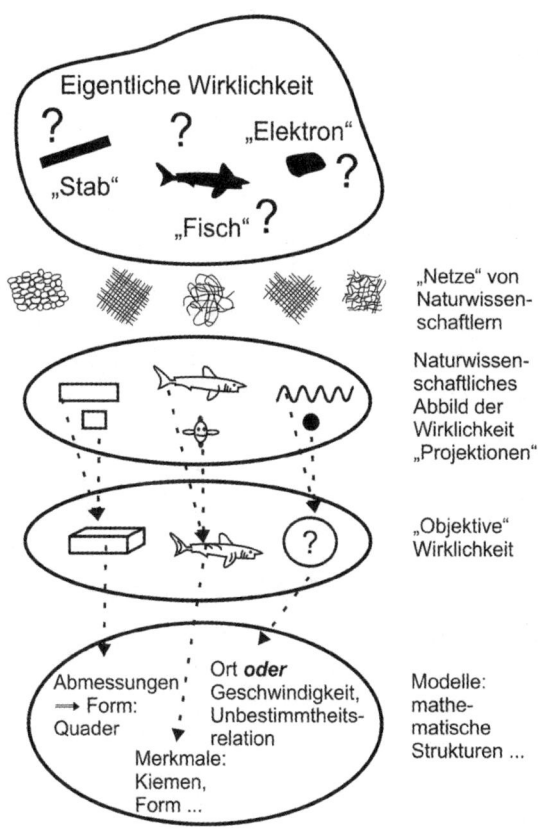

Abb. 4.1 *Beziehung der „naturwissenschaftlichen" zur „eigentlichen" Wirklichkeit*

---

164 In Anlehnung an Hans-Peter Dürr: Das Netz des Physikers. München, Wien: Hanser 1988, S. 34.

Im oben stehenden Bild (Abb. 4.1) wird die Modellbildung in den Naturwissenschaften verdeutlicht. Ganz oben sind Beispiele aus der „eigentlichen Wirklichkeit" eingezeichnet, die modelliert, beschrieben werden sollen: ein „Stab", ein „Fisch" und ein „Elektron". Die Anführungszeichen verdeutlichen, dass man noch nicht weiß, wie man diese Dinge wissenschaftlich beschreiben soll.

Um zu Erkenntnissen über sie zu gelangen, werden unterschiedliche „Netze" benutzt. Das sind angemessene Mess- und Beobachtungsmethoden. Man erhält im Fall des Stabs eine Seiten- und eine Frontansicht (Rechteck und Quadrat) und im Fall des Fisches ebenfalls eine Seiten- und eine Frontansicht. Beim Elektron ist die Lage etwas komplizierter. Man bekommt zwei sich widersprechende Bilder, eine Welle und ein Teilchen.

Beim Stab und beim Fisch lassen sich die zwei gewonnenen Ansichten mühelos zu einem Modell vereinigen, wie in der Abbildung verdeutlicht. Das ist beim Elektron fundamental anders, die beiden Bilder lassen sich nicht vereinigen.

Beim sog. Welle-Teilchen-Dualismus erhält man zwei „komplementäre" Modelle. Die Bilder widersprechen sich, wenn man sie gleichzeitig verwenden sollte. Ein aktueller Widerspruch tritt jedoch nicht auf, da man in einer konkreten experimentellen Situation nie beide Bilder gleichzeitig verwenden muss (vgl. Info 7).

Zum Modellmaterial gehört in allen drei Fällen die Mathematik. Beim Elektron gelingt die Modellierung mithilfe der Heisenberg'schen Unbestimmtheitsrelation und mit Gleichungen, die Wahrscheinlichkeitsaussagen ermöglichen.

Anmerkung:

Die Heisenberg'sche Unbestimmtheitsrelation macht eine Aussage über die Genauigkeit, mit der sog. komplementären Größen Werte zugeordnet werden können. Ein Beispiel: Ort und Geschwindigkeit (genauer Impuls) bilden beim Elektron ein komplementäres Größenpaar. Beide Größen können nicht gleichzeitig beliebig scharfe Werte zeigen. Je enger z.B. der Bereich der Möglichkeiten für die Messgröße Ort wird, desto größer wird der Bereich der Möglichkeiten für die Messgröße Geschwindigkeit. Bei vielen Messungen erhält man in diesem Beispiel immer ähnliche Werte für den Ort, aber recht unterschiedliche für die Geschwindigkeit. Das Produkt der beiden Unbestimmtheiten kann nicht kleiner als eine bekannte Naturkonstante, das sog. „Planck'sche Wirkungsquantum[165]", gemacht werden (vgl. Info 7).

---

165 Das Planck'sche Wirkungsquantum h = 6,626... $\cdot 10^{-34}$ Js ist eine Wirkung, also ein Produkt aus Energie und Zeit.

Info 5

ZUR SPEZIELLEN RELATIVITÄTS-THEORIE

Grundprinzipien

Einstein[166] postulierte folgende Prinzipien:

1. *Relativitätsprinzip:*
   Alle Inertialsysteme (Bezugssysteme, in denen für frei bewegliche Körper das Trägheitsprinzip[167] gilt) sind zur Beschreibung von Naturvorgängen gleichberechtigt.

2. *Konstanz der Lichtgeschwindigkeit:*
   In allen Inertialsystemen hat die Lichtgeschwindigkeit c im Vakuum denselben Wert.
   Es gilt c = 299 792 458 m/s ≈ 300 000 km/s.

---

166 Einstein hat selber ein nicht sehr umfangreiches Buch geschrieben, das beide Relativitätstheorien enthält und in dem er sich „die größte Mühe" gegeben hat, „die Hauptgedanken möglichst deutlich und einfach vorzubringen". Zum Verständnis der Formeln reicht – so Einstein – die Kenntnis der Algebra aus dem Gymnasium. Albert Einstein: Über die Spezielle und Allgemeine Relativitätstheorie. Berlin, Heidelberg: Springer 2012[24]. Hilfreich können auch Physik-Lehrbücher für die Oberstufe sein wie z.B. J. Grehn, J. Krause (Hrsg.): Physik. Metzler.
167 Das Trägheitsprinzip besagt, dass Körper ihren Bewegungszustand, d.h. ihre Geschwindigkeit, nur ändern, wenn eine Kraft auf sie einwirkt. (1. Newtonsches Gesetz)

Aus den Grundprinzipien folgt – bei Relativgeschwindigkeiten in der Nähe der Lichtgeschwindigkeit – gemessen an den Alltagserfahrungen Überraschendes.

Zeitdilatation

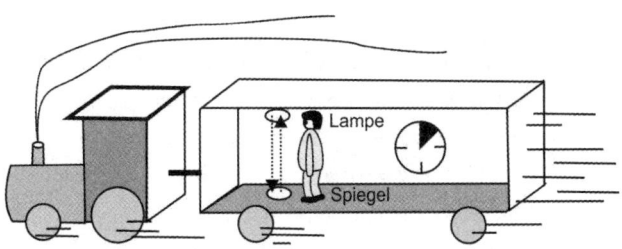

Abb. 5.1 *Hänsel misst die Zeit t*

Zeitmessungen hängen vom Bezugssystem ab. Ein Beobachter Hänsel misst in einem nahezu mit Lichtgeschwindigkeit fahrenden Zug – ein zugegeben seltsamer Zug – die Zeit t, die ein Lichtsignal braucht, um von der Lampe an der Decke des Zugs zu einem Spiegel am Boden und wieder zurück zu kommen (Abb. 5.1).

Abb. 5.2 *Gretel misst die längere Zeit t'*

Eine Beobachterin Gretel am Bahndamm misst auf ihrer Uhr ebenfalls, wie lange (t') das Licht für diesen Vorgang braucht (Abb. 5.2). Vor dem Experiment haben sich beide davon überzeugt, dass ihre Uhren gleich laufen (d.h. synchron sind und zur gleichen Zeit gestartet wurden).

Ein Vergleich der Uhren zeigt, dass Gretels Zeit t' sehr viel größer ist als Hänsels Zeit t. Das lässt sich einsehen, wenn man voraussetzt, dass die Lichtgeschwindigkeit in beiden Bezugssystemen gleich ist. In Hänsels System (fahrender Zug) legt das Signal einen sehr viel kürzeren Weg zurück als in Gretels System (Bahndamm). Bei unveränderlicher Lichtgeschwindigkeit und längerem Weg muss deshalb Gretel auch eine längere Zeit messen.

Dies kann auch in Experimenten nachgewiesen werden. Ein Beispiel: Eine bestimmte Elementarteilchensorte (Myonen) entsteht durch die kosmische Strahlung in 12 bis 13 km Höhe. Die Teilchen haben eine sehr kurze Lebensdauer (2,2 µs = 0, 000 002 2 s). Selbst wenn sie sich mit Lichtgeschwindigkeit bewegen würden, kämen sie in dieser Zeit nur ca. 0,7 km weit. Trotzdem kann man sie auf der Erde gut nachweisen. Von der Erde aus betrachtet leben sie ja sehr viel länger (Zeitdehnung) und können deshalb mühelos die Distanz überwinden.

Weitere Folgerungen ohne Begründung

Längenkontraktion

Längenmessungen hängen vom Bezugssystem ab. Für ein sich auf die Erde zubewegendes Myon ist der Abstand zur Erde geringer als für den Beobachter im Labor.

Massenzunahme

Die Größe einer Masse hängt vom Bezugssystem ab. Hänsel bestimmt im Zug seine sog. Ruhmasse. Gretel muss dem vorbeifahrenden Hänsel eine größere Masse als die Ruhmasse zuordnen.

Gleichzeitigkeit

Ereignisse, die in einem System gleichzeitig stattfinden, sind in einem relativ dazu bewegten System nicht gleichzeitig.

Einstein erkannte, dass der Begriff Gleichzeitigkeit einer eigenen Definition bedarf. Zwei Lichtblitze an unterschiedlichen Orten A und B sind in einem System dann gleichzeitig gezündet worden, wenn ein Beobachter in der Mitte der zugehörigen Strecke die bei ihm einlaufenden Blitze zum gleichen Zeitpunkt sieht.

Zwei Ereignisse, die in einem System gleichzeitig sind, werden in einem relativ dazu bewegten System als aufeinander folgend registriert. Wenn also z.B. zwei Blitze für Gretel gleichzeitig niedergegangen sind, so sieht Hänsel sie nacheinander.

Äquivalenz von Masse und Energie

Einsteins wohl berühmteste Formel lautet $E = mc^2$. Energie und Masse sind äquivalent. Ist m_0 die Ruhmasse eines Körpers, so muss dem Körper, wenn er in Ruhe ist, die Energie $E = m_0c^2$ zugeordnet werden. Ist er jedoch in Bewegung, so hat er nicht nur eine größere Energie, sondern auch eine größere Masse. Jede Energie wiegt und ist träge, wie man dies schon von Ruhmassen kennt.

Zu einer relativ kleinen Masse gehört eine sehr große Gesamtenergie. Zu einer 100g-Tafel Schokolade (Ruhmasse) gehört z.B. eine Energie von etwa 10^{16} J (= 10 PJ = 10 Billiarden Joule[168]), das ist die Energie, die im inzwischen abgeschalteten Atomkraftwerk Biblis B bei Volllast in etwa 90 Tagen erzeugt wurde. Aller-

---

168 PJ: Peta-Joule.

dings wird in Systemen, die Kernkraft nutzen, nur ein sehr kleiner Teil fester Materie in Strahlung umgewandelt und so nutzbar gemacht. Und es kommt noch hinzu, dass eine Umwandlung der in einem Körper vorhandenen Gesamtenergie in Nutzenergie nur in Sonderfällen möglich ist. *Ein Beispiel:* Stoßen ein Elementarteilchen und das zugehörige Antiteilchen (z.B. ein Elektron und Positron[169]) zusammen, so können sie sich in Strahlung umwandeln (γ-Strahlung[170]).

Raum-Zeit

In der Newtonschen Physik ist beispielsweise die Länge eines Stabes, der sich in einem fahrenden Zug befindet, unabhängig davon, ob man sie im fahrenden Zug (Hänsel) misst oder vom Bahnsteig aus (Gretel). Solche Größen heißen Invarianten. Auch in der Speziellen Relativitätstheorie gibt es Invarianten. Dass die Zeit keine Invariante mehr ist, wurde oben begründet. Entsprechendes gilt für Längen und Energien. Es gibt aber jetzt andere Invarianten. Ein Beispiel ist die Raum-Zeit. Raum und Zeit verschmelzen zu einer Einheit. Zu den drei Ortskoordinaten eines Punktes im Raum kommt als vierte Koordinate die Zeit hinzu. Der Abstand zweier Ereignisse (ihre „Länge") ist im vierdimensionalen Raum-Zeit-Koordinatensystem eine Konstante, also unabhängig vom Koordinatensystem (genauer vom gewählten Inertialsystem). Dies ist eine im normalen Alltag sehr ungewohnte Einsicht. Wer – außer Naturwissenschaftlern – hat schon mit Objekten zu tun, die sich mit nahezu Lichtgeschwindigkeit bewegen?

---

169 Positronen habe die gleiche Ruhmasse wie Elektronen aber die entgegengesetzte elektrische Ladung, d.h. sie sind positiv geladen.
170 γ-Strahlung ist wie sichtbares Licht eine elektromagnetische Strahlung, aber mit einer sehr viel kürzeren Wellenlänge und deshalb nicht sichtbar. Sie ist auch energiereicher als sichtbares Licht.

Info 6

ZUR ALLGEMEINEN RELATIVITÄTS- THEORIE

Äquivalenzprinzip

Zu den Grundlagen der Allgemeinen Relativitätstheorie gehört das *Äquivalenzprinzip:* Es macht – physikalisch betrachtet – keinen Unterschied, ob man sich in einem Raumschiff befindet, das noch auf der Erde ruht, oder einem, das sich „weit weg von der Erde" mit der „richtigen Beschleunigung" bewegt (Abb. 6.1). „Weit weg von der Erde" heißt weit weg von großen Massen; und „richtige Beschleunigung" heißt, dass die Geschwindigkeit des Raumschiffs in jeder Sekunde etwa 10 m/s zunimmt („gleichmäßige Beschleunigung").

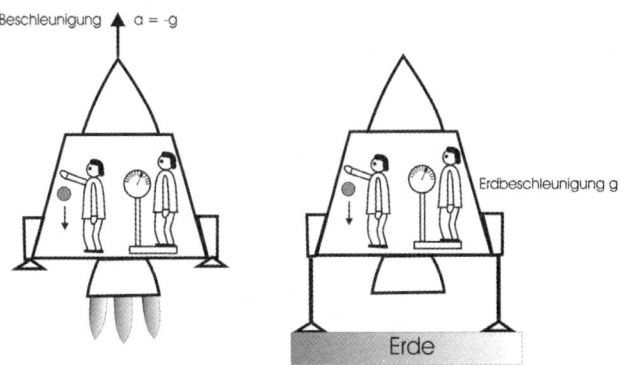

Abb. 6.1 *Raumfahrer in einer Rakete, die keinen Blick nach außen gestattet und sich mit der Beschleunigung a = -g im Weltraum bewegt (links) bzw. auf der Erde ruht (rechts).*
In beiden Raketen ist das Gewicht der Raumfahrer gleich groß und eine Kugel fällt gleich schnell zu Boden.

Allgemein: Die Vorgänge in einem homogenen Gravitationsfeld und einem gleichmäßig beschleunigten Bezugssystem sind äquivalent. Sie lassen sich durch physikalische Messungen nicht unterscheiden.[171]

Falls es für Raumfahrer keine Möglichkeit gibt, ihre Außenwelt wahrzunehmen, können sie in ihrer Rakete nicht unterscheiden, ob sie sich noch auf der Erde befinden oder sich schon im Weltraum mit einer Beschleunigung a nach oben bewegen, die so groß wie die Erdbeschleunigung g ist.[172] Eine Kugel fällt in beiden Raketen gleich schnell, d.h. mit gleicher Beschleunigung zu Boden, eine Waage zeigt in beiden Raketen für die Raumfahrer das gleiche Gewicht an.

Raumfahrer, die sich weit weg von der Erde in einem nicht beschleunigten Raumschiff aufhalten, sind schwerelos. Aber auch Personen, die in einer Kapsel frei auf die Erde zu fallen, sind schwerelos. In einer geschlossenen Kapsel kann also nicht entschieden werden, ob die Kapsel frei fällt oder sich weit weg von der Erde ohne Antrieb bewegt.

Relativ zur frei fallenden Kapsel misst man keine Schwerkraft, relativ zur Erde muss man die Schwerkraft in Rechnung stellen. Das Auftreten von Schwerkräften hängt damit von der Wahl des Bezugssystems ab.[173]

---

171 Massen ziehen sich gegenseitig an. Das nennt man Gravitation. Homogen ist ein Feld, wenn es an allen Stellen des betrachteten Bereichs gleich groß ist und die gleiche Richtung hat. Gleichmäßig beschleunigt ist ein Körper, wenn sich seine Geschwindigkeit proportional zur Zeit vergrößert, wenn sie z.B. in jeder Sekunde um 10 m/s = 36 km/Stunde zunimmt.

172 Lässt man einen Körper oberhalb der Erdoberfläche fallen, so bewegt er sich mit zunehmender Geschwindigkeit nach unten. Die zugehörige Beschleunigung ist die Erdbeschleunigung g. Sie ändert sich ein wenig mit dem Standort. Bei uns (Deutschland) beträgt sie $9{,}81 \text{ m/s}^2$, das ist eine Zunahme der Geschwindigkeit, die in jeder Sekunde 9,81 m/s beträgt .

173 Kräfte, die man durch die geeignete Wahl eines Bezugssystems beseitigen kann, heißen „Scheinkräfte". Weitere Beispiele für Scheinkräfte sind Flieh-

Gekrümmte Räume

In der Allgemeinen Relativitätstheorie wird die Gravitation als geometrische Eigenschaft des Raums gedeutet. In der Nähe großer Massen ist die vierdimensionale Raum-Zeit[174] stark gekrümmt. Deshalb wird z.B. ein Lichtstrahl, der sich nahe an der Sonne vorbeibewegt, abgelenkt.

Was in der Newtonschen Physik durch Anziehungskräfte zwischen Massen erklärt wird (hier zwischen Sonne und Lichtquanten), beschreibt die Allgemeine Relativitätstheorie als Wirkung der gekrümmten Raum-Zeit (vgl. Abb. 6.2). Streng genommen werden die Lichtstrahlen nicht abgelenkt, sie laufen auf den geradestmöglichen Linien. Diese haben aber im gekrümmten Raum eine andere „Form".

Die Ablenkung von Licht an der Sonne konnte erstmalig am 19. Mai 1919 bei einer totalen Sonnenfinsternis in der von Einstein mit den Formeln aus der Allgemeinen Relativitätstheorie berechneten Größe nachgewiesen werden.[175]

Gekrümmte Räume kann man nicht zeichnen, wohl aber vielleicht manches durch Analogien verdeutlichen:

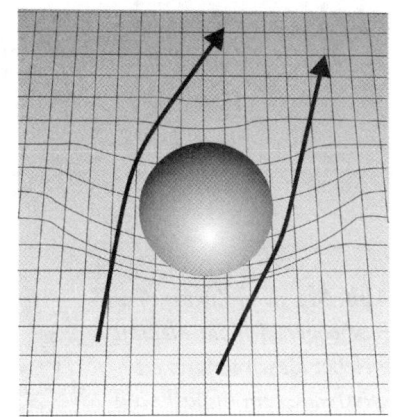

Abb. 6.2 *Lichtstrahlen in der Nähe eines Sterns mit einer großen Masse sind gekrümmt.*

kräfte, wie sie z.B. in einem Auto auftreten, das um die Kurve fährt.
174 Zum Begriff Raum-Zeit vgl. Info 5.
175 Zwei Teams aus England – koordiniert von Eddington – machten auf der Insel Principe (im Golf von Guinea) und in Sobral (im Norden von Brasilien) Fotos von der verfinsterten Sonne.

Zwei Körper A und B, die sich mit gleich großer konstanter Geschwindigkeit in einer Ebene parallel bewegen, bleiben auf parallelen Geraden (Abb. 6.3).

Zwei Gegenstände dagegen, die auf einer Kugeloberfläche am Äquator senkrecht zu diesem mit gleich großer konstanter Geschwindigkeit starten, treffen sich entweder am Süd- oder am Nordpol (Abb. 6.4). Von außen betrachtet, bewegen sie sich ja auf zwei Großkreisen (Geodäten), die zwei Schnittpunkte an den beiden Polen besitzen.

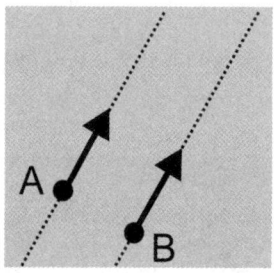

Abb. 6.3 *Zwei Körper A und B bewegen sich parallel mit gleicher Geschwindigkeit in einer Ebene*

Abb. 6.4 *Zwei Körper A und B bewegen sich parallel mit gleicher Geschwindigkeit senkrecht zum Äquator auf der Erdoberfläche in Richtung Norden. Sie treffen sich im Nordpol.*

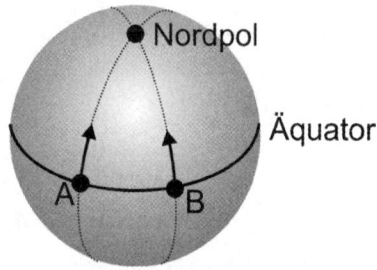

Mit diesem Beispiel – Übergang von einer Ebene zu einer Kugeloberfläche – soll ein wenig verdeutlicht werden, dass sich die Geometrie in einem gekrümmten Raum verändert. So ist z.B. die Winkelsumme im eingezeichneten Dreieck A,B,Nordpol (Abb. 6.4)

größer als 180°. In einer Ebene beträgt die Winkelsumme in einem Dreieck immer 180°.

Zeitmessungen

Zeitmessungen hängen von der Krümmung der Raum-Zeit ab. In der Nähe großer Massen gehen Uhren langsamer. Dies macht sich z.B. schon in Höhen von ca. 20 000 km oberhalb der Erdoberfläche bei den Uhren der zur GPS-Positionsbestimmung[176] eingesetzten Satelliten bemerkbar. Die Uhren in den Satelliten gehen schneller als baugleiche auf der Erde. Der Effekt muss durch geeignete Maßnahmen[177] korrigiert werden.

Gravitationswellen

Verformungen der Raum-Zeit breiten sich mit endlicher Geschwindigkeit aus. Bei der Kollision von z.B. zwei schwarzen Löchern wird die Raum-Zeit für eine gewisse Zeit stark verformt. Dabei entsteht eine „Gravitationswelle". Solch eine Welle wurde von Einstein vorhergesagt. Erst Anfang 2016 gab das LIGO-Observatorium[178] den Nachweis solch einer Welle bekannt.

---

176 GPS: Global Positioning System – globales Navigationssatellitensystem zur Positionsbestimmung und Zeitmessung. Neben der Höhendifferenz spielt auch die große Relativgeschwindigkeit der dafür eingesetzten Satelliten zur Erde eine Rolle. Deshalb muss streng genommen auch die Spezielle Relativitätstheorie berücksichtigt werden. Dieser Effekt ist aber sehr viel geringer.
177 Die Satellitenuhren werden auf eine Frequenz von 10,229999995433 MHz eingestellt, man rechnet aber so, als ob sie auf 10,23 MHz eingestellt wären.
178 Laser Interferometer Gravitational-Wave Observatory (Laser-Interferometer).

ZUR QUANTENTHEORIE

Licht – Welle oder Teilchen?

Licht zeigt Wellencharakter.

Wer eine CD oder DVD mit der nicht beschrifteten Seite ins Tageslicht oder unter eine Lampe hält, kann wunderschöne Farbspiele beobachten. Je nach Stellung des Datenträgers sieht man unterschiedlichste Muster, eingefärbt mit der ganzen Palette der Spektralfarben oder mit einzelnen Farben. Das weiße Licht der Lichtquelle wird in seine Farben zerlegt. Das geht nur, weil Licht Wellencharakter[179] zeigt.

Wellen können sich überlagern und dabei verstärken oder auch auslöschen. Direkt beobachten kann man diesen Vorgang z.B. bei schwimmenden Enten in einem Teich – am besten mit glatter Oberfläche. Die Kreiswellen im Wasser breiten sich aus und laufen übereinander weg. Dabei können sie sich auslöschen, wenn gerade ein Wellenberg über ein Wellental gerät oder verstärken, wenn ein Wellenberg auf einen anderen Wellenberg trifft. Es gibt allerdings einen wichtigen Unterschied zu Lichtwellen: Wasserwellen haben einen Träger, Lichtwellen nicht.

Licht zeigt Teilchencharakter.

Lichtschranken sind eine beliebte Technik, mit der z.B. das Schließen einer Tür im Fahrstuhl geregelt werden kann. Dabei trifft Licht auf eine Fotozelle, das ist ein lichtempfindlicher Halbleiter.

---

179 Es handelt sich bei Licht um elektromagnetische Wellen.

Die zugeschaltete Elektronik reagiert auf die Unterschiede „Fotozelle beleuchtet", „Fotozelle nicht beleuchtet". Die Fotozelle kann nur auf ganz bestimmte Energiepakete reagieren, die auf einmal bei ihr auftreffen. Hier zeigt sich Licht quasi als Teilchenstrom („korpuskular"), bei dem die Teilchen je nach Farbe des Lichts unterschiedliche Energiemengen transportieren.

Was also ist Licht? Welle oder Teilchen?

Diese Frage kann so nicht beantwortet werden.

Es ist ja nicht bekannt, ob vor dem Auftreffen auf den Halbleiter (Fotozelle) schon ein Teilchenstrom bestand und vor dem Auftreffen auf das Gitter (CD bzw. DVD) schon Lichtwellen vorhanden waren.

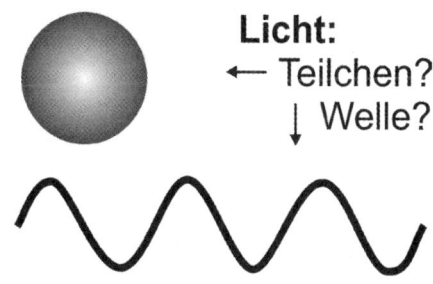

Abb. 7.1 *Welle-Teilchen-Dualismus*

Wie bei Licht findet man solch eine „Doppelnatur" auch bei Elektronen und allen Elementarteilchen. Genau genommen kann man auch nicht von einer Doppelnatur sprechen. Licht und Elektronen sind etwas sehr Unanschauliches, was sich als Welle oder Teilchen äußern kann.

Die Naturwissenschaftler haben gelernt, mit dem Problem umzugehen. Die zugehörige Theorie heißt Quantentheorie.

Hinweise zur Quantentheorie

Komplementarität

Es gibt unterschiedliche Deutungen des oben beschriebenen Phänomens. Eine bedeutende Rolle spielt die sog. Kopenhagener Deutung der Quantentheorie. Niels Bohr[180] (1885 – 1962) hat den Begriff Komplementarität in die Debatte eingeführt. Er meint damit sowohl Zusammengehörendes, Sich-Ergänzendes als auch Sich-Ausschließendes. In einem Rundfunkvortrag, den er am 1. 4. 1949 für dänische und norwegische Schüler hielt, verdeutlicht er diesen Begriff wie folgt:

„Einige von euch haben vielleicht schon einmal von den überraschenden Schwierigkeiten gehört, die uns die Frage nach der Natur der Elektronen gestellt hat. Auf der einen Seite müssen wir ja das Elektron als ein Teilchen ansehen, da Messungen der Masse und der elektrischen Ladung eines Elektrons immer dasselbe Resultat ergeben. Auf der anderen Seite ist man bei der Beschreibung anderer Eigenschaften der Elektronen darauf angewiesen, Wellenbilder zu gebrauchen, die denen gleichen, die sich für die Beschreibung der Fortpflanzung des Lichts als unentbehrlich erwiesen haben. Überraschungen derselben Art sind uns auch bei der Frage nach der Natur des Lichts begegnet, in dem die Wellenbilder ganz unzureichend sind, um Gesetze zu erklären, die für die Weise gelten, in der die Atome Lichtenergie aufnehmen und aussenden, und für deren Deutung man zu einer Beschreibung des Lichts hat greifen müssen, in der es als zusammengesetzt aus einzelnen Lichtquanten oder Photonen mit Teilchencharakter aufgefasst wird.

---

180 Niels Henrik David Bohr war ein dänischer Physiker, der entscheidende Beiträge zur Atomphysik eingebracht hat. Vom Unterricht in der Schule ist vermutlich das Bohr'sche Atommodell vertraut.

Eine solche Situation, die bisher in der Physik ganz unbekannt war, musste ja anfänglich völlig verwirrend wirken, aber mit der Zeit sah man ein, dass man die einander widersprechenden Bilder niemals braucht, um ein und dasselbe Phänomen zu beschreiben, sondern nur, um von Erfahrungen Rechenschaft zu geben, die unter verschiedenen einander gegenseitig ausschließenden Versuchsbedingungen gewonnen waren. Solche Erfahrungen stehen deshalb zueinander in einem Verhältnis, das man als komplementär bezeichnet, um zu unterstreichen, dass sie, obwohl sie nicht in einem einzigen anschaulichen Bild vereinigt werden können, je für sich gleich wichtigen Seiten der Gesamtheit der Informationen, die überhaupt gewonnen werden können, Ausdruck geben."[181]

Inkompatible Eigenschaften

In *klassischen Systemen* haben alle Eigenschaften eines physikalischen Systems wie Ort und Geschwindigkeit (bzw. Impuls – das ist das Produkt von Masse und Geschwindigkeit) zu jedem Zeitpunkt einen genauen Wert unabhängig davon, ob die Werte gemessen werden oder nicht.

Das ist bei *quantenmechanischen Systemen* wie Elektronen oder Photonen („Lichtteilchen") anders. Es ist z.B. kein Zustand eines Elektrons möglich, in dem sowohl der Ort als auch die Geschwindigkeit einen genauen Wert einnehmen können. Die Messung einer der beiden „Observablen" (Eigenschaften von Quantensystemen werden Observable genannt) beeinflusst die möglichen Messergebnisse für die zweite Observable. Wird z.B. der Ort eines Elektrons genau bestimmt, so können bei der Geschwindigkeitsmessung (bzw. der damit verbundenen Impulsmessung) nur Wahrscheinlichkeiten angegeben werden für Werte, die man

---

181 Niels Bohr zitiert in Günter Howe: Zu den Äußerungen von Niels Bohr über religiöse Fragen. In Kerygma und Dogma 4 (1958), S. 25.

aufgrund von Rechnungen erwarten kann. Die Ungenauigkeit für die Geschwindigkeitsmessung hat nichts mit der Möglichkeit zu tun, im Experiment aus technischen Gründen zu genauen Ergebnissen zu kommen. Ort und Geschwindigkeit sind inkompatible Größen, von denen prinzipiell nie gleichzeitig genaue Werte bestimmt werden können. Es gibt weitere inkompatible Größenpaare. Für alle diese Größenpaare gilt die Heisenberg'sche Unbestimmtheitsrelation[182], in der Obergrenzen für die Genauigkeit von zwei inkompatiblen Größen festgelegt sind. Das Produkt von zwei zugehörigen Ungenauigkeiten kann eine bestimmte Grenze nicht unterschreiten. So gilt z.B. für das Observablenpaar Ort (s) und Impuls (p) bzw. deren Unschärfen Δs (Ortsunschärfe) und Δp (Impulsunschärfe): $\Delta s \cdot \Delta p \geq h/4\pi$, wobei h das Planck'sche Wirkungsquantum[183] ist.

Rolle des Messprozesses

In der Quantenphysik wird der Zustand eines Systems durch abstrakte Zustandsgrößen beschrieben. Aus diesen ergibt sich, mit welcher Wahrscheinlichkeit bestimmte Eigenschaften, die beobachtet werden sollen, bestimmte Werte einnehmen. Das Geschehen ist – innerhalb der durch die Zusammenhänge festgelegten Werte – dem Spiel des Zufalls überlassen. Erst durch die Messung, also das eingesetzte Messgerät, entsteht aus den Möglichkeiten etwas Objektives. Das Messgerät wird damit in gewisser Weise Teil des Systems. Dies ist gegenüber der Newtonschen Mechanik, in

---

182 Häufig wird auch der Name „Heisenberg'sche Unschärferelation" benutzt. Dieser Ausdruck kann zu Missverständnissen führen, da ja nicht die Messungen unscharf sind, sondern die zu messenden Größen eine Unbestimmtheit haben. Jürgen Audretsch hat deshalb den Begriff „Heisenberg'sche Unbestimmtheitsrelation" eingeführt (Jürgen Audretsch: Die sonderbare Welt der Quanten. Eine Einführung. München: C.H.Beck 2008, S. 76).
183 Das Planck'sche Wirkungsquantum h = 6,626... $\cdot 10^{-34}$ Js ist eine Wirkung, also ein Produkt aus Energie und Zeit.

der ein Messgerät das System nicht bzw. kaum beeinflusst, etwas völlig Neues. In der Quantenmechanik bestimmt die Messung den beobachteten Zustand des Systems. Vor einer Messung befindet sich das System in einem Zustand, in dem es z.B. weder für den Ort noch für die Geschwindigkeit einen festen Wert hat. Der Eingriff hat auch zur Folge, dass nicht alle möglichen Eigenschaften des Systems gleichzeitig einen genauen Wert einnehmen können. Die Eigenschaften stehen – wie oben erläutert – in einem „komplementären" Verhältnis zueinander.

Schärfer noch: Es stellt sich die Frage, ob einem System überhaupt Eigenschaften zugeschrieben werden können, solange diese nicht gemessen werden. Wirklichkeit präsentiert sich in der Quantenwelt als Möglichkeit, als Potenzialität. Archibald Wheeler (1911 – 2008) formuliert: „Kein elementares Phänomen ist ein Phänomen, bevor es ein registriertes (beobachtetes) Phänomen ist. [...] Im weiteren Sinn müssen wir davon ausgehen, dass die Natur auf Quantenniveau keine Maschine ist, die unerbittlich ihren Weg geht. Stattdessen hängt es von der Frage ab, vom Experiment, das wir auswählen, welche Antwort wir bekommen. Wir sind unausweichlich in den Prozess mit eingebunden, der ein Ereignis hervorbringt."[184] Abweichend davon ist Jürgen Audretsch[185] (1942 – 2018) der Meinung, dass „von einer Einführung des Sub-

184 John Archibald Wheeler (amerkanischer theoretischer Physiker): Law whithout Law. In Quantum Theory and Mesurement. Princeton Univ. Press 1983, S. 184f, eigene Übersetzung.
Wörtlich: „No elementary phenomenon is a phenomenon until it is a registered (observed) phenomenon. [...] In broader terms, we find that nature at the quantum level is not a machine that goes its inexorable way. Instead what answer we get depends on the question we put, the experiment we arrange, the registering device we choose. We are inescapably involved in bringing about that which appears to be happening."
185 Jürgen Audretsch war theoretischer Physiker. Er hat sich intensiv mit Grenzfragen beschäftigt und dazu populärwissenschaftliche Bücher geschrieben.

jekts in die Naturwissenschaft durch die Quantentheorie keine Rede sein"[186] kann. Er begründet dies damit, dass das Messinstrument in der Quantenwelt eine besondere Rolle spielt, nicht der Beobachter. Das Messinstrument gibt eine von mehreren Messmöglichkeiten vor und seine Anzeige ist zweifellos objektiv.

Wahrscheinlichkeiten

In der Quantenphysik können mithilfe der sog. Schrödingergleichung Berechnungen angestellt werden. Man kann damit beispielsweise im Wasserstoffatom berechnen, wo das zugehörige Elektron sich aufhalten kann und welche Energie es dann hat. Die Gleichung selbst liefert nur eine sog. Wellenfunktion. Erst deren Betragsquadrat ist physikalisch von Bedeutung. Mögliche Lösungen geben Wahrscheinlichkeiten an, mit denen – um im Beispiel zu bleiben – im Wasserstoffatom das Elektron an bestimmten Orten zu finden ist. Das bedeutet, dass an die Stelle von sicheren Voraussagen (determiniertes Verhalten) Wahrscheinlichkeitsaussagen (statistisches Verhalten) treten.[187]

Gebilde wie eine Eisenkugel, die aus sehr vielen Atomen bestehen, können nach wie vor klassisch beschrieben werden, also z.B. mithilfe der Newtonschen Mechanik.[188]

Es gibt weitere erstaunliche Folgen und Phänomene bei quantenmechanischen Systemen, wie z.B. die Verschränkung von Systemen oder die nicht vorhandene Individualität solcher Systeme, die hier nicht weiter erläutert werden können.[189]

---

186 Jürgen Audretsch: a.a.O. S. 65.
187 Eine kleine Anzahl von Physikern ist der Meinung, dass jede der berechneten Möglichkeiten irgendwo, d.h. in einer für uns nicht zugänglichen Welt auch wirklich eintritt (Viel-Welten-Theorie).
188 Gesetz der großen Zahl: Viel gleichartiger Zufall führt zu voraussagebaren Ergebnissen – vgl. Info 11.
189 Genaueres findet man z.B. in den folgenden Büchern:
Jürgen Audretsch/Michael Esfeld: Einführung in die Naturphilosophie.

Darmstadt: WBG 2011[2].
Jürgen Audretsch: Die sonderbare Welt der Quanten. Eine Einführung. München: Verlag C.H. Beck 2008.
Claus Kiefer: Der Quantenkosmos. Von der zeitlosen Welt zum expandierenden Universum. Frankfurt aM: S. Fischer 2009[3].
C. Friebe et al: Philosophie der Quantenmechanik. Berlin, Heidelberg: Springer-Verlag 2015.
J. Kübelbeck, R. Müller: Die Wesenszüge der Quantenphysik.: Modelle, Bilder, Experimente. Köln: Aulis Verlag Deubner 2007.

Info 8

ZUR CHAOSTHEORIE

Während man im Alltag in der Regel davon ausgehen kann, dass zwei Messer, die von einem Teller aus auf den Boden fallen, dort in unmittelbarer Nähe zu finden sind, kann bei chaotischen Systemen nicht mehr erwartet werden, dass ähnliche Anfangsbedingungen zu ähnlichen Ergebnissen führen. Beispiele sind das Wettergeschehen und ein Flipperautomat.

Es gibt zwei Arten von *Kausalität*:

starke Kausalität: Ähnliche Ursachen haben ähnliche Wirkungen.

schwache Kausalität: Gleiche Ursachen haben gleiche Wirkung.
Aber ähnliche Ursachen können zu ganz unterschiedlichen Wirkungen führen. $\Rightarrow$ chaotische Systeme.

Chaotische Systeme haben eine Reihe erstaunlicher Eigenschaften:

1. **Chaos:** Unregelmäßiges und unvorhersagbares Verhalten tritt trotz deterministischer Naturgesetze auf.

2. **Ordnung und**   Muster und Ordnungen entstehen in
   Struktur: offenen Systemen fern ab vom
                          thermodynamischen Gleichgewicht.[190]

3. **Selbstähnlichkeit**: Es bilden sich gleichartige Muster,
                          die in verschiedenen Größen
                          ineinandergeschachtelt vorkommen.

Zu 1 Vorhersagen können unmöglich werden

Ein Beispiel findet man in der Populationsdynamik, also der langfristigen Entwicklung von Populationen[191] bestimmter Lebewesen. Je nach den eingehenden Parametern (Sterbe- und Geburten-
rate) ist die Population langfristig stabil, folgt einem bestimmten
Rhythmus oder es lässt sich gar keine Prognose mehr erstellen.
Trotz deterministischer Gleichungen, die solche Abläufe beschreiben, haben wir dann „zufällige" Erscheinungen.

Der Mathematiker Henri Poincaré (1854 – 1912) erkannte
schon 1889, dass winzige Störungen bei Himmelskörpern sich gelegentlich resonanzartig aufschaukeln könnten und dadurch die
Bahnen der Himmelskörper drastisch verändern würden. Himmelskörper üben über die Massenanziehung Wirkungen aufeinander aus. Der Gedanke, das Sonnensystem würde darüber zerfallen,
war für ihn jedoch unerträglich: „Diese Dinge sind so bizarr, dass
ich es nicht aushalte, darüber nachzudenken."[192]

---

190 Ein System ist im thermodynamischen Gleichgewicht, wenn in ihm kein
Wärmefluss stattfindet, die Temperatur also überall gleich ist, keine Energie
ausgetauscht wird und es auch keine chemischen Änderungen gibt.
191 Unter Population versteht man eine Gruppe von Lebewesen in einem
begrenzten Gebiet, die sich untereinander fortpflanzen.
192 Henri Poincaré zitiert in Geo Wissen 2 – Chaos und Kreativität – 1990,
S. 56.

Zu 2 Selbstorganisation – Entstehung von Mustern

Wolken am Himmel zeigen zuweilen schöne Muster. Flüssigkeiten, die erwärmt werden, bilden vor dem Sieden auffällige Muster aus, die sichtbar werden, wenn sie Schwebstoffe wie z.B. Kakaopulver mitreißen. Entscheidend ist, dass dem System kontinuierlich Energie zugeführt wird. Es stellt sich ein sog. Fließgleichgewicht ein.

Zu 3 Selbstähnlichkeit

Blumenkohl, Brokkoli oder Farne sind Beispiele für selbstähnliche Strukturen in der Natur. Die Form im Großen wiederholt sich im kleineren Bereich. Wenn man bei einem Blumenkohl einzelne Äste abpflückt, so gleichen sie dem ganzen Kohl. Dies gilt auch für die kleinen Verästelungen an Teilstücken. Eine Populationsdynamik kann mit der sog. logistischen Gleichung beschrieben werden. Sie führt zu Ergebnissen, die im unten abgebildeten Feigenbaum-Diagramm[193] dargestellt sind. Dieses Diagramm zeigt ebenfalls selbstähnliche Strukturen. (Genaueres weiter unten.)

Nichtlineare Gleichungen

Mathematisch werden chaotische Systeme durch nichtlineare Gleichungen beschrieben – das sind Gleichungen, in die eine Größe (Variable) mit einer Potenz eingeht, die größer als eins ist, die z.B. quadriert werden muss. Häufig hat man nur eine „rekursive Gleichung": Aus der Kenntnis eines Werts für *eine* Größe berechnet man den Wert der nächst Folgenden.

---

193 Benannt nach Mitchell Feigenbaum (*1944), einem US-amerikanischen Physiker, der Grundlegendes in der Chaosforschung geleistet hat.

Zwei Beispiele – etwas genauer betrachtet

Beispiel 1. Populationsdynamik –
Logistische Gleichung und Feigenbaum-
Diagramm

Um in der Biologie die Entwicklung einer Population zu berechnen, modelliert man das Verhalten mit einer recht einfachen sog. *rekursiven Gleichung.* Aus der Kenntnis der Population nach einer bestimmten Anzahl von Zeiteinheiten kann die Population nach dem Verstreichen einer weiteren Zeiteinheit berechnet werden. Setzt man die Rechnung fort, so weiß man, wie groß die Population nach einer sehr langen Zeitspanne sein wird. Dabei kann herauskommen, dass die Größe der Population gegen einen Grenzwert strebt. Es kann aber auch sein, dass es zwei, drei und sogar beliebig viele Grenzwerte gibt oder gar keinen. Das hängt vom Wert der eingehenden Parameter ab, der Sterbe- und der Reproduktionsrate[194]. Es ist schon erstaunlich, dass eine recht einfache Gleichung zu so einem komplexen Lösungsmuster führt (siehe unten: Feigenbaum-Diagramm) und eine langfristige Prognose in vielen Fällen nicht mehr möglich ist.

Die zugehörige Gleichung heißt „*logistische Gleichung*" und lautet $x_{n+1} = r \cdot x_n \cdot (1 - x_n)$.

Der Umfang der Population (Populationsgröße) x wird als Bruchteil einer Maximalgröße angegeben. Ihr Wert liegt deshalb stets zwischen 0 und 1. Ist die Population nach n Zeiteinheiten x_n, so ist x_{n+1} die Population nach n+1 Zeiteinheiten, also eine Zeiteinheit später. x_0 ist die Anfangspopulation, x_1 die Population nach einer Zeiteinheit, z.B. einem Jahr usw. In r sind die Wirkung von Sterbe- und Reproduktionsrate zusammengefasst.

---

194 Die Reproduktionsrate berechnet sich aus der Zunahme der Individuen geteilt durch den Umfang der Ausgangspopulation in einer bestimmten Zeitspanne, die Sterberate analog über die Abnahme der Individuen.

Zwei Zahlenbeispiele:

1. Ist $x_0 = 0,6$ und $r = 2$, so ist $x_1 = 2 \cdot 0,6 \cdot (1 - 0,6) = 0,48$, $x_2 = 0,4992$, $x_3 = 0,49999872 \ldots$, d.h. man bekommt einen Grenzwert. Für den Grenzwert ist der Startwert x_0 unerheblich. Auch falls für x_0 z.B. 0,1 gewählt wird, strebt x_n erstaunlicherweise für große n auch gegen 0,5.

2. Ist $x_0 = 0,6$ und $r = 3,2$, so bekommt man zwei Grenzwerte, wie die unten stehende Tabelle (nur x_1 bis x_{13} sind angegeben) zeigt. Auch hier und in den folgenden Rechnungen spielt der Startwert x_0 für große n keine Rolle.

Von entscheidender Bedeutung ist jeweils der Parameter r. Hat z.B. r den Wert 2, so strebt die Population genau gegen einen Grenzwert, hat r den Wert 3,1, so gibt es zwei Grenzwerte, hat r aber z.B. den Wert 3,45, so gibt es vier Grenzwerte und falls r größer als 4 ist, werden Vorhersagen nicht mehr möglich.

	$x_0 = 0,6$	$r = 3,2$
x_1		0,768
x_2	0,5701632	
x_3		0,7842468012
x_4	0,5414520193	
x_5		0,7945015363
x_6	0,5224603043	
x_7		0,7983857111
x_8	0,5150910957	
x_9		0,7992712283
x_{10}	0,5133975422	
x_{11}		0,7994256188
x_{12}	0,5131017563	
x_{13}		0,7994507007

Abb. 8.1 *Mit der logistischen Gleichung berechnete Werte für den Fall r = 3,2. Es ergeben sich zwei Grenzwerte.*

In Bild 8.2 ist das Verhalten im sog. Feigenbaum-Diagramm dargestellt. Auf der waagerechten Achse ist der Parameter r aufgetragen,
auf der senkrechten ist der Grenzwert bzw. sind die Grenzwerte
der Population aufgetragen.

Die Punkte, an denen jeweils eine Verdopplung der Anzahl der
Grenzwerte stattfindet, heißen *Bifurkationen.*

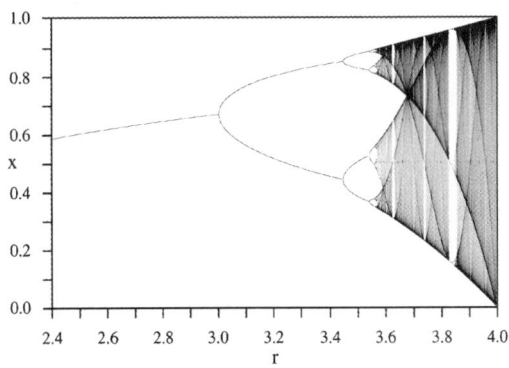

Abb. 8.2 *Feigenbaum-Diagramm*
*Mit der logistischen Gleichung berechnete Grenzwerte x einer Popu-
lation in Abhängigkeit vom Parameter r. Quelle: de.wikipedia.org*

Im Diagramm gibt es zwei Besonderheiten, die allerdings auch in
anderen sog. fraktalen Strukturen vorkommen, die Selbstähnlichkeit und das Auftreten von zwei Konstanten.

Selbstähnlichkeit
Vergrößert man geeignete Ausschnitte im rechten Teil des Dia-
gramms, so zeigen diese eine Ähnlichkeit mit dem Ausgangsdia-
gramm.

Feigenbaum-Konstanten

Die Verdopplung der Anzahl der Grenzwerte (Bifurkationen) erfolgt nach einer Gesetzmäßigkeit. Die zugehörigen Intervalle (Bifurkationsintervalle auf der r-Achse) werden immer kürzer, das Längenverhältnis zweier aufeinanderfolgender Bifurkationsintervalle nähert sich der sog. Feigenbaum-Konstanten δ (= 4,6692016...), das Verhältnis der Breiten aufeinander folgender Gabeln der zweiten Feigenbaum-Konstanten α (= 2,5029078...).

Anmerkung:

Oben wurde mit der logistische Gleichung nur ein Beispiel für eine nichtlineare Gleichung angegeben. Allgemein lässt sich feststellen: Eindrucksvoll ist der große Strukturreichtum von Lösungsmengen, die zu relativ einfachen nichtlinearen Gleichungen gehören. In der Literatur findet man viele Beispiele.[195]

Beispiel 2. Musterbildung – Rollende Flüssigkeit („Rayleigh-Bénard-Konvektion")

Aus Ungeordnetem kann in der Natur spontan Ordnung entstehen.

Ein Beispiel:

Aus der ungeordneten Bewegung von Flüssigkeitsmolekülen in einem Topf kann auf der warmen Herdplatte eine geordnete werden. Die warme Flüssigkeit am Boden will aufsteigen. Dies gelingt in einem gewissen Temperaturbereich dadurch, dass sich zylinderförmige Rollen ausbilden (Abb. 8.3). Die Wärme vom Boden wird mit diesen Rollen nach oben transportiert, die abgekühlten Flüssigkeitsbereiche sinken ab. Die Moleküle in diesen Rollen werden

---

195 Ein Buch mit vielen schönen Abbildungen: Heinz-Otto Peitgen, Hartmut Jürgens und Dietmar Saupe: Bausteine des Chaos – Fraktale. Springer: 1992 bzw. Rowohlt Tb 1998.

– wie man sagt – versklavt, sie müssen sich in diese Bewegung ein-ordnen. Die Flüssigkeit hat sich „selbst organisiert". Bei verstärk-ter Wärmezufuhr beginnen die Rollen zu flattern, bis das System instabil und die Strömung turbulent wird.

Der theoretische Physiker Hermann Haken (*1927) sagt: „Bei der Musterbildung schaffen teilweise geordnete Elemente ihren Ordner, der dann die noch nicht geordneten Elemente versklavt und das völlig geordnete Muster erzeugt."[196]

Abgabe von Wärme, z.B. an die kältere Luft oberhalb der Flüssigkeit

rollende Flüssigkeit -
Wärmetransport
(schematisch)

Zufuhr von Wärme, z.B. durch eine heiße Herdplatte

Abb. 8.3 *Musterbildung in einer Flüssigkeit.*

Weitere Beispiele sind Wolkenstraßen – das sind über viele Ki-lometer ausgedehnte Wolkenstreifen am Himmel – oder Laser, in denen Licht erzeugt wird, das genau eine Farbe (eine Wellenlänge) hat und ein Lichtbündel bildet, das sich über sehr weite Strecken ausbreiten kann und nicht wie ein Lichtkegel aufweitet.

---

196 Hermann Haken zitiert in Geo Wissen 2 – Chaos und Kreativität – 1990, S. 189.

Info 9

UNIVERSUM

Allgemein geht man heute davon aus, dass das Universum 13,8 Milliarden Jahre alt ist und aus etwa 5 % sichtbarer Materie und Strahlungsenergie, 23% sog. Dunkler Materie sowie 72% sog. Dunkler Energie besteht.

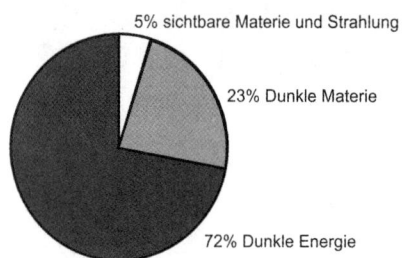

5% sichtbare Materie und Strahlung

23% Dunkle Materie

72% Dunkle Energie

Abb. 9.1 *Bestandteile des Universums*

Über die sichtbare Materie und die elektromagnetische Strahlung[197] wissen wir relativ viel. Dazu gehören z.B. Atome, Elementarteilchen und „Lichtteilchen" (Photonen). Über die Dunkle Materie und die Dunkle Energie wissen wir fast nichts.

Die Existenz von Dunkler Materie wird aus der Beobachtung gefolgert, dass die aus der Schwerkraft (nach Newton) bestimmte Masse von Galaxien um ein Vielfaches größer sein müsste als die beobachtete Masse. Die Dunkle Materie ermöglicht die Langzeitstabilität von Strukturen wie den Galaxien. Ohne sie wären die nach außen gerichteten Fliehkräfte der Himmelskörper in den

---

197 Zur elektromagnetischen Strahlung gehören z.B. sichtbares Licht, Wärmestrahlen und Röntgenstrahlen.

Galaxien zu groß im Vergleich zu den ins Zentrum gerichteten Gravitationskräften.[198] Ohne die anziehende Wirkung der Dunklen Materie würden die Galaxien auseinanderfliegen. Die Dunkle Materie soll aus Masse tragenden Elementarteilchen bestehen, die über die Schwerkraft mit ihrer Umgebung wechselwirken. Da aber bisher im Labor kein entsprechender Nachweis gelungen ist, muss die Zusammensetzung der Dunklen Materie als unbekannt gelten.

Das Universum bläht sich auf. Abgesehen von der Zeit unmittelbar nach dem Urknall verlangsamte sich bis vor etwa 9 Milliarden Jahren die Expansion. Danach wurde sie wieder schneller. Für diese beschleunigte Ausdehnung wird die Dunkle Energie verantwortlich gemacht. Sie scheint der Gravitation entgegenzuwirken. Sonst weiß man aber fast nichts über sie.

Standardmodell der Kosmologie

Das gängige Modell über die Entstehung des Universums und seine Entwicklung ist das sog. Standardmodell. Es wird im Folgenden stark vereinfacht beschrieben:

Vor 13,8 Milliarden Jahren ist der Beginn des Weltalls, der sog. Urknall. Oft wird eine quantenmechanische Fluktuation des Vakuums[199] dafür verantwortlich gemacht.

In einer Zeit sehr viel kürzer als eine Sekunde[200] dehnt sich das Universum von einer Anfangsgröße vergleichbar mit einer Nadelspitze auf eine kosmische Dimension aus (um einen Faktor von

---

198 Massen ziehen sich gegenseitig an. Das nennt man Gravitation.
199 Im Vakuum können – so die Vorstellung aufgrund der Quantentheorie – für sehr kurze Zeit Paare aus Teilchen und Antiteilchen entstehen, die sich aber sehr bald wieder gegenseitig auslöschen. Am Anfang könnte es dabei zufällig mal zu einem leichten Überschuss an Materie gekommen sein, der Anfang unseres Universums.
200 Die Angaben über diese Zeitspanne schwanken in einem weiten Bereich. Klar ist, dass die Zeit extrem kurz ist.

etwa 10^{30} – das ist eine eins mit dreißig nachfolgenden Nullen – oder weniger): Inflationsphase des Universums. Als Grund wird eine bestimmte Größe, die man inflationäre Energie nennt, angeführt.[201]

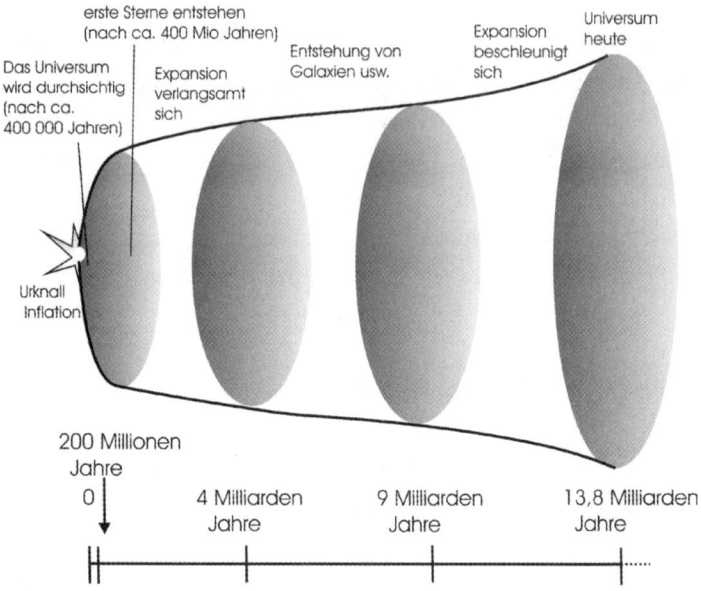

Abb. 9.2 *Entwicklung des Universums*

---

201 Es werden allerdings auch alternative Theorien für die frühe Phase des Universums diskutiert, die z.T. sogar ohne Inflationsphase auskommen. Anders als vor 30 Jahren, als das damals neue Inflationsmodell viele der in dieser Zeit vorhandenen Fragen des Urknallmodells beantwortete (vgl. A.H. Guth, Paul J. Steinhardt: Das inflationäre Universum. Spektrum der Wissenschaft, Juli 1984, S. 80 – 94), sind diese Antworten in der Zwischenzeit fraglich geworden. Die Diskussion ist wieder offen. Auch Modelle, die zyklisch sind, wonach der Urknall eher ein Rückprall von einer vorausgehenden Kontraktions- zu einer Expansionsphase ist, werden vorgeschlagen. Mehr dazu findet man z.B. in: Paul J. Steinhardt: Kosmische Inflation auf dem Prüfstand. Spektrum der Wissenschaft, August 2011, S. 40 – 48.

Es folgt eine sehr viel langsamere Expansion, in der die anfänglich extrem hohe Temperatur des Universums sinkt. Die Materie ist noch so dicht, dass die hauptsächlich vorhandenen Quarks und Gluonen (später „Bauelemente" von schweren Teilchen wie Protonen und Neutronen) und Elektronen ein „Gemisch"[202] bilden, das die Lichtteilchen ständig ablenkt, das Universum also undurchsichtig macht.

Nach einer weiteren Phase der Ausdehnung und Abkühlung bilden sich neutrale Atome. Leichte Elemente von Wasserstoff bis Lithium entstehen. Insgesamt sind etwa 3 Minuten seit dem Urknall vergangen. Es dauert etwa 400 000 Jahre, bis das Universum durchsichtig wird. Die zu diesem Zeitpunkt entkoppelte Hintergrundstrahlung (Wärmestrahlung) ist bis heute nachweisbar. Weil sich das Weltall inzwischen erheblich abgekühlt hat und zwar auf 2,73 K, also etwa 3 K – das entspricht -270°C –, messen wir heute das zu dieser Temperatur gehörende Mikrowellen-Strahlungsspektrum.[203] Im frühen Universum ist die Materie fast gleichmäßig verteilt. Kleine Dichteschwankungen führen aufgrund der Gravitation zur Bildung von Sternen (nach etwa 400 Millionen Jahren) und später von Galaxien. Im Innern von Sternen bilden sich schwere Elemente, die bei Sternexplosionen (Supernovae) in den Weltraum geschleudert und bei der Entstehung neuer Sterne in diese eingebunden werden. Unter dem Einfluss der Dunklen

---

202 In der Fachsprache: „Plasma".
203 Jeder Körper strahlt elektromagnetische Wellen ab. Das Spektrum dieser Strahlung (Strahlungsintensität in Abhängigkeit von der Wellenlänge) hängt von seiner Temperatur ab. Je nach Temperatur liegt das Intensitätsmaximum der zugehörigen Strahlung bei einer anderen Wellenlänge.
Unterschiedliche Wellenlängenbereiche der elektromagnetischen Strahlung bekommen eigene Namen. Mikrowellen haben eine Wellenlänge in der Größenordnung von Millimetern. Bei der sichtbaren Strahlung liegen die Wellenlängen im Bereich von 400 bis 800 Nanometern (ein Nanometer = ein millionstel Millimeter).

Energie beschleunigt sich die Ausdehnung des Universums nach etwa 9 Milliarden Jahren wieder.

Dem Standardmodell liegen u.a. zwei entscheidende Annahmen zugrunde. Man geht davon aus, dass sich die physikalischen Gesetze (insbesondere auch die Allgemeine Relativitätstheorie) im Laufe der Zeit nicht verändert haben und überall gelten. Man nimmt an, dass das Universum in allen Richtungen und Raumpunkten gleich aussieht (kosmologisches Prinzip).

Woher kommt unser Wissen über das frühe Universum?

Fast die einzige Informationsquelle, die uns auf der Erde über das Universum zur Verfügung steht, ist die elektromagnetische Strahlung in einer großen Bandbreite der spektralen Zusammensetzung.[204] In einem kleinen Spektralbereich[205] ist diese Strahlung sichtbar und heißt Licht. Da elektromagnetische Strahlung sich mit Lichtgeschwindigkeit ausbreitet, können wir über die empfangenen Signale in die Vergangenheit sehen. Je weiter ein beobachtetes Objekt von uns entfernt ist, desto länger war die Strahlung unterwegs. Wir sehen das Objekt also in dem Zustand, in dem es sich vor entsprechend vielen Jahren befand. Und da es Objekte in den unterschiedlichsten Entfernungen von uns gibt, bekommen wir die Geschichte des Universums zur Kenntnis. Satelliten und Raumsonden sind in den letzten Jahren zu exzellenten Hilfsmitteln geworden. Ihre hochaufgelösten Bilder haben die Weltraumforschung ein großes Stück vorangebracht.

Auf der „Reise" zu uns verändert sich die „Farbe des Lichts", also die Wellenlänge der elektromagnetischen Strahlung. Je weiter die Strahlungsquelle von uns entfernt ist, desto größer ist die Wellenlänge, wenn die Strahlung bei uns eintrifft. Ihre „Farbe" ist in Rich-

---

204 Seit Kurzem hofft man, auch durch Gravitationswellen Informationen über das frühe Universum zu erhalten.
205 Bereich von Wellenlängen einer elektromagnetischen Strahlung.

tung rot verschoben.[206] Die Rotverschiebung hat ihren Grund darin, dass sich alle Körper im Universum von uns fortbewegen. Die Fluchtgeschwindigkeit nimmt mit ihrem Abstand von uns zu. So kann der empfangenen Strahlung ein Alter zugeordnet werden.[207]

Alternativen zum Standardmodell

Das Standardmodell wird zwar als beste gegenwärtige Theorie verstanden, ist aber sehr viel weniger abgesichert als andere physikalische Theorien. Es gibt durchaus Alternativen zum Standardmodell. In der Quasi-Steady-State-Kosmologie (1993)[208] verhält sich das Universum zyklisch, zurzeit sind wir in einer Phase der Ausdehnung. Dieses Modell kommt z.T. zu Ergebnissen, die gut mit Beobachtungen übereinstimmen, es kann auch die Bildung von Materie erklären.

Da aber das Standardmodell gegenwärtig mehr Phänomene erklärt als alternative Modelle, wird es von den meisten Wissenschaftlern favorisiert. Wie das Universum wirklich entstanden ist, kann zurzeit nicht entschieden werden. Es gibt nur eine höhere

---

206 Physikalisch beruht dies auf einem dem sog. Dopplereffekt ähnlichen Effekt. Fast jedem bekannt ist der Dopplereffekt von Schall. Ein Beispiel: Beim Vorbeifahren eines Krankenwagens hört man bei eingeschaltetem Martinshorn eine Tonänderung. Im Unterschied zum Schall hat die elektromagnetische Strahlung jedoch keinen Träger und sie breitet sich immer mit Lichtgeschwindigkeit aus.
207 Genauer: Wird z.B. Licht vom Wasserstoff eines Sterns empfangen, so vergleicht man die auf der Erde möglichen Wellenlängen mit den empfangenen. Atome können nur Licht von bestimmten Wellenlänge aussenden und diese Möglichkeiten sind bei unterschiedlichen Atomen jeweils anders. Man spricht von charakteristischen Linienspektren. Diese sind so etwas wie ein „Fingerabdruck" für Atome.
208 Ende 1940 wurde von Fred Hoyle, Hermann Bondi und Thomas Gold die Steady-State-Theorie als Alternative zur Urknall-Theorie entwickelt. Insbesondere durch die Entdeckung des Mikrowellenhintergrunds geriet diese Theorie stark ins Wanken. 1993 gab es Neuansätze von Hoyle, Geoffrey Burbidge und Jayant V. Narlikar.

Wahrscheinlichkeit dafür, dass das Modell mit der größeren Erklärungsmächtigkeit die Realität zutreffender beschreibt.

Raum

In der Nähe großer Massen ist das Universum gekrümmt. Genauer: Die vierdimensionale Raum-Zeit ist gekrümmt (vgl. Info 6). Die Raum-Zeit und erst recht deren Krümmung kann man sich nicht vorstellen. Es mag helfen, sich Krümmungen an Oberflächen anzusehen, z.B. an einer Kugeloberfläche oder der Oberfläche eines Kühlturms. Sie sollen als Analogie dienen. Dort können Krümmungen überprüft werden, indem man die Winkelsumme in einem Dreieck misst. Auf einer nicht gekrümmten Fläche, also einer Ebene, beträgt die Winkelsumme stets 180°, auf gekrümmten Oberflächen ist sie kleiner oder größer als 180° (vgl. Abb. 9.3).

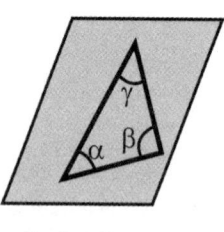 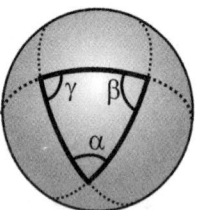 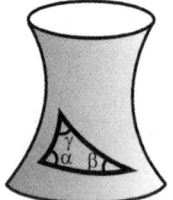

flacher Raum:	gekrümmter Raum mit *positiver*: Krümmung	gekrümmter Raum mit *negativer* Krümmung
verdeutlicht durch eine Ebene	verdeutlicht durch eine Kugeloberfläche	verdeutlicht durch die Oberfläche eines Kühlturms (Kraftwerk)
$\alpha + \beta + \gamma = 180°$	$\alpha + \beta + \gamma > 180°$	$\alpha + \beta + \gamma < 180°$

Abb. 9.3 *Winkelsumme eines Dreiecks im flachen und gekrümmten Raum.*

Unser Universum im Ganzen ist (relativ) flach. Im Oberflächenmodell denke man an die Ebene. In kleinen Ausschnitten, wie den Abmessungen unseres Planeten, kann man den Raum als euklidisch[209] betrachten.

Die Form des gesamten Universums ist bis heute noch nicht geklärt. Es gibt unterschiedliche Vorschläge und Möglichkeiten.[210]

Man geht davon aus, dass das Universum gegenwärtig endlich aber unbegrenzt ist. Wie schon gesagt, kann man sich gekrümmte Räume nicht vorstellen, wohl aber gekrümmte Oberflächen. Deshalb soll das gerade Gesagte an einer Kugel verdeutlicht werden. Ihre Oberfläche ist endlich, aber ein Wesen, das nur zwei Dimensionen wahrnehmen kann, erfährt diese Oberfläche als unbegrenzt. Es kann sich darauf bewegen, ohne je an eine Grenze zu kommen.

Wir können etwa 46,6 Milliarden Lichtjahre ($\approx 4,4 \cdot 10^{23}$ km) in jede Richtung des von uns aus beobachtbaren Universums blicken, sodass das Universum einen Durchmesser von etwa 93 Milliarden Lichtjahren hat ($\approx 8,8 \cdot 10^{23}$ km).

Ob das Universum sich in Zukunft nur ausdehnen wird, zum Stillstand kommt oder sich wieder zusammenzieht, kann heute nicht vorausgesagt werden.

Ergänzung: Die Erde ist etwa 4,6 Milliarden Jahre alt. Das Leben auf der Erde begann eventuell schon vor etwa 3,5 Milliarden Jahren, eindeutige Spuren findet man in 1,9 Milliarden Jahren alten Fossilien.

---

209 Geometrie wie sie aus dem Mathematikunterricht in der Schule bekannt ist.
210 Vgl. z.B. Claus Kiefer, a.a.O.

Info 10

METHODEN ZUR ALTERSBESTIMMUNG

Es gibt viele unterschiedliche Methoden, mit denen man das Alter des Kosmos, der Erde oder von Fossilien bestimmen kann. Hier sollen beispielhaft einige davon vereinfachend vorgestellt werden.

Alter des Kosmos

Der Himmel in einer wolkenlosen Nacht ist übersät mit Sternen. Man sieht allerdings die Himmelskörper nicht in ihrem gegenwärtigen Zustand. Je weiter sie weg sind, desto länger war das von ihnen ausgesandte Licht unterwegs, bis es in unser Auge gelangt. Fernrohre, Teleskope und Raumsonden haben eine sehr viel höhere Auflösung als unsere Augen. Sie erlauben es, weiter in den Kosmos hineinzuschauen und damit auch weiter in die Vergangenheit. Weltraumteleskope wie COBE, WMAP und zuletzt Planck[211] lieferten eindrucksvolle Bilder und ermöglichten es so, bis auf wenige Hunderttausend Jahre vom Urknall entfernt zurückzublicken – die Zeit, zu der das Universum durchsichtig wurde (vgl. Info 9).

Der daraus resultierende aktuellste Wert für das Alter des Universums ist 13,81 Milliarden Jahre.

Fast alle Objekte im Universum bewegen sich von uns weg (Fluchtgeschwindigkeit) und zwar mit um so größerer Geschwindigkeit, je weiter sie entfernt sind. In Erdnähe empfangenes Licht

---

211 COBE (Cosmic Background Explorer): wissenschaftliche Mission endete 1993, WMAP (Wilkinson Microwave Anisotropy Probe): Funktion wurde 2010 eingestellt, Planck-Weltraumteleskop: Funktion wurde 2013 abgestellt.

von sich entfernenden Himmelsobjekten hat eine größere Wellenlänge als das ausgesandte (Abb. 10.1). Die Farbe ist in Richtung Rot verschoben und zwar um so mehr, je weiter die Himmelsobjekte entfernt sind.

Die Zusammensetzung des von Himmelsobjekten ausgesandten Lichts (Spektrum) hängt von deren Temperatur und den enthaltenen chemischen Substanzen ab. Ein Beispiel: Sonnenlicht, das mit einem Prisma in seine Bestandteile zerlegt wird, zeigt ein kontinuierliches Spektrum, angefangen von Rot über Gelb, Grün und Blau bis zu Violett. Bei einer guten Auflösung werden im Sonnenspektrum dunkle Linien sichtbar – dort fehlt Licht –, die genauen Wellenlängen zugeordnet werden können. Die Linien stammen u.a. vom reichlich in der Sonne vorhandenen Helium, das Licht der entsprechenden Wellenlänge absorbiert. Diese Linien sind quasi ein Fingerabdruck für Helium. In Spektren von weit entfernten Himmelsobjekten sind solche Linien in Richtung Rot verschoben.

Bewegte Lichtquelle: 4 Stationen (1,2,3,4) sind eingezeichnet

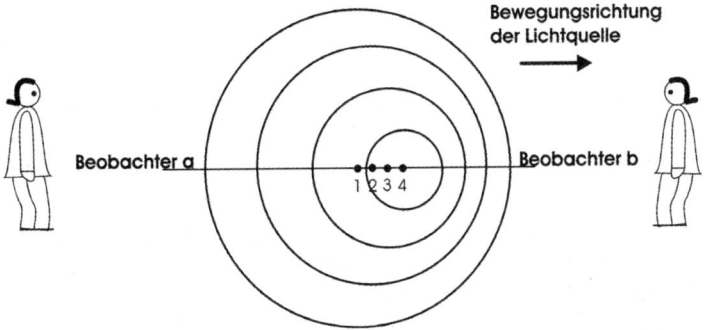

Abb. 10.1 Beobachter a empfängt Licht mit einer größeren Wellenlänge, Beobachter b mit einer kleineren Wellenlänge im Vergleich zur Wellenlänge der ruhenden Lichtquelle.
(Bei Wellen gibt es Wellenberge und Wellentäler. Die eingezeichneten Kreise symbolisieren Wellenberge.)

Aus der Rotverschiebung lässt sich die Fluchtgeschwindigkeit berechnen.[212] Da der Zusammenhang zwischen Entfernung und Fluchtgeschwindigkeit bekannt ist,[213] kann man aus der Rotverschiebung auf die Entfernung schließen. Licht breitet sich immer mit Lichtgeschwindigkeit aus. Deshalb folgt aus der bekannten Entfernung die Zeit, zu der das Licht abgesandt wurde.

Es gibt eine Reihe weiterer Methoden, mit denen sich Entfernungen von Himmelsobjekten bestimmen lassen, z.B. Helligkeitsmessungen bei Supernovae vom Typ Ia. Eine Supernova liegt vor, wenn ein Stern am Ende seines „Lebens" explodiert und dabei hell aufleuchtet. Supernovae vom Typ Ia haben aus bestimmten Gründen vor ihrer Explosion alle etwa die gleiche Masse und sind deshalb bei der Explosion gleich hell.[214] Die vom Beobachter empfangene Lichthelligkeit nimmt mit dem Quadrat der Entfernung ab. Die Lichtenergie verteilt sich auf eine Kugeloberfläche um den Explosionsmittelpunkt. So kann aus der empfangenen Helligkeit auf die Entfernung geschlossen werden.

Alter der Erde

Auf der Erde braucht man „Uhren", die Zeiträume im Bereich von

---

212 Für die Fluchtgeschwindigkeit v gilt die folgende Beziehung, wobei c die Lichtgeschwindigkeit, λ_S die ausgesandte Wellenlänge und λ_E die empfangene Wellenlänge ist: $\dfrac{v}{c} = \dfrac{(\lambda_E / \lambda_S)^2 - 1}{(\lambda_E / \lambda_S)^2 + 1}$

213 Die Hubble-Formel für den Zusammenhang von mittlerer Fluchtgeschwindigkeit v und Entfernung d lautet $v = H_0 \cdot d$. Der Wert für die Hubble-Konstante H_0 liegt z.Zt. zwischen $H_0 = 68$ km/(s•Mps) und $H_0 = 74$ km/(s•Mps), wobei gilt: 1 Mps $= 3{,}08567 \cdot 10^{19}$ km (Mps: Megaparsec).

214 Weiße Sterne haben ihren Brennstoff weitgehend verbraucht. Sind sie Teil eines Doppelsternsystems, so können sie bei einem massereichen Begleiter infolge der Gravitation kontinuierlich Masse von diesem absaugen, bis sie etwa das 1,4-Fache der Sonnenmasse erreicht haben. Es folgt die Explosion und da die beteiligte Explosionsmasse die Leuchtkraft bestimmt, eignen sich diese Supernovae vom Typ Ia als „Standardkerzen" mit gleicher Helligkeit.

Milliarden Jahren messen können. Dafür eignen sich radioaktive Stoffe mit einer Halbwertszeit in der gleichen Größenordnung. Die Zeit, in der im Mittel die Hälfte eines Stoffs zerfallen ist, heißt Halbwertszeit. Ein Beispiel: Bei Uran-238 ist nach 4,468 Milliarden Jahren die Hälfte der Ausgangsmenge in Thorium-234 umgewandelt worden.

Eine bewährte Methode zur Bestimmung des Erdalters ist die **Kalium-Argon-Methode**. Es gibt noch eine Reihe anderer Methoden. Kalium-40[215] wandelt sich zu 11% durch den Einfang eines Elektrons in den Atomkern[216] in das stabile Edelgas Argon-40 um und zu 89% in das stabile Calcium-40. Nach dem Erstarren des Gesteins, das man untersucht, gibt es darin kein natürliches Argon-40 mehr, es ist schon in der Schmelze entwichen. Alles jetzt enthaltene ist also durch den radioaktiven Umwandlungsprozess entstanden. Als Edelgas geht es keine chemischen Verbindungen mit anderen Stoffen ein. Man misst das *Verhältnis* des gebildeten Argon-40 und des verbliebenen Kalium-40 im Gestein. Dies hängt von den bekannten Halbwertszeiten der beiden Zerfallsprozesse und der seit der Bildung des Gesteins verflossenen Zeit t ab. Die Bestimmung der gesuchten Zeit gelingt ohne Kenntnis der Anfangsmenge vom radioaktiven Kalium-40. Daraus ergibt sich ein Erdalter von 4,5 Milliarden Jahren.

Alter von Fossilien

Bis zu einer Zeit von maximal 60 000 Jahren eignet sich z.B. die **Radiokarbonmethode** zur Altersbestimmung von Fossilien. Kohlenstoff-14 ist radioaktiv mit einer Halbwertszeit von 5730

---

215 Die Zahl 40 gibt an, wie viele Nukleonen (Protonen und Neutronen) im Kern vorhanden sind.
216 Dadurch wird aus einem Proton im Kern ein Neutron. Die Nukleonenzahl bleibt gleich, aber die chemische Eigenschaft hat sich verändert. Sie hängt von der Anzahl der Protonen ab. Ein neuer Stoff ist entstanden.

Jahren. Es wandelt sich unter Aussendung eines Kernelektrons in stabilen Stickstoff-14 um. Im Kohlendioxid der Luft ist der Anteil an Molekülen, die Kohlenstoff-14 enthalten, ziemlich stabil.[217] Sobald ein Lebewesen (Tier oder Pflanze) tot ist, verringert sich der Anteil von Kohlenstoff-14 am gesamten Kohlenstoff kontinuierlich. Die Messung des Kohlenstoff-14-Anteils[218] im untersuchten Material ermöglicht es, den Todeszeitpunkt zu bestimmen.

Weitere Methoden zur Altersbestimmung sind Sedimentablagerungen in Seen, Mooren und Flüssen. Da die Ablagerungen sich in Abhängigkeit vom Klima und der Jahreszeit ändern, bilden sich unterschiedliche Bänder aus (vgl. Abb. 10.2). Beim japanischen Suigetsu-See (an der Westküste der japanischen Hauptinsel Honshu) hat man eine Skala von etwa 53 000 Jahren finden können.

Analog bilden sich bei Bäumen unterschiedliche Wachstumsringe aus. Die zugehörige Messmethode heißt Dendrochronologie. Überlappt man Jahrringfolgen unterschiedlicher Bäume in der gleichen Klimazone, so lassen sich Zeitskalen bis zu mehr als 10 000 Jahren[219] gewinnen.

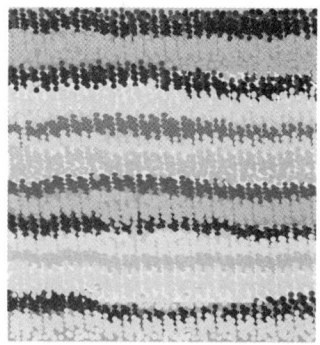

Abb. 10.2 *Sedimentablagerungen in einem See - schematisch.*

217 Es wird in der Atmosphäre kontinuierlich neu aus dem Stickstoff-Isotop N-14 durch die kosmische Strahlung (Neutroneneinfang) gebildet (vgl. aber die zugehörige Fußnote in Info 18).
218 Mithilfe eines Massenspektrometers lassen sich die Isotope Kohlenstoff-14 und Kohlenstoff-12 (stabiler Kohlenstoff) trennen.
219 Der Hohenheimer Jahrringkalender reicht zurück bis vor 12 483 Jahren (Stand 2009). https://de.wikipedia.org/wiki/Jahresringtabelle, abgerufen am 26. 4. 2018.

Info 11

ZUFALL

Zwei Spiele

Trotz zufälliger Ereignisse kann sich am Schluss eines von Regeln bestimmten Prozesses ein voraussagbares Ergebnis einstellen. Dazu zwei Beispiele.

Spiel 1

In einer Gruppe von mindestens drei Menschen wählt jeder eine Zahl zwischen 1 und 9 (einschließlich dieser Zahlen) aus. Jeder befragt zufällig einen aus der Runde nach dessen Zahl und multipliziert sie mit seiner. Die letzte Ziffer des Ergebnisses ist seine neue Zahl. Ist die Zahl null, so wählt man eine neue von null verschiedene Zahl aus und spielt damit weiter. Jeder quadriert jetzt seine Zahl, d.h. jeder multipliziert seine Zahl mit seiner eigenen Zahl. Die letzte Ziffer der daraus gewonnenen Zahl ist wieder die neue Zahl. Nun befragt jeder erneut eine zufällig ausgewählte Person nach ihrer Zahl und multipliziert sie mit der eigenen. Die letzte Ziffer des Ergebnisses wird anschließend quadriert. Setzt man das Spiel eine Weile fort, so haben alle Personen am Schluss die Zahl sechs. Über die oben beschriebene Regel ist durch lauter zufällige Treffer ein voraussagbares Ergebnis geworden.

Dies ist leicht einzusehen. Zunächst verschwinden nämlich die ungeraden Zahlen. Bei der Multiplikation mit einer geraden Zahl ergibt sich ja immer eine gerade Zahl. Die Wahrscheinlichkeit dafür, dass jemand eine gerade Zahl hat, ist sehr groß, sodass sie recht bald auftaucht. Die Null wurde ausgeschlossen bzw. wird immer wieder ausgetauscht, da eine Multiplikation mit null immer null ergibt. Durch das Quadrieren von geraden Zahlen bleiben zunächst nur die Endziffern 4 und 6 übrig und beim nachfolgenden Quadrieren gibt es nur noch die Sechs als Endziffer.

Spiel 2 (zellulärer Automat 184)

Ein Kreis wird in eine gerade Anzahl von Segmenten geteilt. Genau die Hälfte der Segmente ist besetzt z.B. mit einer kleinen Kugel. Die Verteilung der Kugeln auf die Segmente ist rein zufällig. In Abb. 11.1 ist ein Beispiel gezeichnet. Auf ein Zeichen hin springen alle Kugeln gleichzeitig im Uhrzeigersinn in ihr Nachbarfeld, wenn dieses nicht besetzt ist. Sonst bleiben sie in ihrem Feld.

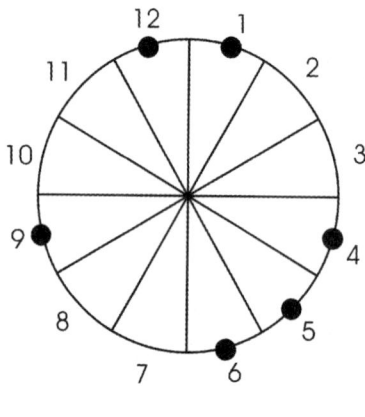

Abb. 11.1

Der Kreis ist in 12 Segmente geteilt. Sechs Segmente sind rein zufällig mit Kugeln besetzt. Diesen Fall notiert man wie folgt:

100111001001

Nach dem ersten Springen der Kugeln entsprechend der angegebenen Regeln erhält man:

010110100101.

Die weiteren Ergebnisse sind:

101101010010
011010101001
110101010100
101010101010
010101010101
usw.

Man kann diesen Vorgang notieren, indem man zunächst im Uhrzeigersinn die Felder durchnummeriert und dann jedem Feld eine Eins oder Null zuordnet, je nachdem, ob das Feld besetzt ist oder nicht. Damit lässt sich die Entwicklung nach jedem Sprung leicht aufschreiben. Unabhängig vom Anfangszustand wird sich nach einer gewissen Anzahl von Sprüngen ein Muster einstellen: Jedes zweite Feld ist dann besetzt. Man kann zeigen, dass diese Ordnung bei jeder beliebigen geraden Anzahl von Feldern eintrifft.

Im neben gezeichneten Beispiel (12 Segmente) ist das vorhergesagte Muster nach fünf Sprüngen eingetreten.

Anmerkung:

Es gibt auch Beispiele von ähnlichen Spielen (mit deterministischen und zufälligen Anteilen), bei denen sich eine anfängliche Ordnung mit sehr hoher Wahrscheinlichkeit nach einiger Zeit auflöst. Solche Spiele sind z.B. im Aufsatz der Physikerin Barbara Drossel (*1963) und des Physikers Gunter M. Schütz beschrieben. (Intelligent Design. Kann man Gottes Handeln wissenschaftlich fassen? Evangelium und Wissenschaft, 28. Jg. 2007 Heft 1, S. 2-23).

Info 12

ZUR EVOLUTIONSTHEORIE

Evolutionsgedanke

Zur Grundannahme im Evolutionsgedanken gehört, dass alles, was existiert, durch einen Entwicklungsprozess entstanden ist. Sterne und Planeten, auch alle Lebewesen, z.B. Bakterien, Pflanzen, Tiere und Menschen, sind aus dem Zusammenspiel von Zufall und Naturgesetzen, Chaos und Selbstorganisation sowie Mutation und Selektion entstanden.

Auch für die Entstehung des Bewusstseins und der Rationalität von Menschen, der menschlichen Moral und der Religionen werden evolutionäre Erklärungen angeboten, die auf der Annahme beruhen, dass diese Möglichkeiten den Menschen einen Überlebensvorteil gebracht haben. Man kann aber zu Recht skeptisch sein, ob auch hierfür der evolutionäre Ansatz zu naturwissenschaftlich nachprüfbaren Theorien führt.

Evolution – Biologie

Noch heute geht man von Prämissen aus[220], die Charles Darwin[221]

---

220 Schon bei den frühen Griechen findet man den Hinweis auf Entwicklung, z.B. bei Lucretius (De rerum natura).

221 Charles Darwin fährt fast 5 Jahre lang (27. 12. 1831 – 2. 10. 1836) mit der HMS Beagle um die Welt und gewinnt durch seine Beobachtungen die Grundeinsichten für seine Evolutionstheorie. Sein Buch „On the Origin of Spezies" kommt erst 1859 heraus.

(1809 - 1882) und Russell Wallace[222] (1823 – 1913) aufgestellt hatten:

- Alle Lebewesen erzeugen mehr Nachkommen als vor der Geschlechtsreife ums Leben kommen und sichern so das Weiterleben der Art ab.
- Alle Lebewesen einer Art sind etwas unterschiedlich. Viele dieser Variationen sind erblich und lassen sich z.B. durch Zucht in einer gewünschten Richtung herausfiltern.
- Lebewesen sind unterschiedlich gut an ihre Umwelt angepasst. Die besser Angepassten haben eine größere Überlebenschance und eine größere Chance, sich zu vermehren. So können im Laufe der Zeit auch neue Arten entstehen.

Man kann den Evolutionsgedanken kurz durch die beiden Kernfaktoren „Variation und Selektion" charakterisieren.

Zu Darwins Zeit kannte man noch keine molekularbiologischen Mechanismen,[223] über die Lebewesen Eigenschaften vererben bzw. verändern können.

In Anlehnung an den Biologen Hansjörg Hemminger[224] kann das *gegenwärtige Wissen* über die biologische Evolution wie folgt zusammengefasst bzw. ergänzt werden. Einige wichtige Fachbegriffe werden unten erklärt.

---

222 Der Naturforscher Alfred Russel Wallace erkannte bei seinem Aufenthalt im Indonesischen Archipel, dass zwischen den indonesischen Inseln Borneo und Celebes eine biogeografische Grenze existiert. Unabhängig von Charles Darwin entwickelte er Vorstellungen zur Evolutionstheorie.

223 In der Molekularbiologie werden die großen Moleküle (Makromoleküle), ihre Funktionen und Strukturen untersucht, die in Lebewesen eine Rolle spielen. Dazu gehören z.B. die Träger von Erbanlagen.

224 Hansjörg Hemminger: Und Gott schuf Darwins Welt. Schöpfung und Evolution, Kreationismus und Intelligentes Design. Gießen: Brunnen 2009, S. 117.

- Veränderungen des Erbguts und Veränderungen von Merkmalen sind nicht immer gekoppelt. Es gibt sehr viele in Bezug auf die Selektion neutrale Mutationen.

- Fossilien deuten darauf hin, dass Veränderungen bei Lebewesen in der Vergangenheit nicht nur allmählich abgelaufen sind und auch nicht immer. Sie können – so die Deutung der Funde – über lange geologische Zeiträume ganz ausbleiben, allmählich oder auch schnell erfolgen.

- Neben aktuellen, ständig beobachtbaren Umweltveränderungen spielen auch einmalige erdgeschichtliche Katastrophen wie z.B. der Einschlag eines großen Meteoriten eine Rolle in der Evolution. Charles Darwin hatte diese Vorstellung noch zusammen mit der Katastrophentheorie von Georges Cuvier (1769 – 1832) abgelehnt.

- Ist ein gewisses Set an Bausteinen bei Lebewesen vorhanden, dann entsteht ein neues Design, soweit das heute bekannt ist, nicht durch die Anhäufung von kleinen Variationen bei den Bausteinen, sondern vor allem durch Veränderungen bei der Regulierung ihrer Entwicklung, also durch eine veränderte Kombination von Bausteinen und eine anschließende genetische Anpassung.

- Im Unterschied zu dem, was Darwin glaubte, können komplexe Lebewesen nicht optimal an die Umwelt angepasst sein. Ihre Merkmale sind immer suboptimal, da die Regelkreise der Evolution zeitlich hinter den Umweltveränderungen zurückbleiben.

Zu den zentralen Begründungsschwerpunkten der Evolutionsbiologie gehören die Genetik, die Molekularbiologie und die Geologie sowie die Paläontologie.[225] Sie liefern überzeugende *Indizien* da-

---

225 Da heute viele Teilgebiete wie z.B. Geologie, Verhaltensbiologie, Paläon-

für, dass Ähnlichkeiten gut im Rahmen einer gemeinsamen Abstammung interpretiert werden können, auch wenn die einzelnen Schritte der biologischen Entwicklung nicht direkt zu beobachten bzw. dokumentiert sind.

Die im Folgenden aufgeführten *chemischen* Begriffe werden hier nicht genau erklärt. Dafür muss bei Interesse Fachliteratur[226] herangezogen werden.

Genetik und Molekularbiologie

Universalität des genetischen Codes
Im Zellkern jeder lebenden Zelle befinden sich DNA-Stränge (DNA: Desoxiribosenukleinsäure). Sie sind Träger von Erbmerkmalen. Die Information ist auf ihnen über ein „Alphabet" gespeichert. Es besteht aus unterschiedlichen „Buchstaben" (Nukleotiden), die aus jeweils drei der vier möglichen organischen Basen[227] gebildet werden. Jeder dieser Buchstaben codiert eine der zwanzig Aminosäuren. Aminosäuren sind Bausteine von Eiweißmolekülen. Die Zuordnung heißt „genetischer Code". In der gesamten Biosphäre wird der gleiche genetische Code benutzt. Die Lese- und Schreibmechanismen zur Übertragung der genetischen Information sind sehr ähnlich.

Mutation
Bei jeder Zellteilung (Wachstum, Teilung von Keimzellen für die Fortpflanzung) werden DNA-Stränge verdoppelt. Dabei kommt

---

tologie und Biochemie in die Evolutionstheorie einfließen, spricht man von „Synthetischer Evolutionstheorie".

226 Neben dem Internet eignen sich dafür insbesondere Lehrbücher für die gymnasiale Oberstufe. Beispiele: D. Baron u.a.: Genetik – Grüne Reihe, Schroedel Verlag / Linder: Biologie, Schroedel Verlag / Purves: Biologie, Spektrum Akademischer Verlag.

227 Die vier Basen sind Adenin, Guanin, Cytosin und Thymin.

es zu Schreibfehlern und damit zu Veränderungen des Erbguts (Mutationen). Die meisten Mutationen wirken sich zunächst nicht aus, einige sind allerdings über kurz oder lang tödlich für die Lebewesen. Das hängt damit zusammen, dass die sichtbaren, ausgeprägten Merkmale (Phänotyp) nicht unmittelbar aus der gesamten genetischen Information (Genotyp) folgen. Zwischen beiden Ebenen gibt es komplizierte Übersetzungsmechanismen.

Ein wichtiges Indiz für die biologische Evolution ist die Möglichkeit, molekulare Stammbäume zu erstellen. Vergleicht man z.B. Cytochrom c (Eiweiß, das bei der Zellatmung eine Rolle spielt) unterschiedlicher luftatmender Lebewesen, so kommt man mit wenigen kleinen Abweichungen zum gleichen Stammbaum wie dem früheren, der auf äußeren Merkmalen beruht (vergleichende Anatomie). Heute vergleicht man eher die DNA von Lebewesen, da es dafür gute Standardverfahren gibt. Die molekularen Stammbäume haben auch überraschende Ergebnisse hervorgebracht. So musste man z.B. feststellen, dass es bei Geiern zwei Gruppen gibt, die nur wenig verwandt sind. Die eine Gruppe (Kondore ...) ist mit Störchen, Möwen und Albatrossen näher verwandt, die andere Gruppe (Ohrengeier ...) mit Adlern und Bussarden.

Man kann in etlichen Fällen die Mutationshäufigkeiten abschätzen und kommt deshalb auch zu Schätzungen darüber, wann es zu genetischen Trennungen gekommen ist, wann also keine Paarung zwischen verwandten Lebewesen mehr stattgefunden hat.

Variation und Selektion

Höhere Lebewesen besitzen nach heutiger Kenntnis sehr viel mehr Informationen in ihren Genen als sie direkt nutzen. Auch wenn bei der Verdopplung des Erbguts erstaunlich wenig Fehler gemacht werden – bei Menschen etwa 1 Fehler bei 3 Milliarden „Buchstaben" (Nukleotiden) –, werden in jeder Generation bei höheren Lebewesen etwa 100 Mutationen weitergegeben. Dadurch entsteht schon in wenigen Generationen eine große Variabilität bei den unbenutzten aber möglicherweise nutzbaren Erbinformationen. Das ermöglicht eine Wandlungsfähigkeit bei sich ändernden Umweltbedingungen.

In einigen Fällen können anhand von Fossilien Entwicklungslinien belegt werden.[228] Für die Mehrheit der Biologen ist nicht mehr strittig, ob es solche Entwicklungen gegeben hat. Bei dem „Wie" dieser Entwicklungen bestehen jedoch viele ungeklärte Fragen. Z.B. könnten wesentliche Mechanismen bei Veränderungen von Organen noch unbekannt sein.

Trotz der sehr langen Zeiträume für die Entstehung neuer Baupläne erscheint es zunächst sehr unwahrscheinlich, dass sich durch ungerichtete Mutationen neue Organismen entwickelt haben. Das ändert sich jedoch ein wenig, wenn man berücksichtigt, dass für weiter entwickelte Lebewesen alles nicht sozusagen jeweils neu „konstruiert" werden muss, sondern vorhandene Bausteine neu kombiniert werden, also eine andere Steuerung der Entwicklung stattfindet. Es könnte sein, dass dabei bisher noch nicht entdeckte Steuerungsmechanismen eine Rolle spielen.[229]

Seit einiger Zeit sind Mechanismen bekannt, die auch die Ver-

---

228 Ein Beispiel: Heute lebende Pferde haben sich – laut den gefundenen Fossilien – im frühen Tertiär vor etwa 55 Millionen Jahren aus nur fuchsgroßen Urpferdchen entwickelt. Man hat viele Übergangsformen gefunden. (Linder: Biologie. Schroedel 2010) Aber die Lage ist kompliziert. Es gibt viele Seitenzweige und ausgestorbene Linien. Damit ist die Zuordnung der Funde nicht unproblematisch.

229 Der Biologe James A. Shapiro (*1943) verfolgt einen Forschungsansatz, der zeigen soll, dass Gene nicht nur ausgelesen werden sondern auch Zellen ihre Gene selber verändern können. Wie ein Datenstick können demnach Informationen auf Genen abgelesen aber auch umgekehrt Informationen auf Genen gespeichert werden. (James A. Shapiro: How life changes itself: The Read—Write (RW) genome. Physics of Life Reviews 10 (2013) 287-323.

erbung erworbener Eigenschaften zulassen. Die Umwelt kann beeinflussen, welche Gene ausgelesen und welche blockiert werden.[230] Organismen sind nicht in ihrer Ausprägung eins zu eins durch die Gene bestimmt. Das zugehörige Forschungsgebiet heißt Epigenetik.

In der Biologie stehen für direkte Beobachtungen nur relativ kurze Zeiträume zur Verfügung. Für Prozesse, die in der Gegenwart ablaufen, gibt es viel gesichertes Wissen (Mikroevolution). Anders ist es bei den langen Zeiträumen in der Vergangenheit (Makroevolution). Hier sind die Modelle weniger abgesichert.

Zu einer relativ neuen Forschungsrichtung, die versucht in Fragen über die Vergangenheit weiterzukommen, gehört die evolutionäre Entwicklungsbiologie – kurz Evo-Devo (aus dem Englischen evolutionary developmental biology). Darin geht es u.a. um die embryonale Entwicklung als Hinweis auf Evolutionsprozesse in der Vergangenheit.

Es bleibt aber die Kernfrage, wie komplexe Strukturen und neuartige Konstruktionen entstehen können, wie eine *Höherentwicklung* erklärt werden kann.

Geologie und Paläontologie

Paläontologie (Wissenschaft von den Lebewesen in vergangenen Erdzeitaltern) und Geologie (Wissenschaft vom Aufbau und der Entstehung der Erde sowie ihrer Zusammensetzung und zeitlichen Veränderung) liefern Informationen und Zusammenhänge, die von den molekularbiologischen unabhängig sind. Insbesondere ermöglichen chemische und physikalische Datierungsmethoden Zeitangaben für versteinerte Funde von Lebewesen (Fossilien). Zusätzlich können Zeiten für Fossilien über das Abzählen

---

230 Methylierung: Eine Methylgruppe (-CH3) bindet an eine Base in der DNA. Das blockiert das zugehörige Gen. Die Methylierung wird an die Nachkommen weitergegeben.

von Baumringen bis zu mehr als 12 000 Jahre bestimmt werden. Das ist möglich, weil die Abfolge solcher Ringe immer wieder anders ist und es Holzreste aus archäologischen Funden gibt, die sich so aneinanderfügen lassen, dass sich die Jahresringe überlappen (vgl. Info 10).[231]

Erste Spuren von Leben sind nach heutigen Kenntnissen etwa 3,8 - 3,9 Milliarden Jahren alt. Die Entstehung des Lebens ist nicht geklärt. Den Menschen vom heutigen Typ (homo sapiens) gibt es seit etwa 300 000 Jahren, Vormenschen könnte es seit mehr als 3 Millionen Jahren gegeben haben.

---

231 Hemminger, a.a.O. S. 100f.

Info 13

NEWTON

Vier Regeln des philosophischen Denkens – Regulae philosophandi

Das Buch III von Newtons „Prinzipien"[232] beginnt mit vier Regeln des philosophischen Denkens. Gerald Holton[233] formuliert frei:

Regeln des philosophischen Denkens (regulae philosophandi)

I. Die Natur ist dem Wesen nach einfach; deshalb sollten nicht mehr Ursachen zur Erklärung der Naturdinge zugelassen werden, als zur Erklärung der Beobachtungstatsachen notwendig sind. Dies ist die Hypothese oder Regel der Einfachheit und verae causae.[234]

II. Deshalb muss ähnlichen Folgeerscheinungen, soweit möglich, auch der gleiche Grund zugeordnet werden. Dies ist das Prinzip der Gleichförmigkeit der Natur.

III. Eigenschaften, die allen Körpern in unserer Umgebung zukommen, müssen versuchsweise auch allen Körpern im Allgemeinen zugesprochen werden. Dies ist eine Um-

---

232 Principia mathematica philosophiae naturalis. Die dritte Auflage erscheint 1726 und enthält die im Folgenden angeführten Regeln.
233 G. Holton, a.a.O. S. 11f.
234 verae causae: wahre Gründe, tatsächliche Sachverhalte.

formulierung der beiden ersten Hypothesen und wird zur Bildung von Universalien benötigt.

IV. Wissenschaftliche Annahmen, die sich aus dem Induktionsprozess[235] ergeben, müssen als wahr oder zumindest annähernd wahr betrachtet werden, bis Phänomene oder Experimente zeigen, dass Korrekturen notwendig sind oder Ausnahmen auftreten. Diese Regel besagt, dass durch das Experiment untermauerte Annahmen nicht durch den bloßen Vorschlag gegenteiliger Hypothesen widerlegt werden sollten.

Die erste Ausgabe der Prinzipien enthielt nur die Regeln I und II, die vierte polemische Regel fügte Newton in der dritten Ausgabe hinzu. In den Manuskripten fand sich später noch eine fünfte unveröffentlichte Regel. Die ersten und letzten Sätze dieser ausführlichen Regel waren vermutlich der Grund, warum die Regel nicht abgedruckt wurde. Newton hat diese Regel zwar nie veröffentlicht, aber auch nicht zurückgenommen.

(Regel V.)

Was nicht aus den Dingen selbst entnommen werden kann, sei es durch die Sinne oder durch Denkprozesse, ist als Hypothese zu betrachten. [...] Was weder anhand der Erscheinungen aufgewiesen noch aus ihnen durch induktive Argumente gewonnen werden kann, bezeichne ich als Hypothese. (nach Holton)

Anmerkungen zur fünften Regel:

Hypothese ist hier negativ gemeint im Sinn von einer willkürlich erfundenen, nicht durch Beobachtungen belegten Hypothese. Die

---

235 Induktion heißt, aus Beobachtetem Schlüsse ziehen.

fünfte Regel bedeutet aber nicht, dass Newton selbst ganz auf Hypothesen verzichtet hätte. Ein Beispiel ist die Hypothese der Gravitationskräfte.[236] Newton betont, er habe die Ursache der Gravitation nicht enthüllen können. Erst Einstein ist es gelungen, die Gravitation auf Eigenschaften des Raums zurückzuführen. Diese Hypothese von Newton ist allerdings nicht frei erfunden, sondern durch Beobachtungen gestützt.

Isaak Newton war einer der letzten Universalgelehrten. Er gehört zu den überragenden Begründern der neuzeitlichen Wissenschaft. Mit großer Intensität hat Newton Mathematik, Physik, Chemie, Alchemie und Theologie betrieben. Nach Newtons Beruf befragt hätten Zeitgenossen sicher Theologe angegeben, die meisten Menschen unserer Zeit werden ihn als Physiker, manche wohl auch als Mathematiker kennen.[237]

---

236 Massen ziehen sich gegenseitig an. Das nennt man Gravitation.
237 Genaueres kann man z.B. nachlesen in E. Gutsche: Isaak Newton – einer der letzten großen Universalgelehrten. (Akzente-Almanach 1993) Moers: Brendow 1992, S. 93-100.

Info 14

EINSTEIN – THEORIENBILDUNG

Ein Brief von Albert Einstein an seinen Freund Maurice Solovine

Maurice Solovine, ein guter Freund Einsteins, soll einen Artikel von Einstein ins Französische übersetzen. Er hat dabei Verständnisschwierigkeiten und schreibt am 25. April 1952 an Einstein. In diesem Brief bittet er, „einen Absatz genau zu erklären, der nicht ganz klar ist. Du schreibst: Die Rechtfertigung (Wahrheitsgehalt) des Systems beruht auf dem Beweis der Nützlichkeit der resultierenden Theoreme auf der Grundlage der Sinneserfahrung, wobei die Beziehung der letzteren zu den ersteren nur intuitiv verstanden werden kann. [...]"[238]

Antwort von Einstein am 7. Mai 1952:

„Lieber Solo!
In Ihrem Brief geben Sie mirs für zwei Sünden auf den Popo. [...] Mit der erkenntnistheoretischen Sache haben Sie mich gründlich missverstanden. Wahrscheinlich habe ich mich schlecht ausgedrückt. [...] Ich sehe die Sache schematisch so

---

238 Zitate in G. Holton: Einsteins Methoden zur Theorienbildung. In: P. C. Aichelburg und R. U. Sexl (Hrsg.): Albert Einstein. Sein Einfluss auf Physik, Philosophie und Politik, Vieweg Braunschweig 1979, S. 112ff.

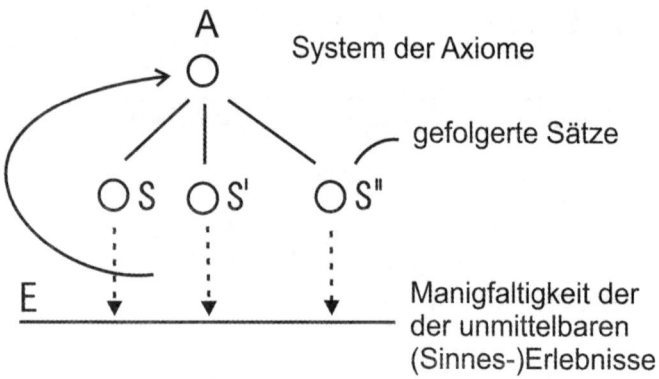

Abb. 14.1 *Theoriebildung – nach der Originalzeichnung von Albert Einstein.*

1. *Die E (Erlebnisse) sind uns gegeben.*

2. *A sind die Axiome[239], aus denen wir Folgerungen ziehen. Psychologisch beruhen die A auf E. Es gibt aber keinen logischen Weg von den E zu A, sondern nur einen intuitiven (psychologischen) Zusammenhang, der immer ‚auf Widerruf ist'.*

3. *Aus A werden auf logischem Wege Einzel-Aussagen S abgeleitet, welche Ableitungen den Anspruch auf Richtigkeit erheben können.*

4. *Die S werden mit den E in Beziehung gebracht (Prüfung an der Erfahrung). Diese Prozedur gehört genau betrachtet ebenfalls der extralogischen (intuitiven) Sphäre an, weil die Beziehung der in den S auftretenden Begriffe zu den Erlebnissen E nicht logischer Natur sind. Diese Beziehung der S zu den E ist aber*

---

239 In der Mathematik sind Axiome Setzungen, in der Regel unmittelbar einleuchtende Prinzipien, die nicht weiter begründet bzw. abgeleitet werden. In der theoretischen Physik sind es Setzungen, die zwar theoretisch möglich, aber nicht notwendig sind. Aus einer Palette an Möglichkeiten muss ausgewählt werden. Erst die Anwendungen zeigen, ob sich diese Axiome bewähren.

(pragmatisch) viel weniger unsicher als die Beziehung der A zu den E. (Beispiel der Begriff Hund und die entsprechenden Erlebnisse). Wäre solches Entsprechen nicht mit großer Sicherheit erzielbar, (obwohl nicht logisch fassbar), so würde die logische Maschinerie für das ‚Begreifen der Wirklichkeit' völlig wertlos (Beispiel Theologie). – Die Grundessenz ist der ewig problematische Zusammenhang alles Gedanklichen mit dem Erlebbaren (Sinnes-Erlebnisse)."

Zwei Teilaufgaben für den Theoretiker

Die Aufgabe des Theoretikers besteht demnach aus zwei Teilen:

I.   Die Axiome (Prinzipien) aufspüren.

II. Aus diesen Axiomen (Prinzipien) Folgerungen ableiten.

Teilaufgabe I: Aufspüren der Axiome

Die Methode zur Bewältigung der ersten Aufgabe kann nicht erlernt werden. Der Forscher muss der Natur die allgemeinen Prinzipien „gleichsam ablauschen, indem er an größeren Komplexen von Erfahrungstatsachen gewisse allgemeine Züge erschaut, die sich scharf formulieren lassen."[240] „Zu diesen elementaren Gesetzen führt kein logischer Weg, sondern nur die auf Einfühlung in die Erfahrung sich stützende Intuition."[241]

Dies wird für Einstein in den Grundlagen der Speziellen Relativitätstheorie daran deutlich, dass mit ihr und der Newtonschen Mechanik „zwei wesentlich verschiedene Grundlagen aufgezeigt werden können, die mit der Erfahrung weitgehend übereinstimmen[242]. Es wird dadurch jedenfalls bewiesen, dass jeder Versuch

---

240 Albert Einstein: Mein Weltbild. Berlin: Ullstein Buch Nr. 65, 1957. S. 111.

241 A. Einstein, a.a.O. S. 109.

242 Die Spezielle Relativitätstheorie bietet jedoch ein Fundament, das „dem einschlägigen Kreis von Erfahrungstatsachen sogar in befriedigenderer und

einer Ableitung der Grundbegriffe und Grundgesetze der Mechanik aus elementaren Erfahrungen zum Scheitern verurteilt ist."[243]

Wenn die Axiome einer Theorie im logischen Sinne „freie Erfindungen des menschlichen Geistes"[244] sind, können dann die so entwickelten Theorien in irgendeiner Weise eine Sicherheit der Erkenntnis bieten und müsste es nicht eine Vielzahl konkurrierender Theorien geben? Hierzu verweist Einstein auf die herausragende Bedeutung der Mathematik. Die Axiome der Mathematik – darüber besteht Übereinstimmung – sind „freie Schöpfungen des menschlichen Geistes."[245] Die Verbindung zur Naturwissenschaft besteht in dem „Vertrauen [...], dass die Natur die Realisierung des mathematisch denkbar Einfachsten[246] ist."[247] Dies wird gestützt durch die Erfahrung, dass „von allen denkbaren Konstruktionen eine einzige sich jeweils als unbedingt überlegen über alle anderen erwies. Dadurch bestimmt die Welt der Wahrnehmungen das theoretische System praktisch eindeutig."[248]

Der schöpferische Akt beim Aufstellen der Prinzipien einer naturwissenschaftlichen Theorie besteht aus zwei Teilen, dem Fin-

---

vollkommenerer Weise gerecht werden konnte, als es mit Newtons Fundament möglich war." (A. Einstein, a.a.O. S. 116).

243 A. Einstein, a.a.O. S. 116.

244 A. Einstein, a.a.O. S. 115.

245 A. Einstein, a.a.O. S. 120.

246 Einstein schreibt in „Mein Weltbild", a.a.O. S. 117: „In einem gewissen Sinne halte ich es also für wahr, dass dem reinen Denken das Erfassen des Wirklichen möglich sei, wie es die Alten geträumt haben."
Leibniz schreibt in „Metaphysische Abhandlungen" 1686: „[...] dass, wie auch Gott die Welt geschaffen hätte, sie immer regelmäßig gewesen wäre und eine bestimmte Ordnung gehabt hätte. Faktisch hat Gott diejenige gewählt, die am vollkommensten ist, d.h. diejenige, die gleichzeitig die größte Einfachheit in den Voraussetzungen und den größten Reichtum in den Erscheinungen aufweist, [...]." Zitiert in Edgar Hunger: Die naturwissenschaftliche Erkenntnis I, Studienausgabe. Braunschweig: Vieweg 1966[4], S. 83.

247 A. Einstein, a.a.O. S. 116.

248 A. Einstein, a.a.O. S. 109.

den eines geeigneten Begriffssystems und dem Formulieren eines Axiomensystems, das die Beziehungen zwischen den „primären Begriffen"[249] aussagt.

Teilaufgabe II: Ableiten von Folgerungen aus den Axiomen

Die vom Theoretiker zu leistende zweite Aufgabe nach dem Aufspüren der Prinzipien, das Entwickeln der aus den Prinzipien fließenden Folgerungen, ist im Gegensatz zum Auffinden der Prinzipien erlernbar. Es ist dazu meist großer Fleiß und ein hinreichender Verstand erforderlich, da „große und schwierige Denkarbeit"[250] geleistet werden muss.

Die so gewonnenen Folgerungen (Sätze) liefern oft „ungeahnte Zusammenhänge [...], welche über das Tatsachengebiet, an dem die Prinzipen gewonnen sind, weit hinausreichen."[251]

Die aus den Prinzipien gefolgerten Sätze müssen eindeutig mit den Erfahrungen in Beziehung gebracht werden können. Dies verdeutlichen die Pfeile von den S zu den E in Einsteins Zeichnung (Abb. 14.1). Zwischen dem Ableiten der Sätze und deren experimenteller Bestätigung kann manchmal sehr viel Zeit vergehen. Erst durch die Forderung nach einer eindeutigen Zuordnung der Begriffe sowie ihrer Verknüpfungen zu den Erfahrungen gewinnt eine Theorie an naturwissenschaftlicher Aussagekraft. Dazu Einstein: „Begriffe haben nach dem Gesagten nur Sinn, sofern die Dinge aufgezeigt werden können, auf die sie sich beziehen, sowie die Gesichtspunkte, gemäß welchen sie diesen Dingen zugeordnet sind."[252] Die Zuordnung von Begriffen und Erfahrungen ist nach Einstein jedoch weniger problematisch als die Beziehung der Prin-

---

249 Zitat aus G. Holton, a.a.O. S. 118.
250 A. Einstein, a.a.O. S. 114.
251 A. Einstein, a.a.O. S. 111.
252 In G. Holton, a.a.O. S. 120.

zipien zu den Erlebnissen. Er zeigt dies am Beispiel des Begriffs Hund. Schon kleine Kinder vermögen eine sichere Zuordnung dieses Begriffs zu konkreten Erfahrungen zu leisten.

Das Verhältnis von Vernunft (Ratio) und Erfahrung in einer physikalischen Theorie verdeutlicht noch einmal das folgende Zitat von Einstein: „Die Ratio gibt den Aufbau des Systems; die Erfahrungsinhalte und ihre gegenseitigen Beziehungen sollen durch die Folgesätze der Theorie ihre Darstellung finden. In der Möglichkeit einer solchen Darstellung allein liegt der Wert und die Berechtigung des ganzen Systems und im Besonderen auch der ihm zugrunde liegenden Begriffe und Grundgesetze. Im Übrigen sind diese freie Erfindungen des menschlichen Geistes, die sich weder durch die Natur des menschlichen Geistes noch sonst in irgendeiner Weise a priori rechtfertigen lassen."[253]

Einfluss der Themata, der Grundüberzeugungen

Je nach der Zeit und dem geistigen Umfeld, in dem ein Forscher lebt, hat er ein anderes Filter von Vorurteilen/Grundüberzeugungen (Themata), das mögliche Ansätze, die zu einer neuen Theorie führen können, durchlaufen müssen. Themata sind grundsätzliche Annahmen, Begriffe, methodische Urteile und Entscheidungen, die selbst nicht aus objektiv beobachtbaren Tatbeständen oder mathematischen bzw. anderen Überlegungen ableitbar sind. Aus der Vielzahl möglicher Sprünge von den Erlebnissen E zum gesuchten Axiomensystem A werden durch diese Vorurteile, die thematischen Voraussetzungen[254], denen die Axiome genügen müssen, die meisten Ansätze herausgefiltert. In der Praxis bleibt zum Schluss nur eine Möglichkeit übrig. (Abb. 14.2)

253 A. Einstein, a.a.O. S. 115.
254 In G. Holton, a.a.O. S. 136.

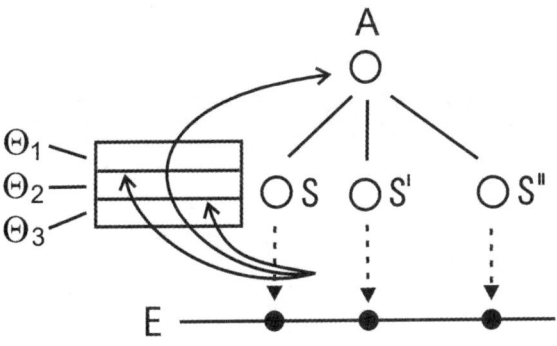

E	*Erlebnisse*
A	*Axiome*
S	*aus den Axiomen gefolgerte Sätze*
θ	*Grundüberzeugungen, denen die Axiome genügen müssen*

Abb. 14.2 *Filter zur Auswahl eines Prinzips, das sich als Ausgangspunkt für eine passende Theorie eignet.*

Info 15

FEINABSTIMMUNG IM UNIVERSUM

Feinabstimmung

Auf unserer Welt gibt es offenbar Leben. Unabhängig von der Frage, wie Leben entstanden ist, kann man sich fragen, an welche Voraussetzungen das Entstehen von Leben – so wie wir es heute vorfinden – gebunden ist. Und da stößt man auf ein erstaunliches Ergebnis: Der Kosmos mit seinen Gesetzmäßigkeiten hätte kaum anders sein dürfen als er ist. Dies soll etwas genauer erläutert werden.

Die Physik – die Wissenschaft, mit der tote Materie beschrieben wird, also auch die Entstehung von Sternen und Galaxien – braucht Konstanten, deren Werte nur gemessen, nicht aber abgeleitet werden können.[255] Zu diesen Konstanten gehören die Lichtgeschwindigkeit und Größen, die die Stärke der vier in der Natur vorkommenden Kräfte beschreiben.[256] Am bekanntesten ist vermutlich die Gravitationskonstante. Sie ist Teil der Kraftgleichung, die die gegenseitige Anziehung von Massen beschreibt

---

255 Manche Konstanten können allerdings mit anderen in einer Formel verbunden werden. Dann ist es eine Konvention, welche der Größen als vorgegeben angesehen werden und welche als abgeleitet. Das ändert nichts an der Tatsache, dass man vorgegebene Konstanten braucht.

256 Die vier Kräfte, man spricht heute von Wechselwirkungen, sind die Gravitation (Massenanziehung), die elektromagnetische Wechselwirkung (in magnetischen und elektrischen Erscheinungen), die starke Wechselwirkung (wirkt zwischen den Bausteinen von Protonen und Neutronen, den Quarks, und spielt damit z.B. bei der Kernfusion von Wasserstoff eine Rolle, der Energiequelle der Sonne) und die schwache Wechselwirkung (z.B. beim radioaktiven Zerfall von Strontium-90).

– wie beispielsweise die von Sonne und Erde. Hätten diese Konstanten auch nur einen geringfügig anderen Wert als den gegenwärtigen, so wäre Leben in der uns bekannten Form nicht möglich. Eine andere Form von Leben ist uns weder bekannt noch zurzeit vorstellbar. Die Werte der Konstanten haben sich innerhalb der durch das Alter des Universums vorgegebenen Zeit (13,8 Milliarden Jahre) nicht verändert[257]. Das bestätigen z.B. Untersuchungen von Licht, das von ganz weit entfernten Sternen stammt, das also sehr lange unterwegs war, bevor wir es auf der Erde empfangen.

Leben braucht Strukturen, die aus chemischen Elementen aufgebaut sind. Erforderlich sind für solche Strukturen auch schwere Elemente wie Eisen und Kohlenstoff. Diese Elemente entstehen im Innern von Sternen durch Verschmelzung von Kernen leichterer Elemente wie Wasserstoff und Helium. Dafür sind einige Milliarden Jahre erforderlich. Die so gebildeten schwereren Elemente müssen freigesetzt werden, bevor sie in neue Sterne eingebaut werden können, und damit für den Aufbau von Strukturen, wie wir sie in Lebewesen vorfinden, zur Verfügung stehen. Sterne müssen also – wie wir das in einer Supernova beobachten können – zuweilen explodieren. Wäre die schwache Wechselwirkung nur etwas schwächer oder etwas größer, so wären Supernovae nicht möglich, die schweren Elemente blieben im Innern der Sterne und stünden nicht als Bausteine für lebende Strukturen bereit.[258] Wäre

---

257 Der Wert wurde aus Messungen mit dem Hubble-Weltraumteleskop bestimmt. Ganz genau weiß man den Wert in Bezug auf die allerersten Anfänge allerdings nicht.
258 Ist ein massereicher Stern im Innern weitgehend abgebrannt, so entsteht dort ein Neutronenstern, auf den die äußere Materie mit großer Geschwindigkeit herabfällt. Es entsteht eine Stoßwelle, die am Kern reflektiert wird und durch den gesamten Stern nach außen läuft, um damit eine Supernova auszulösen. Erst die beim Aufprall der äußeren Materie auf den inneren Neutronenstern entstandenen Neutrinos, die von der sehr dichten Materie in der Schockwelle in großen Mengen absorbiert werden, geben der Schockwelle

die starke Wechselwirkung etwas größer oder etwas kleiner, so gäbe es im ersten Fall keinen Wasserstoff mehr – er würde in sehr kurzer Zeit durch Kernumwandlung verbraucht – oder im zweiten Fall fast keine Heliumsynthese[259] – wie sie z.B. in unserer Sonne abläuft –, vermutlich gäbe es überhaupt keine langlebigen Sterne.

Auch wenn es nicht immer so leicht zu erläutern ist: Es gibt viele weitere Beispiele dafür, dass Leben, wie wir es kennen, nur möglich ist, wenn weitere Konstanten höchstens leicht abweichende Werte hätten. Beispiele sind die Stärke der Gravitation, die elektromagnetische Wechselwirkung und die „Expansionskraft" durch den Urknall. Eine weitere Voraussetzung für Leben ist die richtige Anzahl der Dimensionen des Raums.[260]

Es gibt noch weiteres Erstaunliches, so das Koinzidenzproblem der Kosmologie, dessen Bedeutung noch völlig im Dunklen liegt. Damit ist gemeint, dass sowohl die Entstehung des Lebens als auch die beschleunigte Expansion des Universums etwa zur gleichen Zeit begannen. Es wird vermutet, dass das Leben auf der Erde vor etwa 3,5 Milliarden Jahren seinen Anfang nahm.

Deutungen

Die kurz beschriebene Feinabstimmung im Universum ist für vie-

---

den nötigen Schub, um bis zum Sternrand vorzudringen. Wäre die schwache Wechselwirkung etwas schwächer, könnten die meisten Neutrinos die Schockwelle unbehelligt durchlaufen und diese würde zu früh ihren Schub abschwächen, ohne die Sternhülle zu durchbrechen. Wäre die schwache Wechselwirkung etwas stärker, so würden die meisten Neutrinos in Reaktionen im Sterninneren verwickelt und könnten die Schockwelle nicht unterstützen. 259 Helium ist ein Atom mit zwei Protonen und zwei Neutronen im Kern sowie zwei Außenelektronen. Es entsteht über mehrere Stufen aus Wasserstoffatomen mit je einem Proton im Kern und einem Außenelektron unter Abgabe von Energie.
260 Genaueres findet man z.B. im Aufsatz von Peter C. Hägele: Die moderne Kosmologie und die Feinabstimmung der Naturkonstanten auf Leben hin. In: Glauben und Denken. Jahrbuch der KHG. Frankfurt a.M.: Peter Lang 2005.

le erstaunlich. Die Deutung fällt je nach weltanschaulicher Position sehr unterschiedlich aus. Einige Beispiele:

- Man nimmt an, es gibt unendlich viele Universen, jedes mit anderen Konstanten und anderen Gesetzen. Dann gibt es darunter auch unser Universum, was nichts Besonderes wäre.
- Man vermutet, es sei auch Leben auf der Basis von z.B. Silizium möglich. Dann wäre auf Kohlenstoff basiertes Leben nur eine Möglichkeit unter vielen und nichts Besonderes. Einsichtige Modelle, die auf Silizium basierendes Leben verdeutlichen könnten, liegen allerdings bis heute nicht vor.
- Die Feinabstimmung ist eine Möglichkeit. Sie ist zufällig entstanden. Auch unwahrscheinliche Konstellationen kommen vor, wenn sie prinzipiell möglich sind.
- Man nimmt die Feinabstimmung als Hinweis auf einen Designer.
- Die Feinabstimmung ist eine weitere Eigenschaft, über die man staunen kann. Das Staunen führt zum Gotteslob bei Menschen, die an Gott glauben. Der Glaube hat aber seine Wurzeln nicht in einem wie auch immer begründeten Gottesbeweis.

Anthropisches Prinzip

Üblicherweise werden aus physikalischen Theorien Aussagen über die Zukunft abgeleitet, d.h. Vorhersagen gemacht. Das sog. schwache Anthropische Prinzip schließt aus der Existenz des Menschen auf den Beginn des Universums und seine Gesetzmäßigkeiten zurück. Reinhard Breuer[261] formuliert es wie folgt:

---

261 R. Breuer, Das anthropische Prinzip. Der Mensch im Fadenkreuz der Na-

Schwaches Anthropisches Prinzip:

Weil es in diesem Universum Beobachter gibt, muss das Universum Eigenschaften besitzen, die die Existenz dieser Beobachter zulassen.

Dieses Prinzip ist eine notwendige Bedingung für menschliches Leben, nicht aber eine hinreichende. Aus ihm lässt sich also nicht begründen, dass es uns gibt. Da es uns aber tatsächlich gibt, sind nur Theorien zulässig, die solche Beobachter zulassen.

Naturwissenschaftlich gedacht ist dieses Prinzip eigentlich eine Selbstverständlichkeit. Und doch war dieses Prinzip immer wieder fruchtbar, wenn es darum ging, für noch nicht gefundene, aber durch die Existenz von Menschen zu fordernde Zusammenhänge Nachweise zu finden.

Ein Beispiel: Fred Hoyle machte 1954 sehr erfolgreich eine wissenschaftliche Vorhersage, die auf dem schwachen Anthropischen Prinzip beruht. Der Astrophysiker und Kosmologe Fred Hoyle (1915 – 2001) hatte sich mit der Frage beschäftigt, wie Kohlenstoff in ausreichenden Mengen im Innern von Sternen entstehen kann, und machte 1954 eine passende wissenschaftliche Vorhersage. Er schaffte es, seinen Freund, den Kernphysiker Willy Fowler (1911 - 1995), zu überreden, die zugehörigen Experimente durchzuführen. Es ging darum zu zeigen, dass Kohlenstoff ein bestimmtes Energieniveau hat, das bis dahin nicht gefunden worden war, aber erforderlich ist, damit Kohlenstoff überhaupt entstehen kann. Aus der Quantentheorie folgt, dass Atome nicht beliebige Energiemengen aufnehmen oder abgeben können, sondern nur bestimmte, die man, wie Hoyle es tat, berechnen kann. Es zeigte sich, dass Hoyle mit seiner Forderung und seinen Rechnungen recht hatte.[262] Das Energieniveau wurde gefunden.

---

turgesetze. Frankfurt, Berlin, Wien: Ullstein 1984, S. 24.
262 Ed Salpeter hatte 1952 für die Entstehung von Kohlenstoff folgenden Mechanismus vorgeschlagen: Zwei Heliumkerne bilden beim Zusammenstoß einen Beryllium-8-Kern, der jedoch nicht stabil ist und nach einer Le-

Fred Hoyle sagt: „Die physikalischen Gesetze sind vorsätzlich auf Folgen hin entworfen, die sie für das Sterninnere haben. Wir existieren nur in Teilen des Weltalls, in denen die Energieniveaus von Kohlenstoff- und Sauerstoffkernen zufällig die richtigen sind."[263] An anderer Stelle schreibt er mit Bezug auf die Entdeckung des gesuchten Energieniveaus in Kohlenstoff-12-Kernen: „Nichts hat meinen Atheismus so stark erschüttert wie diese Entdeckung."[264]

Der theoretische Physiker Paul Davis (*1946) schreibt: „Für mich gibt es den starken Hinweis, dass da hinter allem etwas vor sich geht. Der Eindruck von Planung ist überwältigend."[265]

---

bensdauer von 10^{-17}s wieder zerfällt. Um Kohlenstoff-12-Atome zu bekommen, muss innerhalb dieser Zeit ein weiterer Heliumkern dazustoßen und mit dem Beryllium verschmelzen. Dies ist mit einer hinreichenden Ausbeute nur möglich, wenn die Energie der beiden Ausgangskerne Helium-4 und Beryllium-8 zusammen genau so groß oder nur minimal kleiner ist als eins der im Kohlenstoff-12-Kern vorhandenen Energieniveaus, was äußerst unwahrscheinlich schien. Hoyle berechnete das zugehörige Energieniveau für Kohlenstoff-12 und überredete Willy Fowler, danach zu suchen. Hoyle war klar: „Da es uns gibt, muss Kohlenstoff ein Energieniveau von 7,6 MeV haben." (John Gribbin, Martin Rees: Ein Universum nach Maß. Bedingungen unserer Existenz. Frankfurt a.M., Leipzig: Insel Verlag 1994, S. 245f.) Fowler fand tatsächlich ein Energieniveau, das nur 4% über dem von Hoyle berechneten liegt. Die fehlende Energie kann leicht durch die kinetische Energie der Stoßpartner geliefert werden. Würde das gemessene Energieniveau nur wenig unter dem von Hoyle berechneten liegen, so wäre die Bildung ausreichend vieler Kohlenstoff-12-Kerne nicht möglich. Die erforderliche Energie muss am Schluss genau passend sein, überschüssige Energie kann nicht einfach abgeführt werden. Das ist auch der Grund, warum die Nachfolgereaktion, die Entstehung von Sauerstoff-16-Kernen, in großem Maßstab nicht stattfindet. Ein Helium-4- und ein Kohlenstoff-12-Kern bieten zusammen eine Energiemenge an, die um nur 1% über dem zugehörigen Energieniveau eines Sauerstoff-16-Kernliegt.

263 Fred Hoyle: Galaxies, Nuclei and Quasars. London: Heinemann 1965. Zitiert in: J. Gribbin, M. Rees, a.a.O, S. 269.

264 „Nothing has shaken my atheism as much as this discovery." D. Wilkinson: God, The Big Bang and Stephan Hawking. Monarch Publikations, Tunbridge Wells 1993, S.108.

265 „There is for me the powerful evidence that there is something going on

Eine zweite Version des Anthropische Prinzips geht in seiner Aussage weit über die des schwachen hinaus. Reinhard Breuer[266] formuliert diese in seinem Buch „Das anthropische Prinzip" wie folgt:

Starkes Anthropisches Prinzip

Das Universum muss in seinen Gesetzen und in seinem speziellen Aufbau so beschaffen sein, dass es irgendwann unweigerlich einen Beobachter hervorbringt.

Es wird angenommen, dass der Dreh- und Angelpunkt des Universums die Existenz intelligenter Beobachter ist. Möglich sind nur solche Naturgesetze und Stoffeigenschaften, die intelligentes Leben ermöglichen. Mehr noch, das Universum hat quasi den Auftrag, intelligente Beobachter hervorzubringen. Ein Beispiel: Das Entstehen von intelligentem Leben ist nur in einem engen Wertebereich für die Gravitation möglich. Die heute beobachteten Werte mussten sich also einstellen, damit das Universum so beschaffen ist, dass es intelligentes Leben ermöglicht. Dieser Ansatz enthält eine teleologische Deutung der Naturgesetze. Er basiert auf der Vorstellung, dass die Feinabstimmung im Universum einem außerweltlich verankerten Plan zuzuschreiben ist. Das sprengt den Rahmen der reinen Naturwissenschaft.

Aber theologisch deuten kann man die Feinabstimmung durchaus. Hägele schreibt:

„Für das biblisch-christliche Denken ist die Design-Deutung

---

behind it all. The impression of design is overwhelming." Paul Davies: The Cosmic Blueprint: New Discoveries in Nature's Creative Ability to Order the Universe. New York: Simon and Schuster 1988. S. 203. In Peter C. Hägele: Die moderne Kosmologie und die Feinabstimmung der Naturkonstanten auf Leben hin. M. Bröking-Bortfeldt, M. Rothgangel (Hrsg.): Glaube und Denken. Jahrbuch der KHG 18. Jg, FfM: P. Lang. Europäischer Verlag der Wissenschaften 2006, S. 43.
266 R. Breuer, a.a.O. S. 24.

ganz selbstverständlich. Gott offenbart sich als der Redende, dessen Wort geschieht. Er ist Schöpfer und Gesetzgeber der Welt und
zudem ihr Erhalter und Vollender. Besonders bemerkenswert ist
die Aussage, nach der Gott die Erde wohnlich gestaltet hat. Hier
wird etwas von Gottes Absicht deutlich. Er schafft dem Menschen
Lebensraum: ,Denn so spricht der Herr, der die Himmel geschaffen, er, der alleinige Gott, der die Erde gebildet und der sie gemacht, der sie befestigt hat – nicht zur Öde hat er sie erschaffen,
zum Wohnen hat er sie gebildet –: ich bin der Herr und keiner
sonst.' (Jesaja 45,18)"[267]

---

267 Hägele a.a.O. S. 70.

VON DER SCHWACHHEIT DES BIBLISCHEN GLAUBENS IN SACHEN WELTERKLÄRUNG[268]

Der Ausgangspunkt

Biblischer Glaube hat seinen Grund und sein Zentrum darin, dass er Glaube an eine Berufung ist: Von Abraham bis zum Hebräerbrief und zur Offenbarung des Johannes geht es grundlegend immer wieder darum, dass Menschen berufen werden und ihrer Berufung treu bleiben, bis Gott sie zum Ziel ihrer Berufung bringt. Mit der Wirklichkeit der Welt hat dieser Glaube sehr viel zu tun, denn in ihr steht auf dem Spiel, ob er das Ziel seiner Berufung erlangt oder nicht. Es kommt darum alles darauf an, dass der Berufene weiß: der Gott, der mich berufen hat, ist von Grund auf und ohne jede Einschränkung der Herr über alles Wirkliche. Aber die Frage nach einer Erklärung der Wirklichkeit liegt diesem Glauben sehr fern: Wer einer Berufung folgt, hat anderes zu tun als darüber nachzudenken, wie die Dinge zu erklären sind.

Der biblische Glaube hat darum keinen eigenen Antrieb in sich, nach Erklärungen des Weltzusammenhangs zu suchen. Und ebenso wenig besitzt er in sich selbst einen eigenen sachlichen Ansatz zur Erklärung der Welt. Aus sich selbst heraus kann er also so etwas wie eine erklärende Weltbetrachtung nicht hervorbringen;

---

268 Gekürzter Beitrag von Hermann Hafner. Abgedruckt in: Edith Gutsche, Hermann Hafner: Descartes und das neuzeitliche Denken. Anfragen an die Grundlagen naturwissenschaftlicher Weltbilder. Porta-Studien 13. Marburg: SMD 1993², S. 71 - 75.

und er braucht es auch nicht, weil seine Lebensorientierung an der Berufung festgemacht ist und sich nicht aus dem Überblick über die Zusammenhänge der Wirklichkeit ableitet. [...]

Was Vorrang hat

Auch da, wo sich biblischer Glaube auf diese Weise ernsthaft auf die Fragestellung des erklärenden Denkens einlässt, zeigt sich immer wieder, dass sie ihm dennoch zweitrangig bleibt. Man kann das z.B. sehr deutlich sehen, wenn man die Textgestalt von 1. Mose 1 und von Kolosser 1 + 2 daraufhin betrachtet: Die Schöpfungsgeschichte im ersten Kapitel der Bibel lässt sich zwar durchaus in vollem Ernst ein auf die Aufgabe, eine geordnete und zusammenhängende Darstellung der Grundlagen der Welt zu geben, sie zeigt betont einen klar geordneten Aufbau des Geschehens – aber sie ist weit davon entfernt, erklären zu wollen, wie hier eins aus dem anderen folgt; vielmehr wird jede solche Frage völlig übertönt von der unmittelbaren Rückbindung alles Geschehens an Gott als den Handelnden: alles kommt allein aus seiner Hand! – Ganz entsprechend wird in Kolosser 2 aller Rücksichtnahme auf Grundkräfte und Prinzipien der Welt abrupt entgegengesetzt: In Christus allein wohnt die ganze Fülle der Gottheit und er ist das Haupt aller Mächte und Gewalten – wie er das ist und wie er das macht, wie er als Haupt die Welt regiert, das wird nicht näher erklärt! Diese Abruptheit hat System: Gott ist nicht Bestandteil eines erklärenden Weltbildes, in dem wir durch eigenständige Umschau in der Wirklichkeit (unter Einbeziehung Gottes) unsere Lebensorientierung gewinnen, sondern wir stehen vor ihm als dem, der uns berufen hat und dem wir nicht in die Karten sehen. Den mythischen Erklärungen der Welt, die den Anspruch erheben, dass der Mensch sich nach den von ihnen aufgezeigten Zusammenhängen der Wirklichkeit richten müsse, wird schroff entgegengesetzt: Nein, all diese Zusammenhänge regiert allein der Gott, der uns berufen hat! Wir haben uns nur nach seiner Berufung zu richten!

Auf einen Blick

Es sind also im Wesentlichen fünf Momente, die das Verhältnis des biblischen Glaubens zur Frage des erklärenden Denkens bestimmen:

1. Der biblische Glaube hat keinen eigenen Ansatz und Antrieb dazu, eine erklärende Betrachtung der Welt hervorzubringen.

2. Um der für seine Berufung wesentlichen Herrschaft Gottes über die gesamte Weltwirklichkeit zu entsprechen und um sie dem erklärenden Denken gegenüber angemessen und deutlich zu bezeugen, muss der biblische Glaube sich auf die Fragestellung des erklärenden Denkens einlassen.

3. Um der Herrlichkeit und des Lobes Gottes willen gewinnt der biblische Glaube ein eigenes Interesse an der Erforschung der Weltzusammenhänge.

4. Der biblische Glaube kann in diese Fragestellung nur eintreten, indem er fremde Denkansätze aufnimmt und umgestaltet.

5. Aber auch im ernsthaften Sich-Einlassen auf diese Frage bleibt sie ihm zweitrangig und wird immer wieder bewusst beiseitegeschoben, weil von Gottes Handeln direkt und unvermittelt geredet werden muss. (Dieses Beiseiteschieben ist im Verhältnis zur neuzeitlichen Wissenschaft etwas schwieriger geworden als im Verhältnis zum antiken Mythos!)

Unüberholbare Schwachheit

Dass der biblische Glaube in den Fragen des erklärenden Erfassens von Zusammenhängen der Wirklichkeit darauf angewiesen ist, fremde Denkansätze aufzunehmen und doch zugleich umzugestalten, darin manifestiert sich seine unüberholbare, weil auf seinen Grundlagen beruhende Schwachheit auf diesem Gebiet.

Das wird vollends deutlich, wenn wir uns die doppelte Gefahr und Problematik vor Augen stellen, die mit diesem Aneignungs- und Assimilationsprozess stets und unausrottbar verbunden ist:

Erstens wird auf diese Weise die fremde Weltsicht samt ihren Erklärungsansätzen immer nur gebrochen aufgenommen werden können, sie wird also nicht konsequent zum Zuge kommen. Diese Inkonsequenz des Verfahrens und zugleich die innere Inkonsistenz des so aus zwei einander fremden Quellen gespeisten und zusammengefügten „christlichen Weltbildes" kann jederzeit ans Licht gezogen und aufgedeckt werden. Das geschieht zumindest stets dann, wenn ein Denker die Grundlagen der adoptierten Weltsicht konsequent zur Anwendung bringen will und sich jede fremde Einmischung in die Konsequenz des Gedankens verbittet. So stellt sich dann jeweils heraus, dass hier doch keine fraglose Synthese erreicht war, und die Auseinandersetzung beginnt von vorne.

Zweitens besteht ja ständig die Gefahr, dass die Assimilation in umgekehrter Richtung verläuft: dass der biblische Glaube sich an die fremden Weltsichten und Weltbilder anpasst, statt sie seinen Grundlagen gemäß umzuformen.

Die Tatsache, dass der biblische Glaube keine eigenen Ansätze zur Erklärung der Wirklichkeit in sich trägt, sondern in dieser Frage auf fremde Erklärungsansätze angewiesen ist, birgt also eine Gefährdung für ihn, die stets da akut wird, wo er sich auf die Frage nach der Erklärung der Dinge einlassen muss und einlässt. Und sie bringt mit sich, dass alle im Sich-Einlassen auf diese Frage gewonnenen „Synthesen" stets problematisch und zerbrechlich bleiben; es gibt hier keine Ergebnisse, in denen der Glaube jemals endgültig zur Ruhe kommen kann, keinen Weg, der jemals über die Hinfälligkeit und Überholbarkeit und den problematischen Charakter aller solcher Ergebnisse hinausführt.

Dennoch bleibt kein anderer Weg; der biblische Glaube ist darauf angewiesen, in dieses zwiespältige Umformungsverfahren einzutreten. Er muss fremde Erklärungsgrundlagen akzeptieren, sie sogar als Ausgangspunkt des Denkweges akzeptieren, und sie doch unter der souveränen Hoheit der biblischen Gotteserkenntnis neu durchdenken und neu gestalten. Und das nicht frei nach eigenem ideologischen Geschmack, sondern im Angesicht der Wirklichkeit und unter der Pflicht zur Wahrheit.

Gerade so bleibt biblischer Glaube angewiesen auf seinen Gott, kann letztlich auf nichts bauen als auf Gottes Verheißung und Berufung. Und darin liegt seine Stärke, die ihn frei macht von der Macht und dem trügerischen Schein der Weltbilder, die vorgeben, die Welt zu erklären oder sie erschöpfend zu beschreiben.

DAS LEID UND DAS BÖSE IN DER WELT

Untrennbar gehören zu unserer Welt Eigenschaften und Gesetze, die wir Menschen als Leid und als Böses ansehen. Aber ohne diese Eigenschaften wäre diese Welt nicht so, wie wir sie vorfinden. Das soll an einigen Beispielen aufgezeigt werden.

Ohne Zeit gäbe es keine Veränderung in der Welt, kein Entstehen von Elementen, von Sternen, von Lebewesen und von Menschen, allerdings auch kein Vergehen, keinen Tod.

Ohne Tod, ohne Vergehen wäre keine Entwicklung möglich. Ohne Supernovae, in denen Sterne explodieren und vergehen, wären schwere Elemente aus dem Innern von Sternen nie für die Bildung neuer Sterne bereitgestellt worden, es gäbe keine Basis für das vorgefundene Leben. Ohne Tod gäbe es auch keine Nahrung für Tiere. Lebewesen sind jedoch darauf angewiesen, Energie und Stoffe von außen über organisches Material aufzunehmen und dieses in veränderter Form wieder abzugeben.

In der Natur finden wir eine verschwenderische Menge und Vielfalt an Lebewesen. Dadurch ist Veränderung und Anpassung an sich verändernde Umweltbedingungen möglich. Die vielen erzeugten Nachkommen machen ein Weiterleben der Art wahrscheinlicher.

Räubern bei ihrer Jagd zuzusehen, ist faszinierend und zugleich abstoßend. Zwischen Räubern und Beute muss eine gewisse Balance bestehen. Räuber, die zu gut sind, würden bald ihre eigene Existenzgrundlage mit der gefressenen Nahrung vernichten. Als ausgesprochen bösartig empfinden wir Insekten, die ihre Eier in anderen vorher bewegungslos gemachten Insekten oder Larven ablegen. Die Nachkommen fressen ihre Wirte bei noch lebendigem Leib auf.[269] Für Katzen sind Mäuse, die sie gefangen haben, häufig ein Spielzeug. Erst nach einer ganzen Weile töten sie endlich ihre Beute, um sie zu verspeisen.

Auch Pflanzen leben auf Kosten von anderen Lebewesen und besitzen zuweilen für unser Empfinden ausgesprochen böse Mittel, um ihr eigenes Überleben zu sichern. So gibt es Pflanzen, die ihre Wirtspflanzen mit der Zeit erwürgen wie z.B. die Birkenfeige. Oder es gibt Pflanzen, die Insekten täuschen können, indem sie scheinbar einen Brutplatz anbieten.[270] Legen die Insektenweibchen hier ihre Eier ab, so sterben ihre Nachkommen, weil nicht genug Nahrung für sie vorhanden ist. Die Pflanzen gewinnen damit eine größere Wahrscheinlichkeit bestäubt zu werden.

Viren stellen nicht nur für Menschen eine Bedrohung dar. Aber ohne Viren gäbe es kaum einen Austausch von genetischem Material zwischen verschiedenen Arten.

Erdbeben, Tsunamis, Warm- und Kaltzeiten, Meteoriteneinschläge, das sind alles Katastrophen, die zu unserer Welt gehören. Auch wir Menschen tragen zu Katastrophen und Leid bei. Die Geschichte ist voll von Beispielen. Dies alles gehört zum Ganzen des Universums. Eine andere Welt kennen wir nicht und können sie uns auch nicht vorstellen.[271]

Als Mensch, der glaubt, kann man fragen, warum Gott die

---

269 Schlupfwespen in Mitteleuropa legen ihre Eier z.B. in Holzwespenlarven oder in Larven von Schmetterlingen ab.

270 Es gibt zahlreiche Pflanzenfamilien mit dieser Eigenschaft. Ein Beispiel: Orchidee der Gattung Dracula in den Anden des nördlichen Südamerika – sie täuscht Pilzmücken. (Stefan Schneckenburger: Würgefeige, Teufelszwirn und tote Babys. Heft 2 (32. Jg. 2011) der Zeitschrift „Evangelium und Wissenschaft", S. 72.).

271 In einigen Aufsätzen geht Heft 2 (32. Jg. 2011) der Zeitschrift „Evangelium und Wissenschaft" den angesprochenen Themen nach, insbesondere die Beiträge von Stephan Schneckenburger und Barbara Drossel.

Welt so gemacht hat, dass sie neben all den bewundernswerten Eigenschaften auch so viel „Böses" enthält. Den Begriff Böse im ethischen Sinn kann man allerdings erst beim Menschen verwenden. Nur er besitzt Selbstbewusstsein und Intellekt, nur er kann Verantwortung übernehmen. Es bleibt die Frage, warum Gott Werkzeuge wie Zufall, Leid und Tod, Kampf ums Dasein, Wachsen und Vergehen für sein Schöpfungshandeln gewählt hat.

In der Bibel wird vom Ringen Hiobs mit seinem Gott berichtet.[272] Hiob besteht darauf, dass sein Leid nicht Folge eigener Verfehlung ist, sondern dass Gott es ihm geschickt hat. Aber er bekommt von Gott keine Antwort auf seine Fragen nach dem Warum. Zum Schluss kommt er zur Ruhe, indem er Gott die Macht zugesteht, so zu handeln, wie er es erfahren hat.

Gott hat nach christlichem Verständnis den Menschen als freies Wesen erschaffen. Echte Freiheit ist ein hohes Gut, bedeutet aber Verantwortung. Der Mensch muss sich zwischen Gut und Böse entscheiden können. Beides gehört dann in diese Welt – so folgert der Religionsphilosoph Richard Swinburne.[273]

Könnte es Gottes Absicht sein, Menschen – geboren als unreife Wesen – durch Konfrontation mit Problemen reifen zu lassen? Davon geht der Religionsphilosoph John Hick (1922 – 2012) aus. Er argumentiert: Gott hat die Welt und darin auch den Menschen unfertig geschaffen. Rückschläge und Herausforderungen sind

---

272 Buch Hiob im Alten Testament. Hiob – ein frommer und gottesfürchtiger Mann – verliert alles, was ihm gehörte, seine Knechte und sein Vieh, seine Kinder sterben und er selbst erkrankt schwer. Seine Freunde versuchen ihm klarzumachen, dass nur Gottlose und Frevler von Gott so bestraft werden. Hiob hadert zwar mit seinem Schicksal, bleibt aber dabei, dass er nicht gottlos sei. Er fragt allerdings intensiv, warum es den Gottlosen gut geht und er all dies hat erleiden müssen. Gottes Antwort ist keine Erklärung, sondern der Hinweis auf seine Schöpfermacht.
273 Richard Swinburne (*1934) weist in der Theodizee-Frage (Wie kann man an Gott glauben angesichts von Leid und Übel?) darauf hin, dass ein freier Wille nur möglich ist, wenn es Alternativen gibt.

notwendig, um Menschen in ihrem Leben weiterzubringen. Und deshalb muss es auch Gefahren und Naturgewalten geben.[274]

Alle Versuche, Leid erklären zu wollen, scheitern allerdings in einem Kontext wie Auschwitz. Die Unbegreiflichkeit solchen Leids lässt Menschen vom Glauben abfallen oder trotz der Unbegreiflichkeit Gottes auf ihn vertrauen.

In 1. Mose 1,31 heißt das Urteil über die Schöpfung: Und siehe, es war sehr gut. Der Theologe Christian Link[275] deutet dieses Urteil als etwas, was wohl erst am Ende in einer Neuschöpfung eingelöst wird. So, wie die Schöpfung jetzt ist, bedarf sie der Erlösung. Dafür hat Gott seinen eigenen Sohn in die Welt gesandt und ihm dort auch Leid nicht erspart.

---

274 In Alexander Loichinger: Die Frage nach Gott angesichts menschlichen Leids. ZPG Katholische Religionslehre 2012 – ru-heute 01/2011 Sonderdruck, S. 5.
275 Christian Link: Die Welt als Schöpfung und das Böse. In: Evangelium und Wissenschaft, Heft 2, 32. Jg. 2011, S. 77 - 87.

KREATIONISMUS UND INTELLIGENTES DESIGN (ID)

Zum Kreationismus

Für Kreationisten[276] ist die Bibel auch ein Lehrbuch im naturwissenschaftlichen Sinn. Sie entnehmen dem biblischen Schöpfungsbericht, wie die Welt und die Lebewesen entstanden sind. Demnach ist die Erde jünger als 10 000 Jahre. Gott schuf sie in genau sechs Tagen. Die Lebewesen wurden als Grundtypen erschaffen, aus denen die heutigen Arten in einigen tausend Jahren hervorgingen. Durch die Sintflut entstanden Ablagerungen mit den in ihnen enthaltenen Fossilien. Der Tod kam erst durch den Sündenfall des Menschen in die Welt. Unter den Kreationisten findet man allerdings eine gewisse Bandbreite über diese Vorstellungen, z.B. gehen nicht alle von so kurzen Zeitspannen aus.

Um diese Feststellungen zu untermauern, gibt es vielfältige Versuche, die gängigen Theorien naturwissenschaftlich anzupassen. Man bezweifelt z.B. die Konstanz der Lichtgeschwindigkeit und der Zerfallszeiten für radioaktive Stoffe oder man weist auf Erklärungslücken hin wie das Fehlen von ausreichend vielen Übergangsformen für die verschiedenen Arten in den Fossilien. Sehr ausführlich geht z.B. Thomas Millack[277] auf die naturwissenschaft-

---

276 Der Begriff hat eine Verengung erfahren. Alle Menschen, die an einen Schöpfer glauben, könnte man im wörtlichen Sinn als „Kreationisten" bezeichnen. Heute wird aber eine besondere Form des christlichen Glaubens mit Kreationismus bezeichnet.
277 Thomas Millack: Naturwissenschaft und Glaube im Gespräch. Zwei Wege, die Welt zu entdecken. Kassel: Oncken 2009.

lichen Argumente von Kreationisten ein und zeigt, dass diese weitgehend nicht haltbar sind. Auch wenn sich in den letzten Jahren gezeigt hat, dass es Fehler in Altersbestimmungen[278] gibt, können dadurch nicht so kurze Zeiten, wie sie Kurzzeit-Kreationisten fordern, nachgewiesen werden.

Der entscheidende Ausgangspunkt im Kreationismus ist das Schriftverständnis. Ist die Bibel buchstäblich (literalistisch, wörtlich) zu nehmen, so gibt sie auch im naturwissenschaftlichen Sinn Auskunft über die Entstehung des Universums. Dagegen kann eingewendet werden, die Texte der Bibel müssen in ihrem Sinnzusammenhang, ihrem Gesamtzusammenhang verstanden werden. Sie enthalten Naturwissen aus vergangenen Zeiten und sollten mit den Ohren von Hörern der damaligen Zeit gelesen werden.

Zum intelligenten Design

Intelligentes Design (ID) ist eine Denkrichtung, die schon 1985 von dem Biochemiker Michael John Denton (*1943)[279] in die Diskussion eingebracht und rasch insbesondere in den USA aufgegriffen wurde. Es geht darum, mit naturwissenschaftlichen Mitteln zu zeigen, dass insbesondere die Entstehung von Lebewesen nicht allein mit den Mitteln „Zufall und Notwendigkeit" erklärbar ist. Vielmehr muss es einen Plan geben und einen Planer, einen intelligenten Designer, der einen Zweck verfolgt und einen Plan durchsetzt. Indizien dafür meint man z.B. in einer Zielgerichtet-

---

278 Ein Beispiel: In der Radiokarbonmethode geht man davon aus, dass z.B. im Holz lebender Pflanzen der Anteil an radioaktivem C-14 konstant ist und deshalb das Alter von abgestorbenem Holz über den Anteil des verbliebenen C-14 bestimmt werden kann. C-14 wird durch die Höhenstrahlung in der oberen Erdatmosphäre gebildet. Das Erdmagnetfeld beeinflusst diesen Prozess. Da es in der Vergangenheit stärker war, wurde die Höhenstrahlung früher stärker abgelenkt und deshalb weniger C-14 gebildet. Das heute über den Anteil an C-14 gemessene Alter kann also größer als das tatsächliche sein.
279 Michael John Denton: Evolution: A Theory in Crisis. Adler & Adler, 1985.

heit und Zweckmäßigkeit von Organen und Verhaltensweisen zu erkennen. Auch der genetische Code in der DNA deute auf eine intelligente Quelle hin. Vertreter von ID fordern, ID als Wissenschaft anzuerkennen. Ohne dies direkt auszusprechen, ist mit dem Designer bei vielen Gott gemeint.

Vertreter von ID sind u.a. der Mathematiker und Philosoph William Dembski[280] (*1960) und der Biochemiker Michael Behe (*1952). Beide sind promovierte Wissenschaftler und Christen. Sie bestreiten nicht das große Alter der Erde und auch nicht die Abstammung der heute vorhandenen Lebewesen aus wenigen gemeinsamen Vorfahren. Aber für sie reicht der Erklärungsrahmen der Naturwissenschaft nicht hin, um die Komplexität des Vorhandenen zu begründen. Deshalb muss ein intelligenter Planer mitgewirkt haben.

Es trifft zu, dass es zu möglichen Mechanismen, die eine im Laufe der Zeit zunehmende Komplexität von Lebewesen vollständig beschreiben, noch sehr viele offene Fragen gibt. Vertreter von ID wie Dembski erkennen in den Entwicklungen eine Zweckmäßigkeit. Demzufolge entwickeln sich biologische Systeme aufgrund von Zweckvorgaben, die der Materie von einem intelligenten Planer vorgegeben werden. Damit wird in die Erklärungsmodelle eine geistige Ursache eingeführt.

Innerhalb der Naturwissenschaften kann in diesem Sinn nicht von Zweckmäßigkeit, die von außen vorgegeben wird, geredet werden. Das Raubtiergebiss bei Löwen z.B. wird als scheinbare Zweckmäßigkeit verstanden, die den Tieren einen Evolutionsvorteil bietet. Entsprechend dem methodischen Atheismus sind geistige Ursachen in den Naturwissenschaften als Erklärung ausgeschlossen. Wenn ID dennoch als Naturwissenschaft

---

280 William A. Dembski: The Design Inference. Eliminating Chance through Small Probabilities. Cambridge: University Press 1998. In den folgenden Jahren sind weitere Bücher und Aufsätze erschienen.

verstanden werden soll, wird hier gegen eine grundlegende Prämisse verstoßen.

Der Chemiker Markus Widenmeyer (*1973) und der Biologe Reinhard Junker (*1956) begründen und beschreiben die geistige Verursachung eines Naturgegenstands wie folgt:

„1. Der Naturgegenstand zeigt definierte Kennzeichen von Planung bzw. Zielorientierung (Teleologie), die wir in anderen Fällen ganz entsprechend unseren sonstigen Design-Erfahrungen (Technik, Kunst) ausschließlich auf einen geistigen Urheber zurückführen (wir sprechen dann von ‚Design-Indizien' oder ‚Design-Merkmalen' wie z.B. funktionale Komplexität; [...]).

2. Ein natürlicher Entstehungsvorgang des betrachteten Naturgegenstandes ist unbekannt, und Erklärungsversuche scheitern trotz Wissenszuwachs (im Idealfall können sogar Gründe angegeben werden, warum sie scheitern)."[281]

Von Behe[282] stammt einer der von ID benutzten Schlüsselbegriffe, die „unreduzierbare Komplexität". Als Beispiele dafür, was mit diesem Begriff gemeint ist, werden eine Mausefalle und das Flagellum eines Augentierchens genannt.

Eine Mausefalle besteht z.B. aus 5 Teilen, von denen jedes zum Funktionieren der Falle unentbehrlich ist: einem Boden, auf dem die anderen Teile montiert sind, einem Metallbügel, der die Maus tötet, einer Feder, die am Bügel zieht, einem Auslöser, der bei Berührung durch die Maus reagiert und einem Metallstab, der den Bügel zurückhält, solange der Auslöser nicht betätigt wird. Wenn

---

281 Markus Widenmeyer & Reinhard Junker: Der Kern des Design-Arguments in der Biologie und warum die Kritiker daran scheitern (Stand: 27. 7. 2016). In **http://www.wort-und-wissen.de/artikel/a22/a22.pdf**, abgerufen am 14. 5. 2018.
282 Michael Behe: Darwin's Black Box. The Biochemical Challenge to Evolution. New York: Touchstone 1996.

einer dieser fünf Teile fehlt, funktioniert die Falle nicht. Alle Teile müssen gleichzeitig vorhanden sein. Es muss deshalb einen Designer dafür gegeben haben. Niemand würde, wenn er solch eine Mausefalle sieht, davon ausgehen, dass sie in mehreren aufeinander folgenden Schritten von allein entstanden ist.

Augentierchen sind recht beweglich. Sie können mithilfe einer Flagelle (spiralförmiger Fortsatz, der sich in einem „Lager" dreht) schwimmen. Wenn man einen der zugehörigen Teile der Flagelle wegnimmt, funktioniert sie nicht mehr. Behe argumentiert: Das Organ (Flagelle) kann nur entstehen, wenn eine Mindestzahl an Mutationen nahezu zeitgleich (unabhängig von den anderen) stattgefunden hat. Zu jeder dieser Mutationen gehört eine Wahrscheinlichkeit, die kleiner als 1 % ist. Die Gesamtwahrscheinlichkeit erhält man durch Multiplikation der Einzelwahrscheinlichkeiten. Bei nur fünf Mutationen ergibt sich eine Gesamtwahrscheinlichkeit von weniger als 1 zu 10 Milliarden. Praktisch sinkt die Gesamtwahrscheinlichkeit auf eine astronomisch kleine Zahl. Seine Folgerung ist: Es muss für die Flagelle einen Designer geben.

Es ist richtig, dass der Mechanismus der Flagelle wie auch der von anderen sogenannten „molekularen Maschinen"[283] sehr komplex und bis heute nicht vollständig verstanden ist.

Der Evolutionsbiologe Nicholas J. Matzke[284] zeigt z.B., dass es durchaus Entstehungsmodelle für die Flagelle gibt. Er beschreibt plausible und testbare Szenarien, die bekannte bzw. testbare Me-

---

283 Ein weiteres Beispiel sind Ribosomen. Das sind Organellen, die in Zellen von Lebewesen für die Synthese von Eiweißmolekülen sorgen. Die Information zum Bau spezifischer Eiweißmoleküle (Proteine) bekommen sie über mRNA-Stränge (Messenger-Ribonukleinsäure), die zuvor die Information auf den DNA-Strängen ausgelesen haben. Dies alles geschieht in erstaunlich kurzer Zeit.
284 Matzke, N.J. (2006) Evolution in (Brownian) space: a model for the origin of the bacterial flagellum. **www.talkdesign.org/faqs/flagellum.html**. Abgerufen am 15. 5. 2018.

chanismen verwenden. Damit ist der Entstehungsprozess zwar noch nicht im Detail aufgeklärt, wohl aber eine grundsätzliche Erklärbarkeit einsichtig gemacht.

Barbara Drossel und Gunter Schütz[285] argumentieren: Die in der Biologie betrachteten Prozesse laufen über dynamische Wechselwirkungen ab, deren Wahrscheinlichkeiten nicht – nicht einmal pro Einzelschritt – bekannt sind. Hinzu kommt, dass die Wahrscheinlichkeiten der Einzelschritte nicht voneinander unabhängig sind. Deshalb darf man die Gesamtwahrscheinlichkeit nicht – wie oben beschrieben – berechnen.

Aber auch wenn die Berechnung von Gesamtwahrscheinlichkeiten in der Regel problematisch ist, ist hier ein ernst zu nehmendes Problem angesprochen.

Es bleibt abzuwarten, was neue Einsichten in die Wandlungsfähigkeit des Genoms (alle Gene in einem Chromosomensatz) von Lebewesen für das Entstehen biologischer Komponenten wie z.B. molekularer Maschinen austragen.

Bei ID wird die Welt praktisch aufgeteilt in Bereiche, die durch natürliche Prozesse entstanden sind, und solche, die einem Designer ihre Existenz verdanken. Zu den Vertretern des ID-Ansatzes gehören Christen und Nichtchristen. Das gemeinsame Anliegen ist zu zeigen, dass der Ansatz der Biologie ihrer Meinung nach zur Erklärung der komplexen Natur allein nicht hinreicht.

Christen sollten sich daran erinnern, dass eine Zweiteilung, wie sie hier vorgenommen wird, vom biblischen Zeugnis her fragwürdig ist. Dort gibt es solch eine Unterteilung nicht. In den Psalmen wird die gesamte Schöpfung gelobt und als Gottes Werk beschrieben. Die gesamte Schöpfung hängt von der Treue Gottes ab und wird von ihm erhalten. Wie er das macht, ist auf der

---

285 Barbara Drossel und Gunter Schütz: Intelligent Design: Kann man Gottes Handeln wissenschaftlich fassen? Evangelium und Wissenschaft, 28. Jg. 2007, Heft 1, S. 2 – 23.

einen Seite sein Geheimnis. Auf der anderen können wir durch unser Nachforschen und Hinsehen mehr und mehr verstehen. Als Glaubende kommen wir darüber zum Lobpreis, ohne aber Gott dadurch beweisen zu können oder ihn selbst als Akteur zu Gesicht zu bekommen.

GOTT – EINE ÜBERFLÜSSIGE HYPOTHESE? ZITATE

In der Vergangenheit gab es viele einflussreiche Menschen, die meinten, mit den Naturwissenschaften begründen zu können, dass Gott eine überflüssig gewordene Vorstellung ist, es Gott also nicht gibt. Auch wenn aus dem Abstand etlicher Jahre Denkfehler in den Argumenten leichter aufgezeigt werden können, findet man diese Grundvorstellung bis in die Gegenwart, sie ist in gewisser Weise „Allgemeingut" geworden. Dazu einige Zitate.

Lalande

„Ich habe den Himmel überall durchsucht und nirgends die Spur Gottes gefunden."[286]

Jérôme Lalande (1732 – 1807), französischer Mathematiker und Astronom, zitiert in Ludwig Büchner, „Kraft und Stoff" (1855).

Lalande war viele Jahre Direktor der Berliner Sternwarte. Er war überzeugter Atheist. Bei seinen sehr aufwendigen Berechnungen, z.B. der Bahn des Halleyschen Kometen, wurde er etliche Male von Mathematikerinnen unterstützt. Als er später Rektor des College de France wurde, setzte er die Zulassung von Studentinnen an der Hochschule durch.

---

286 Zitiert in: Edgar Hunger: Die naturwissenschaftliche Erkenntnis II, Studienausgabe. Braunschweig: Friedrich Vieweg und Sohn 1965⁴, Bd. 2, S. 56.

Laplace

Napoleon (1769 – 1821) fragte den Astronomen Laplace, warum in seinem System der himmlischen Mechanik nirgends von Gott die Rede sei. Die Antwort lautete: „Mein Herr, diese Hypothese brauche ich nicht!"[287]

Pierre-Simon (Marquis de) Laplace, französischer Mathematiker und Astronom (1749 – 1827).

Das fünfbändige Hauptwerk „Traité de Mécanique Céleste" von Laplace erschien in deutscher Sprache unter dem Titel „Himmelsmechanik". Bis heute werden einige seiner mathematischen Verfahren benutzt. Laplace war kurze Zeit Innenminister unter Napoleon. Im Sinn der Beschränkung durch den methodischen Atheismus hat Laplace natürlich recht. Zu vermuten ist allerdings, dass es hier auch um Weltanschauungen ging. Über die Fachwelt hinaus bekannt wurde seine Idee des allwissenden Weltgeistes – diesen nannte man später „Laplac'scher Dämon". Dazu das folgende Zitat, das aus seinem Werk zur Wahrscheinlichkeitsrechnung stammt:

„Ein ‚Geist', der für einen gegebenen Augenblick alle Kräfte kennen würde, von denen die Natur belebt ist, sowie die gegenseitige Lage der Wesen, aus denen sie besteht, und der überdies umfassend genug wäre, um diese Gegebenheiten zu analysieren, könnte mit derselben Formel die Bewegungen der größten Weltkörper und die des kleinsten Atoms ausdrücken. Nichts wäre für ihn ungewiss, Zukunft und Vergangenheit lägen offen vor seinen Augen. [...] Alle Bemühungen des Menschengeistes auf der Suche nach der Wahrheit zielen darauf hin, ihn unaufhörlich jenem umfassenden ‚Geiste' näher zu bringen, den wir zwar immer mehr begreifen, von dem der menschliche Geist aber immer unendlich

---

287 Edgar Hunger, a.a.O. S. 56 (eigene Übersetzung). „Sire, je n'avais pas besoin de cette hypothèse!"

entfernt bleiben wird. [...] Die Regelmäßigkeit, die uns die Astronomie bei der Bewegung der Kometen zeigt, ist zweifellos in allen Erscheinungen vorhanden. Die Kurve, die ein einfaches Dampf- oder Luftmolekül beschreibt, ist ebenso sicher bestimmt wie die Planetenbahnen; es gibt zwischen beiden Erscheinungen keinen anderen Unterschied als denjenigen, den unsere Unkenntnis hineinlegt."[288]

Insbesondere in der Aussage des letzten Satzes hat sich – wie wir heute wissen – Laplace geirrt. Für die Beschreibung von Luftmolekülen ist u.a. die Quantenmechanik zuständig und diese erlaubt nur Wahrscheinlichkeitsaussagen (vgl. Info 7).

La Mettrie

„Behaupten wir also kühn, dass der Mensch eine Maschine ist und dass es in der ganzen Welt nur eine einzige Substanz gibt, die in verschiedenen Gestalten auftritt.

Dies ist keine Hypothese, die auf Postulaten oder Vermutungen beruht, sie ist weder durch Vorurteile, ja nicht einmal durch meine Vernunft allein entstanden. [...] Aber man muss zugeben, dass ich mir den stärksten und am unmittelbarsten gezogenen Schluss erst auf Grund einer großen Zahl von physikalischen Beobachtungen gestattet habe, die kein Gelehrter bestreiten wird. Und nur diese erkenne ich als Richter über die Schlussfolgerungen an, die ich ziehe."[289]

Aus dem Hauptwerk von La Mettrie (Julien Offray de La Mettrie, 1709 – 1751), französischer Mediziner und Philosoph.

La Mettrie war von 1742 bis 1746 Militärarzt im österreichischen Erbfolgekrieg. Später wurde er wegen der in seiner 1745 erschienenen Schrift „Histoire naturelle de l'âme" (Natürliche

---

288 Théorie analytique des probabilités, Introduction (1812), zitiert und übersetzt in Edgar Hunger, a.a.O. S. 7 - 9.
289 Edgar Hunger, a.a.O. S. 9.

Geschichte der Seele) gezeigten Religionsfeindlichkeit aus dem
Militärdienst entlassen. In Leiden (1747 – 1748) entstand sein
Hauptwerk „L'homme machine" (Der Mensch, eine Maschine).
Er musste deshalb Leiden verlassen und folgte einem Ruf König
Friedrichs II an die Akademie der Wissenschaft in Berlin. Dort be-
gründete er die Medizin als empirische Wissenschaft.

Büchner

„Niemand aber wird begreifen können, wie eine ewige und regie-
rende Vernunft mit unabänderlichen Naturgesetzen in Einklang
zu bringen sei. Entweder regieren die Naturgesetze oder es regiert
die ewige Vernunft; beide miteinander müssten jeden Augenblick
in Konflikt geraten; das Regieren der letzteren würde das der ersteren unnötig machen, wogegen das Walten unabänderlicher Naturgesetze keinen anderweiten persönlichen Eingriff duldet und
deswegen überhaupt kein Regieren mehr zu nennen ist."[290]

Ludwig Büchner (Friedrich Karl Christian Ludwig Büchner,
1824 – 1899), deutscher Arzt, Naturwissenschaftler und Philosoph.

Büchner war Vertreter des naturwissenschaftlichen Materialis-
mus. In seinen Büchern popularisierte er naturwissenschaftliche
Forschungsergebnisse. Das Zitat entstammt seinem Buch „Kraft
und Stoff", das innerhalb von fünfzig Jahren 21 deutschsprachige
Auflagen erlebte – in der damaligen Zeit also ein Bestseller war.

Monod

„Es ist schon richtig, dass die Wissenschaft die Wertvorstellungen
antastet. Nicht direkt zwar, denn sie gibt keine Urteile über sie ab
und soll sie auch ignorieren, aber sie zerstört alle mythischen oder
philosophischen Ontogenien, auf denen für die animistischen

---

290 Edgar Hunger, a.a.O. S. 12.

Traditionen [...] die Werte, die Moral, die Pflichten, Rechte und Verbote beruhen sollen."

Mit „animistischen Traditionen" meint Monod die Vorstellung von in Naturereignissen wirkenden freundlich oder feindlich gesonnenen Mächten.

„Wenn er diese Botschaft in ihrer vollen Bedeutung aufnimmt, dann muss der Mensch endlich aus seinem tausendjährigen Traum erwachen und seine totale Verlassenheit, seine radikale Fremdheit erkennen. Er weiß nun, dass er seinen Platz wie ein Zigeuner am Rande des Universums hat, das für seine Musik taub ist und gleichgültig gegen seine Hoffnungen, Leiden oder Verbrechen."[291]

Jacques Monod (1920 – 1976), französischer Biologe.

Monod betrieb viele Jahre molekularbiologische Forschungen. 1965 erhielt er den Nobelpreis für Medizin (zusammen mit André Lwoff und François Jacob) und war ab 1971 Direktor des Institut Pasteur, Paris. In den Jahren 1943 bis 1945 war Monod militanter Kommunist. Später erschien ihm das Bedürfnis nach einem revolutionären oder göttlichen Heilsplan als Lebenslüge.

Bresch

„Dies ist ein wissenschaftliches Buch – geschrieben für Nichtwissenschaftler. Vielleicht ist es am Ende auch ein religiöses Buch für den religiös Fragenden."

„Dieses Buch soll helfen, aus Wissenschaft den Sinn unseres Daseins zurückzugewinnen, der scheinbar durch Wissenschaft verloren wurde. Dieses Buch soll zeigen, dass die Gesamtheit unseres Wissens einen ganz anderen Ausblick öffnet – dass Naturerkenntnis und Sinnfrage keine Gegensätze sind."

„Der Würfel des Universums hat eine Sechs. Evolution ist mög-

---

[291] Jacques Monod: Zufall und Notwendigkeit. Philosophische Fragen der modernen Biologie. München: Piper 1971, S. 211. (Originalausgabe: „Le hasard et la nécessité" Paris 1970).

lich. Materie hat Eigenschaften, die zur Bildung von Galaxien und Sonnensystemen führen – zur Entstehung des Lebens und des Gehirns. [...] Wer das Wunder des Ursprungs erfährt, spürt Geborgenheit, weiß sich aufgehoben im Wachstum der Muster. Eine innere Spannung löst sich – die Spannung zwischen Wissen und religiöser Erwartung, die nebeneinander, aber nicht miteinander waren. Menschliche Existenz gewinnt Sinn durch Richtung – die Richtung der Evolution."[292]

Carsten Bresch (*1921) studierte Physik und zählt zu den bedeutenden Genetikern und Molekularbiologen.

Er hatte in Freiburg den Lehrstuhl für Genetik inne. Daneben nahm er engagiert an interdisziplinären Gesprächen zur Beziehung von Theologie und Naturwissenschaft teil. Sein Buch „Zwischenstufe Leben" hat allgemeines Aufsehen erregt.

Augstein

„Es gibt keinen Gott, den wir erkennen oder über den wir reden könnten, auch keinen allmächtigen. Dass ein Gott vor 2000 Jahren ein für allemal gehandelt hat, ist Mythos und Magie aus den Kindertagen der Menschheit."[293]

Rudolf Augstein (1923 – 2002), deutscher Journalist, Verleger, Publizist und Gründer des Nachrichtenmagazins Der Spiegel.

Augstein war bis kurz vor seinem Tod beim Spiegel aktiv. Er war der Meinung, dass die Kirche in der Gesellschaft des 21. Jahrhunderts keine Rolle mehr spielen wird. 1968 war er – nach dem Tod seiner frommen Mutter – aus der katholischen Kirche ausgetreten.

---

292 Carsten Bresch: Zwischenstufe Leben. Evolution ohne Ziel? München, Zürich: Piper 1977, Vorwort S. 5, Prolog S. 21 und Epilog S. 296f.
293 Rudolf Augstein: Ein Mensch namens Jesus. In: Der Spiegel vom 24. 05. 1999.

Davies

„Eine wachsende Zahl von Menschen glaubt, dass neuere Fort-
schritte in der Grundlagenforschung mit größerer Wahrscheinlichkeit den tieferen Sinn des Daseins ergründen werden, als die
traditionelle Religion das könnte."

„Es mag seltsam erscheinen, aber meiner Auffassung nach bietet die Naturwissenschaft einen sichereren Weg zu Gott als die
Religion. Ob unsere Antworten richtig oder falsch sind, die Naturwissenschaft hat mittlerweile den Punkt erreicht, von dem
aus ehedem religiöse Fragen auf wissenschaftlich haltbare Weise
untersucht werden können."[294]

Davies kommt zu dem Schluss, dass Gott nicht existieren könne.

Einige Jahre später formuliert Davies vorsichtiger:

„Ich gehöre zu der Gruppe von Wissenschaftlern, die nicht
einer herkömmlichen Religion angehören, aber trotzdem bezwei-
feln, dass das Universum ein grundloser Zufall ist. Durch meine
wissenschaftliche Arbeit bin ich immer stärker zu dem Glauben
gekommen, dass das materielle Universum mit einem so erstaunlichen Geist verbunden ist, dass ich es nicht als puren Zufall verstehen kann. Es muss meiner Meinung nach eine tiefere Erklä-
rungsebene geben. Ob man diese tiefere Ebene ‚Gott' nennen will,
ist eine Frage des Geschmacks und der Definition. Darüber hinaus bin ich zu der Ansicht gekommen, dass Geist – d.h. bewusste
Wahrnehmung der Welt – keine sinnlose und zufällige Laune der
Natur ist, sondern eine absolut fundamentale Facette der Realität."[295]

„I belong to the group of scientists who do not subscribe to a

---

294 Paul Davies: GOTT und die moderne Physik. München: C. Bertelsmann
1986, S. 26 und S. 15.
295 Paul Davies: The Mind of God. London: Simon & Schuster 1992, S. 16
(eigene Übersetzung).

conventional religion but nevertheless deny that the universe is a purposeless accident. Through my scientific work I have come to believe more and more strongly that the physical universe is put together with an ingenuity so astonishing that I cannot accept it merely as a brute fact. There must, it seems to me, be a deeper level of explanation. Whether one wishes to call that deeper level 'God' is a matter of taste and definition. Furthermore, I have come to the point of view that mind – i.e., conscious awareness of the world – is not a meaningless and incidental quirk of nature, but an absolutely fundamental facet of reality."

Paul Charles William Davies (*1946), britischer Physiker.

Paul Davies ist theoretischer Physiker, hatte Lehrstühle an unterschiedlichen Universitäten inne und beschäftigt sich neben der theoretischen Physik mit Fragen des Universums und der Entstehung von außerirdischem Leben. Seit 2006 lehrt er an der Arizona State University. Er hat etliche populärwissenschaftliche Bücher geschrieben und sich mit weltanschaulichen und religiösen Fragen beschäftigt.

Info 20

NATURWISSENSCHAFTLER UND GLAUBE – BEISPIELE

Es gab in der Vergangenheit viele Menschen, die sich mit den Naturwissenschaften beschäftigten und überzeugte Christen waren. Für sie stellen Naturwissenschaft und Glaube keine Alternativen dar, sie können vielmehr ohne Verbiegung in beiden zu Hause sein. Drei Beispiele sind Galileo Galilei, Johannes Kepler und Pascal Jordan. Charles Darwin dagegen ist über seiner Wissenschaft der Glaube verloren gegangen.

Galileo Galilei (1564 – 1642)

Galilei studierte Medizin, Mathematik und Physik. Er selbst sah seine größte Begabung in der Fähigkeit, die Welt zu beobachten, sie in Bestandteile zu zerlegen und dann mathematisch zu beschreiben. Damit wurde er nach der Einschätzung von Albert Einstein zum Vater der modernen Physik, ja der modernen Naturwissenschaft.

Galilei lebte in einer Welt, deren Vorstellungen durch die römisch-katholische Kirche geprägt waren. Diese hatte das geistige Erbe der griechischen Philosophen Aristoteles (384 – 322 v. Chr.) und Ptolemäus (ca. 100 – 180) übernommen: Demnach ist die fest stehende Erde der Mittelpunkt des Universums. Alle Himmelskörper sind unveränderliche makellose runde Kugeln. Alle Himmelskörper umkreisen die Erde.

Nikolaus Kopernikus (1473 – 1543) machte dagegen die Sonne zum Mittelpunkt. Dieser Ansatz vereinfachte die Berechnung der Koordinaten (Örter) von Himmelskörpern beachtlich. Die Jahreslänge konnte genauer bestimmt und eine Kalenderreform auf den Weg gebracht werden. Aber in der Kirche galt der Ansatz von Kopernikus als Hypothese, die als solche zwar benutzt, aber nicht als erwiesene Tatsache verstanden werden durfte. Das hatte auch eine gewisse Berechtigung, denn es gab noch keine hinreichenden wissenschaftlichen Beweise.[296]

Galilei war schon einen Schritt weiter, als er mit seinem selbst entworfenen und selbst gefertigten Fernrohr den Himmel beobachten konnte. Er erkannte z.B., dass es bei der Venus Phasen gibt, so wie wir sie vom Mond kennen, der ja mal als Halbmond, mal als Vollmond oder auch als Neumond erscheint. Das deutete auf eine Drehung der Venus um die Sonne hin und unterstützte die Vorstellungen von Kopernikus. Damit gab es jetzt nicht nur mathematische Gründe für die Annahme, die Sonne und nicht die Erde stehe im Mittelpunkt, sondern auch Anhaltspunkte, die auf nachprüfbaren Erfahrungen beruhen. Ferner zeigte ihm sein Fernrohr, dass die Sonne keinesfalls so makellos ist wie angenommen.

Trotz noch offener Fragen war Galilei von der Richtigkeit des kopernikanischen Modells überzeugt. In seinem Buch „Dialog"[297] lässt Galilei drei Gesprächspartner die Vorstellungen von

---

296 Auf Fragen wie „Warum werden die Wolken durch die Erdrotation nicht weggeblasen?" oder „Warum bleiben fallende Körper nicht hinter der Erddrehung zurück?" oder auch „Warum wird die Erde nicht durch die Rotation zerrissen?" gab die Theorie von Kopernikus keine Antworten. Erst durch Newton wurden Antworten darauf möglich. Die Frage, warum manche Sterne auf dem Hintergrund von Fixsternen ihre Position verändern (Sternparallaxe), wenn sie einmal im Winter und dann wieder im Sommer beobachtet werden, wurde erst im 19. Jh. von Bessel (1784 – 1846) beantwortet.
297 Das 1632 erschienene Buch trägt den langen Titel: Dialog von Galileo Galilei Linceo, Außerordentlicher Mathematiker an der Universität Pisa und Philosoph und Erster Mathematiker des Durchlauchtigsten Großherzogs der Toskana: Worin in vier Gesprächen über vier Tage die beiden hauptsächlichen Weltsysteme, das ptolemäische und das kopernikanische, nach Darlegung der

Aristoteles und Kopernikus diskutieren. Salviati, die Figur, die augenscheinlich Galileis Ansichten vertritt, führt viele Aspekte und Beobachtungen an, die das kopernikanische Weltbild stützen. Damit geriet Galilei allerdings ins Visier der römischen Kurie. Ihm wurde von der Inquisition (dem Heiligen Offizium) der Prozess gemacht, der mit einer Verurteilung endete. Sein Buch wurde auf den Index verbotener Bücher gesetzt, Galilei unter Hausarrest gestellt.[298]

Wie bei seinen Vorstellungen über die Himmelskörper verließ sich Galilei auch bei anderen Fragen lieber auf seine Beobachtungen als auf die tradierten Vorstellungen von Aristoteles. So machte er viele Versuche, um Fallgesetze zu ermitteln. Ihm wurde dadurch klar, dass alle Körper – sieht man von der Reibung ab – unabhängig von ihrer Masse gleich schnell fallen, was in eklatantem Gegensatz zu den Vorstellungen von Aristoteles steht. Es wird berichtet, Galilei habe zwei Kanonenkugeln mit sehr unterschiedlichem Gewicht vom schiefen Turm in Pisa herabfallen lassen. Und obwohl seine Vorhersage bis auf eine kleine durch die Luftreibung bedingte Abweichung eintrat, wollten oder konnten ihm die anwesenden Philosophen nicht folgen.

Galilei blieb sein Leben lang tiefgläubig. Aber er war der Meinung, dass, auch wenn die Bibel niemals irren könne, sie doch nicht dazu geeignet ist, aus ihr Wahrheiten über die Natur abzulesen. Dafür seien die Menschen mit einem Verstand ausgestattet. In einem Brief an den Benediktinermönch Benetto Castelli (1578 – 1643) schreibt er:

---

philosophischen und natürlichen Gründe, die für die eine wie für die andere Seite sprechen, erörtert werden.
298 Galilei wurde nicht der Häresie bezichtigt. Man warf ihm vor, gegen das Dekret von Kardinal Bellarmie verstoßen zu haben, in dem untersagt wird, das kopernikanische System als erwiesene Tatsache hinzustellen. Erst 1992 wurde Galilei von der römisch-katholischen Kirche rehabilitiert.

„Ich hätte einzig hinzugefügt, wenn richtigerweise die Schrift nicht irren könne, so könne doch einer ihrer Erklärer und Ausleger manchmal und auf vielerlei Weise irren: unter solchen [Irrtümern] wäre einer der schwerwiegendsten und häufigsten, wenn man immer bei der rein wörtlichen Bedeutung beharren wollte, weil so nicht nur verschiedene Widersprüche zum Vorschein kämen, sondern sogar schwerwiegende Häresien und Gotteslästerungen: denn dann müsste man Gott Füße, Hände und Augen zuschreiben, und ebenso irdische und [typisch] menschliche Leidenschaften wie Zorn, Reue, Hass und manchmal auch Vergessen der Vergangenheit und Unkenntnis der Zukunft." An späterer Stelle heißt es in diesem Brief: „Ich glaube, dass die Autorität der Hl. Schrift einzig zum Ziel hatte, die Menschen von jenen Artikeln und Lehrsätzen zu überzeugen, die für ihr Heil notwendig sind und jeden menschlichen Verstand übersteigen, und die man deshalb durch keine andere Wissenschaft und kein anderes Mittel als durch den Mund des Hl. Geistes selbst glaubhaft machen konnte. Aber dass derselbe Gott, der uns mit Sinnen, Verstand und Intellekt begabt hat, uns unter Hintansetzung ihres Gebrauchs auf andere Weise die Kenntnisse geben wollte, die wir durch diese erlangen können, das zu glauben, denke ich, ist nicht nötig, vor allem in jenen Wissenschaften nicht, von denen man nur einen äußerst geringen Teil und in verstreuten Bemerkungen in der Schrift lesen kann; das betrifft gerade die Astronomie, von der dort so wenig vorkommt, dass man nicht einmal die Planeten erwähnt findet. Wenn jedoch die ersten Hl. Schriftsteller die Absicht gehabt hätten, dem Volk die Anordnungen und die Bewegungen der himmlischen Körper beizubringen, dann hätten sie davon nicht so wenig behandelt [...]."[299]

Galilei war der Meinung, dass biblische Äußerungen über die

---

[299] Zitiert in: Hans Bieri, a.a.O. S. 131 und 135f.

Natur als Anpassung[300] an das „beschränkte unwissenschaftliche Verständnis des einfachen Volkes in längst vergangenen Zeiten aufzufassen"[301] und deshalb nicht unbedingt zu glauben seien. Die Naturforscher sind nicht an die Bibel gebunden. Die Absicht des Heiligen Geistes ist – so die Meinung von Galilei – „uns den Weg zum Himmel und nicht die Wege des Himmels zu lehren".[302]

Johannes Kepler (1571 – 1630)

Kepler war Mathematiker, Astronom, Optiker, evangelischer Theologe und Astrologe. Bis heute ist sein Name einem breiten Publikum durch die sog. Kepler'schen Gesetze bekannt, die die Bahnen der Planeten um die Sonne richtig beschreiben. Kepler blieb sein Leben lang trotz vieler leidvoller Erfahrungen ein tief religiöser Mensch: „Ich glaube, dass die Ursachen für die meisten Dinge in der Welt aus der Liebe Gottes zu den Menschen hergeleitet werden können."[303] Für ihn spiegelt die Welt mit ihren Gesetzmäßigkeiten Gott wider. Dies verdeutlichen die folgenden Zitate.

„Das Hauptziel der Nachforschungen über die Außenwelt sollte sein, deren rationale Ordnung zu entdecken, die ihr von Gott aufgeprägt worden ist und die er uns in der Sprache der Mathematik geoffenbart hat." Die Mathematik spielt also eine herausragende Rolle: „Die Geometrie ist einzig und ewig, ein Widerschein aus dem Geiste Gottes. Dass die Menschen an ihr teilhaben, ist mit eine Ursache dafür, dass der Mensch ein Ebenbild Gottes ist."[304]

Kepler sagt: „Astronomie betreiben heißt die Gedanken Got-

---

300 Galilei spricht von Akkommodation.
301 Hans Bieri, a.a.O. S. 8.
302 Brief an Cristina – Großherzoginmutter, deren Sohn von Galilei unterrichtet worden war –. In Bieri, a.a.O. S. 317.
303 Zitiert in: http://de.wikipedia.org/wiki/Johannes_Kepler, abgerufen am 1. 11. 2010 (Harmonices Mundi libri V).
304 Zitiert in Wikipedia, a.a.O. (Dissertatio cum Nuntio Siderio, zit. n. M. Cuspor: J. K. – 1995 -, S. 106).

tes nachzulesen: Die Erhabenheit Deiner Schöpfung wollte ich den Menschen verkünden, soweit mein beschränkter Verstand Deine Unendlichkeit begreifen konnte – Astronomie treiben heißt, die Gedanken Gottes nachlesen."[305]

Kepler glaubte in den Gesetzmäßigkeiten des Sonnensystems eine vom Schöpfer stammende musikalische Harmonie zu erkennen: „Ich fühle mich von einer unaussprechlichen Verzückung ergriffen ob des göttlichen Schauspiels der himmlischen Harmonie. Denn wir sehen hier, wie Gott gleich einem menschlichen Baumeister, der Ordnung und Regel gemäß, an die Grundlegung der Welt herangetreten ist."[306]

Kepler nahm auch die Astrologie sehr ernst. In der Einleitung zu seinen Rudolphinischen Tafeln schreibt er: „Die Sternwissenschaft hat zwei Teile. Der erste behandelt die Bewegungen der Gestirne, der andere die Wirkungen der Gestirne auf die sublunare Welt."[307] Mit sublunarer Welt ist die Erde gemeint. Durch die Sterne ist für Kepler die Zukunft jedoch nicht vollkommen festgelegt: Die Sterne zwingen nicht, sie machen nur geneigt.

Charles Darwin (1809 – 1882)

Charles Darwin studierte u.a. Theologie und schloss dieses Studium 1831 mit einem Examen (Bakkalaureus) ab. Sein Name ist für die meisten Menschen mit der Begründung der Evolutionstheorie, der Theorie über die Entstehung der Arten durch natürliche Ausle-

---

305 Zitiert in: Ernst Frankenberger: Gottbekenntnisse großer Naturforscher. Leutesdorf: Johannes-Verlag 1989[14], S. 7.
306 Zitiert in: Wikipedia, a.a.O. (Harmonices Mundi libri V).
307 In den von Kepler herausgegebenen Rudolphinischen Tafeln werden die Positionen der Planeten beschrieben. Kepler nutzte dazu die zur damaligen Zeit ungeheuer genauen Messergebnisse des Astronomen Tycho Brahe (1546 – 1601), die dieser ohne Fernrohr gemacht hatte. Zitiert in: Paul Rossnagel: Johannes Kepler. Der große Sternweise. Stuttgart: Christliches Verlagshaus 1955, S. 36.

se, verbunden. Für Darwin gab es in seinen jungen Jahren keinen Zweifel an der Existenz Gottes. Die Bibel war für ihn Autorität und wahr. Das änderte sich auf seiner fünf Jahre dauernden Schiffsreise auf den südlichen Weltmeeren. Seine neuen Erfahrungen und wohl auch der Zeitgeist ließen bei ihm Fragen und Zweifel aufkommen. Er mochte nicht mehr an das Christentum als göttliche Offenbarung glauben. Der Bruch muss etwa um sein 28. Lebensjahr stattgefunden haben. „So beschlich mich ganz allmählich der Unglaube, bis ich schließlich gänzlich ungläubig wurde."[308] Später formuliert er in seiner Autobiografie: „Und in der Tat, ich kann es kaum begreifen, wie jemand, wer es auch sei, wünschen könne, die christliche Lehre möge wahr sein."[309]

Einen gütigen Gott konnte Darwin mit den in der Natur beobachteten Grausamkeiten nicht zusammenbringen. Der Kampf ums Dasein, in dem sich durch natürliche Auslese die am besten angepassten Arten durchsetzen, beinhaltet Tod und Leid. „Dass aber ein gütiger Gott einen solchen Prozess eingerichtet haben könnte, der nur durch Leid und Tod funktioniert, widerspricht der Annahme eines guten Schöpfergottes."[310]

Noch als Student konnte sich Darwin für vieles wie Kunst

---

308 Zitiert in Johannes Hemleben: Darwin. Reinbek bei Hamburg: Rowohlt Tb 1968, S. 70.

309 Hemleben, a.a.O. S. 70.

310 Christian Danz: Charles Darwin und die Physikotheologie. Überlegungen zum Verhältnis von Theologie und Naturwissenschaft. In: Glauben und Denken, Jahrbuch der KHG, 24.Jg., Frankfurt: Peter Lang 2011, S. 42f. Dort wird Folgendes von Darwin zitiert: „I cannot persuade myself that the beneficient and omnipotent God could have designedly created the Ichneumonidae with the express intention of their feeding within living bodies of caterpillars or that a cat should play with mice." (Ich kann mich nicht selbst dazu überreden, dass der gütige und allmächtige Gott mit Absicht Schlupfwespen geschaffen hat mit der ausdrücklichen Absicht, sie innerhalb von Raupen zu füttern, oder dass eine Katze mit Mäusen spielen soll. – eigene Übersetzung).

und Musik begeistern. Er engagierte z.B. die Chorknaben vom King's College in Cambridge, damit sie ihm auf seinem Zimmer vorsingen. In späteren Jahren kommt ihm diese Empfindsamkeit abhanden. Er sagt von sich selbst: „Früher wurde ich durch Empfindungen [...] zu der festen Überzeugung von der Existenz Gottes und der Unsterblichkeit der Seele geführt. [...] Jetzt aber würden die großartigsten Szenen" wie z.B. die großartige Natur des brasilianischen Urwalds „keine derartigen Überzeugungen und Empfindungen in mir entstehen lassen. Man könnte ganz zutreffend sagen, dass ich wie ein Mensch bin, der farbenblind geworden ist."[311]

Auch wenn für ihn einerseits die Fragen nach dem Grund für die „allgemein wohltuende Anordnung der Welt" und das Leid in der Welt offen sind, ist er andererseits überzeugt, „dass alles in der Natur das Ergebnis feststehender Gesetze ist"[312], zu deren Erklärung man keinen Gott braucht.

Nicht nur in Bezug auf religiöse Fragen vollzieht sich bei Darwin im Laufe der Jahre eine Wandlung. Auch seine Einstellung zu Kunst, zu Musik und zur Poesie verändert sich – wie oben verdeutlicht. Bei ihm sind Antennen verkümmert. Er stellt bei sich einen „merkwürdigen und beklagenswerten Verlust des höheren ästhetischen Empfindens"[313] fest, den er auf seine einseitige Beschäftigung mit seiner Wissenschaft zurückführt.

Man kann vermuten, dass der Erfolg der Naturwissenschaft besonders in der Physik, die im 19. Jahrhundert von einer lückenlosen Determinierung in der Welt ausging, das Wirklichkeitsbild von Darwin stark beeinflusst hat. Wenn nur natürliche Ursachen für die Entstehung des Lebens und der Arten infrage kommen und Wissenschaft alles, was ist, beschreiben soll und kann, dann

311 Hemleben, a.a.O. S. 71.
312 Hemleben, a.a.O. S. 70f.
313 Hemleben, a.a.O. S. 151.

wird angesichts von vollständiger Determinierung Gott im Sinn von Laplace eine überflüssige Hypothese.

Emma Darwin, die Frau von Charles, konnte sich ihren Glauben (sie war wie ihre Eltern Unitarierin) bewahren. Charles schätzte seine Frau sehr. In seinen Lebenserinnerungen schreibt er: „Ihre verständnisvolle Güte mir gegenüber war immer beständig, und sie ertrug mit größter Geduld mein ewiges Klagen über Unwohlsein und über Unbequemlichkeiten [...] Mich setzt jenes außerordentliche Glück in Erstaunen, dass sie, ein Mensch, der seinen sittlichen Qualitäten nach unermesslich höher stand als ich, einwilligte, meine Frau zu werden. Sie war mir während meines Lebens, das ohne sie lange Zeit durch Krankheit kläglich und unglücklich gewesen wäre, ein weiser Ratgeber und heiterer Tröster."[314]

In einem Brief an ihren Mann schrieb Emma: „Dein Geist und Deine Zeit sind von den interessantesten Dingen und fesselndsten Gedanken erfüllt. Indem Du diese Ideen verfolgst, welche Dich zu Deinen Entdeckungen führen, wird es schwierig für Dich sein, andere Gedankengänge, welche keine Beziehung zu dem, was Dich beschäftigt, besitzen, nicht als Störungen zu empfinden, oder es wird Dir nicht möglich sein, beiden Seiten der Frage Deine ganze Aufmerksamkeit zuzuwenden. [...] Es scheint mir auch, dass Deine Forschungsrichtung Dich dazu veranlassen mag, hauptsächlich die Schwierigkeiten auf der einen Seite zu sehen, und dass Du nie Zeit hast, die Unklarheiten auf der anderen Seite zu betrachten und zu studieren. Aber ich glaube, dass Du Deine Ansichten nicht als endgültig betrachtest. Ist es nicht möglich, dass es im Wesen der naturwissenschaftlichen Forschung liegt, nichts zu glauben, was sich nicht beweisen lässt, und dass Dein Geist auch in anderen Dingen, die sich nicht beweisen lassen, sich durch die Gewohnheit

---

314 Hemleben, a.a.O. S. 69.

wissenschaftlichen Denkens zu stark beeinflussen lässt? Ich möchte sogar selbst sagen, dass es gefährlich ist, die Vorstellung der Offenbarung aufzugeben, eine Gefahr, welche auf der anderen Seite nicht existiert, nämlich die Furcht vor der Undankbarkeit, etwas von sich zu weisen, was für unser Wohl und auch für dasjenige der ganzen Welt getan wurde. Dies sollte Dich vorsichtiger machen und Dich vielleicht fürchten lassen, Du habest Dich nicht genug bemüht um die Wahrheit. Ich weiß nicht, ob diese Argumentation den Eindruck erwecken könnte, als ob die eine Anschauung wahr und die andere falsch sei, etwas, was ich vermeiden möchte, denn ich glaube es nicht. Ich bin nicht ganz einverstanden mit dem, was Du zu mir sagtest: glücklicherweise gebe es keinen Zweifel darüber, wie man handeln sollte. Ich bin der Meinung, dass das Gebet ein Beispiel für das Entgegengesetzte darstellt. [...]" Dieser Brief hat Darwin tief getroffen. Obwohl er sonst Briefe zu vernichten pflegte, bewahrte er diesen auf und schrieb für seine Frau auf den Rand: „Wenn ich tot bin, so sollst du wissen, dass ich manchesmal diese Worte küsste und darüber weinte. C.D."[315]

Pascual Jordan (1902 – 1980)

Pascual Jordan hat als theoretischer Physiker entscheidende Beiträge zur Entwicklung der Quantentheorie geleistet. Er schrieb einige populärwissenschaftliche Bücher, in denen es ihm wichtig war, die neueren wissenschaftlichen Erkenntnisse einem breiten Publikum zugänglich zu machen. Insbesondere legt er dar, dass eine durchgängige Determinierung von Prozessen in der Natur nicht mehr bewiesen werden kann und damit die Gründe, die im 19. Jahrhundert gegen die Existenz Gottes angeführt wurden, entkräftet sind.

Pascual Jordan schreibt 1968: „Obwohl wir die Bedeutung der

---

315 Zitiert in Hemleben, a.a.O. S. 139f.

neuen Erkenntnisse für die naturwissenschaftliche Beurteilung der lebenden Organismen noch gar nicht geprüft haben, wird uns schon sichtbar, dass die Behauptung deterministischer Naturauffassung, Gott sei arbeitslos gegenüber dem gesetzmäßig verlaufenden Naturgetriebe, jetzt jeglichen Boden unter den Füßen verloren hat. Wohl verstanden: Es handelt sich nicht darum, dass uns jetzt Gottes Wirken im Naturgeschehen naturwissenschaftlich sichtbar oder beweisbar würde. Nichts ist uns sichtbar geworden außer der mathematischen Gesetzlichkeit der Wahrscheinlichkeiten von Quantensprüngen. Das ist eine Gesetzlichkeit von hoher mathematischer Schönheit und Harmonie – man kann in ihr, wie Kepler, einen Ausdruck göttlichen Schöpferwillens sehen, aber man muss es nicht – jedenfalls nicht im Sinne eines Müssens aus logischer, denkgesetzlicher Notwendigkeit. Ebenso kann man (ohne es logisch zu müssen) in der übermächtigen Fülle ständig neuer indeterminierter Entscheidungen göttliches Wirken, göttliche Fügung und Herrschaft sehen – creatio continua[316]."[317]

Pascual Jordan ist es wichtig, dass wissenschaftliche Ergebnisse nicht deshalb angezweifelt werden, weil sie scheinbar den Glauben angreifen. Vielmehr gilt für ihn: „Dem Glauben kann nur durch Wahrheit geholfen werden, nicht durch Unwahrheit."[318] Man muss sich also wissenschaftlichen Ergebnissen stellen und nichts zurechtbiegen wollen. Natürlich ist es leichter, mit der Quantenphysik im Hintergrund die Möglichkeit von Glauben zu begründen.

Pascual Jordan war überzeugter Christ. Das hat ihn jedoch nicht davon abgehalten, 1933 in die NSDAP und die SA[319] einzu-

---

316 Übersetzt: kontinuierliche (fortgesetzte) Schöpfung.

317 Pascual Jordan: Der Naturwissenschaftler vor der religiösen Frage. Oldenburg, Hamburg: Stalling 1968[5], S. 156.

318 Pascual Jordan, a.a.O. S. 91.

319 NSDAP: Nationalsozialistische Deutsche Arbeiterpartei, eine in der Wei-

treten. Er lehnte allerdings Bewegungen wie die „Deutsche Physik"[320] ab und würdigte in einer 1936 erschienenen Veröffentlichung ausdrücklich die Leistungen jüdischer Physiker.[321]

marer Republik gegründete Partei, deren Vorsitzender ab 2021 Adolf Hitler war. SA: Sturmabteilung der NSDAP, die beim Aufstieg der Nationalsozialisten eine entscheidende Rolle spielte.

320 Die Deutsche Physik, auch Arische Physik genannt, lehnte die damals moderne Physik – Quantentheorie und Relativitätstheorie – als jüdisch ab. Naturwissenschaft kann nach dieser Vorstellung nur auf dem „Nährboden schon vorhandener Eigenschaften von Ariern fußen" (Physik-Nobelpreisträger Philipp Lenard 1936).

321 wikipedia.org/wiki/Pascual_Jordan, abgerufen am 14. 1. 2012.

Weitere Bücher von FRANCKE

Matthias Clausen
Ich denke, also bin ich hier falsch?
Glauben für Auf- und Abgekläre
ISBN 978-3-86827-580-3
106 Seiten, gebunden

Glaube versteht sich nicht von selbst. Man kann jede Menge kritische Fragen stellen:

• Lässt sich Gott begründen? Oder ist er einfach Glaubenssache?
• Kann man gleichzeitig überzeugt und tolerant sein?
• Macht die Suche nach dem Sinn überhaupt Sinn?

Matthias Clausen zeigt, dass es auf skeptische Fragen auch gute Antworten gibt, dass sich Glaube zwar nicht beweisen, aber sehr gut begründen lässt. Und dass der Glaube uns hilft, das Leben und uns selbst besser zu verstehen.

Ein spiritueller Appetithappen für die Generation Facebook: unterhaltsam, kulturell aktuell, in unverbrauchter Sprache und zugleich theologisch durchdacht.

John Stott
Das Kreuz
Zentrum des christlichen Glaubens
ISBN 978-3-86827-090-7
528 Seiten, Paperback

Das Kreuz ist das zentrale Symbol des christlichen Glaubens. Was genau es damit auf sich hat und warum Jesus Christus sterben musste, ist vielen Menschen aber unbekannt. John Stott erklärt tiefgründig und doch allgemein verständlich die Bedeutung des Kreuzes.

In seiner sorgfältigen Studie kombiniert der Autor eine hervorragende biblische Auslegung mit dem fesselnden Ruf an jeden Christen, in der Nachfolge des Gekreuzigten zu leben. Gleichzeitig geht er auf moderne Anfragen an die biblische Lehre des stellvertretenden Sühnetods ein. In der englischsprachigen Welt avancierte John Stotts Buch zum Bestseller und wurde zu einem modernen Klassiker.

N. T. Wright
**Jesus. Wer er war, was er wollte
und warum er für uns wichtig ist**
ISBN 978-3-86827-384-7
330 Seiten, Paperback

Jesus – keine Gestalt der Weltgeschichte ist so faszinierend, keine so umstritten. Während er für die einen der übernatürliche Sohn Gottes ist, der kam, um die Welt von Sünde zu befreien, ist er für andere eher ein jüdischer Revolutionär, der schon von seinen Nachfolgern falsch verstanden wurde. Als ehemaliger Bischof und Professor für Neues Testament kennt N. T. Wright diesen Konflikt nicht nur sehr gut, er hat ihn auch in seiner eigenen Verkündigung durchlitten. Das führte ihn dazu, Jesus neu in den Blick zu nehmen. Herausgekommen ist ein Buch, das nicht nur Glauben und Geschichte wieder zusammenführt, sondern Jesus auch vor dem Hintergrund seiner Zeit erklärt, als jüdischen Messias und Christus der Gemeinde. Und das so, wie man es von ihm gewohnt ist: tiefschürfend, herausfordernd und verständlich.

Miroslav Volf
Öffentlich glauben in einer
pluralistischen Gesellschaft
ISBN 978-3-86827-538-4
231 Seiten, gebunden

Christlicher Glaube ist keine Privatsache. Im Gegenteil: Das Evangelium hat höchste Relevanz für alle Aspekte und Dimensionen menschlichen Lebens und Zusammenlebens. Dazu dürfen Christen sich jedoch nicht ängstlich in die Privatsphäre von Heim und Gemeindeleben zurückziehen. Vielmehr sollten sie sich in unsere pluralistische Gesellschaft einmischen.

Miroslav Volf, Professor in Yale und international bekannter Theologe, zeigt in seinem Buch auf, wie ein öffentlich gelebter Glaube aussieht und welchen Unterschied er auf dem Marktplatz der Religionen und Weltanschauungen macht. Dazu ist auch eine kritische Selbstreflexion nötig, damit der Glaube tatsächlich tragfähig, mutig und ganzheitlich werden kann.

Vorwort: Heinrich Bedford-Strohm
Einführung: Tobias Faix & Tobias Künkler

Martin Knispel
Konfliktmanagement nach biblischem Vorbild
ISBN 978-3-96362-099-7
157 Seiten, gebunden

Martin Knispel gibt auf humorvolle und einfühlsame Weise, aber auch ehrlich und mit deutlichen Worten, Hilfestellung in einem Bereich, in dem wir uns als geistlich Leitende sowie als verantwortlich Mitarbeitende in der Gemeinde oft schwertun: dem offenen Umgang mit Konfliktsituationen, der konstruktiven Bewältigung von Krisen und ihrer zukunftsweisenden Lösung. Anhand konkreter biblischer Beispielgeschichten aus dem Alten und Neuen Testament macht er deutlich, wie es gelingen kann, aufeinander zu hören, sprachfähig zu werden, gemeinsam nach Lösungen zu suchen oder auch angemessen mit eigenem und fremdem Scheitern umzugehen. Innovative biblische Einsichten und praktische Tipps aus seiner langjährigen Erfahrung als Organisationsentwickler und Krisenberater machen das Buch zu einem wertvollen Ratgeber.